強人時代

從獨裁專屬到滲透民主，強人領導者如何成為二十一世紀的主流與隱憂

How the Cult of the Leader Threatens Democracy around the World

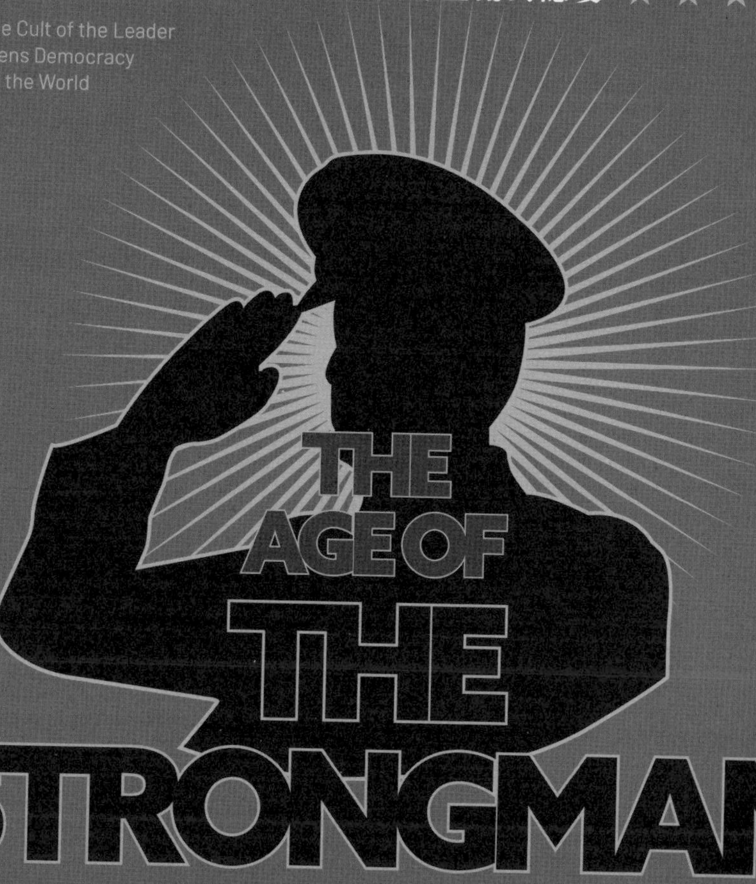

THE AGE OF THE STRONGMAN

Gideon Rachman

吉迪恩·拉赫曼——著　王琳棻——譯

目錄

導讀 強人時代，民粹橫行

政治大學國際關係研究中心兼任研究員 嚴震生

上個世紀五〇年代研究第三世界的現代化理論，曾比較現代社會及傳統社會最大不同點，在於工業化、都會化、教育普及化，及中產階級的興起，而現代化社會很重要的一個元素就是人民在選舉時，會根據候選人所提出的政見及其過去執政的表現，做出理性的選擇，而不會盲目地支持那些屬於同一族群、靠著激情演說、煽動族群矛盾、空有不切實際的政見，但卻不見得能解決問題的候選人。這個理論雖然落實在部分第三世界國家，但更多則出現操弄族群、長期執政的強人政治。本世紀初，當歐美國家出現以強烈民族主義為訴求的民粹選舉政治時，強人時代已成為跨區域、跨政治體系的共同現象。本書作者拉赫曼（Gideon Rachman），透過個人長期擔任《金融時報》新聞記者的經驗及人脈，企圖釐清這個民粹橫行所帶出的強人政治。

強人的興起有國內環境因素、個人人格特質與生活經驗，及國際政治的影響。

國內的因素不盡相同，但大抵上包括移民及難民帶來人口及文化上的衝擊（匈牙利、美國）、社會價值變動引發的政治正確（美國、巴西）、民族主義（俄羅斯、匈牙利、以色列、印度、美國、中國、波蘭）、全球化的負面衝擊及經濟的衰退（美國、俄羅斯、巴西）；個人的威權人格特質及成長背景（普丁、杜特蒂、習近平、沙爾曼親王、莫迪），特殊的政治環境及經歷（盧安達的種族屠殺、前蘇聯解體後俄羅斯影響力式微）、國際政治的影響（英國的脫歐、俄羅斯面臨北歐的東擴）等。

作者雖然在本書中指出強烈愛國主義主導下的民粹思維，提供了強人政治興起的主要背景，個人認為造成今日民粹風潮下強人政治盛行的主要原因，乃是近二、三十年非常受到重視的族群認同。傳統上族群理論有原生論（primordialism）、建構論（constructivism）、工具論（instrumentalism）或功能論（utilitarianism），及交易論（transactivism），許多分析家認為在人類演化的過程中，原生論應當逐漸不再是族群認同的重大考量。如果以由移民組成的美國、加拿大、澳洲組成的多族群國家，依照建構論所發展出的新國族認同，會逐漸取代原生論。此外，根據工具論及交易論的說法，不同族群也會因為個人利益的考量，自由選擇進出不同的族群認同。然而，從民粹主義的強人政治發展來看，族群認同即使經歷過建構的過程或是工具論及交易論的自由選擇，只要祭出原生論，將族群的差異回歸到最基本的生理差異、歷史起源及文化特質等因素時，其它的理論就被棄置一旁。換句話說，族群認同並非個人可以主觀認定，而是取決於客觀環境中，是否被主要群體是否接受的意願。

所有的強人統治最終都會面臨同樣的問題，就是強人統治下所維持的意識形態及威權體制很難在他離世後完整地保留或存續。然而，就以個人長期研究的非洲為例，確實有不少長期執政的領導人在上世紀九〇年代被迫展開民主化後，輸掉選舉，如馬拉威的班達（Hastings Banda）及尚比亞的孔達（Kenneth Kaunda），也有輸掉選舉後捲土重來贏回政權者，如貝南的柯瑞寇（Mathiew Kérékou）及聖多美普林西比的達卡斯塔（Manuel Pinto da Costa），另有持續贏得選舉然後在兩任後如期下台者如肯亞的莫伊（Daniel arap Moi）及迦納的羅林斯（Jerry Rawlings），當然也有持續贏得選舉並不斷連任，直到死在任上者如加彭的邦戈（Omar Bongo）和多哥的納辛貝（Gnassinbé Eyadéma）。後兩者的兒子持續執政十多年，雖然沒有兩人父親那麼強勢，但基本上都能延續政權，可以說是對本書作者樂觀結論的一個反諷。

非洲許多目前的強人，並沒有當年爭取獨立的開國國父或元老級政治人物的身份，但強人政治的文化已經建立，後繼者仍然得以維繫這個統治的方式。換句話說，許多政治人物或許剛上台時，並沒有展現出強人的特質，甚至是還因為繼強人之後執政，會讓外界有一個錯覺，就是他們無法承接強人死後的權力真空，但事實並非一定如所預料者，舉例來說，埃及強人納瑟（Gamal Abdel Nasser）過世後，許多人都不看好繼任的沙達特（Anwar Sadat），但他能夠率領埃及在一九七三年以阿的贖罪日戰爭（Yom Kippur War）中討回顏面，後續還簽訂了大衛營協定

（Camp David Accord），可以說是不折不扣的強人。在他被刺殺後，國際社會不認為他的副手穆巴拉克（Hosni Mubarak）能夠填補當時的權力真空，但後者繼續掌權近三十年，直到茉莉花革命（Jasmine Revolution）、阿拉伯之春（Arab Spring）時才被推翻。隨後，儘管經過多黨民主選舉產生文人政府，但還是被軍事政變推翻，如今執政的又是一個強人艾爾西西（Abdel Fattah el-Sisi）。

另外，本書提到執政長達十七年的衣索比亞強人總理梅勒斯（Meles Zenawi），在仍年富力強時遽逝，一度引發群力真空的擔憂，但六年後目前的總理阿比（Abiy Ahmed）上任後，終結衣索比亞與鄰國厄立垂亞長達二十多年的衝突，還因此獲得諾貝爾和平獎，但兩年後在該國提格雷（Tigray）地區出現內戰，而阿比所展現的強勢作風，特別是對人權的破壞，迫使國際社會對他重新評估。看來阿比是有可能成為另一個梅勒斯，特別是衣索比亞是內閣制的國家，總理沒有任期的限制，可以長期執政。

強人的出現有時並非其有特殊的人格特質，或是有較為民粹的訴求，而是時間久了就自然成為強人。舉例來說，喀麥隆的畢亞（Paul Biya）、烏干達的穆索維尼（Yoweri Museveni），及剛果共和國的恩奎索（Denis Sassou Nguesso）都是在位長達三十五年或四十年以上的領導人，他們單憑在位時間的長久，就足以在國內及非洲的國際政治環境中，成為強人。換句話說，位置坐久了，而沒有被推翻，就代表此領導人有強人的能耐，在非洲只要在位超過十年以上（通常憲法所賦予的兩任任期），就被視為有成為強人的可能，超過十五或二十年者，就自然成為新的強人，因此非洲代有強人出，各領風騷數十年。

民主國家的歐美，雖然總統的任期受到限制，但仍有可能會在任期內展現出強人政治的文化，而後續想要贏得選舉者，也有可能採取民粹的方式，贏得選舉，讓強人政治並沒有因人亡政息，這是看完本書個人要提出的警語，就是民粹政治下的許多第三世界一些較為自由國家出現民主倒轉（democratic reverse）的情形、部分原先預期會逐漸走向自由化（liberalization）及民主化（democratization），則從未發生，另外已展開民主化的國家，未完成預期的民主鞏固（democratic consolidation）。即使在老牌民主國家的美國，也因為川普大搞民粹，讓研究美國政治的學者提出民主衰退（democratic decline）或是民主倒退（democratic backsliding），不僅出現裂痕（cracks），更有可能走向民主崩解（democratic collapse）。第三世界的民主表現不如預期，我們或許可以歸諸於其經濟發展尚未到達一定的程度，或是缺乏民主價值的公民文化，但是老牌民主國家如英國或美國也走向民粹的強人政治，那才是倡議民主政治者所始料未及的發展。

序章

二〇一八年春天，美國白宮正籌備唐納・川普（Donald Trump）與金正恩（Kim Jong-un）的會面。鄰近白宮的艾森豪行政辦公大樓是美國國家安全委員會辦公之地，我前往拜訪時，川普幕僚難為情地笑著說：「總統喜歡與獨裁統治者面對面打交道。」

顯然連一些川普的高級幕僚都為他對獨裁者的愛好感到不自在。白宮裡的人心知肚明：川普本人讓獨裁者慣習滲入了世界最強大的民主體系核心。川普總是口出狂言而且熱愛軍隊遊行，他容忍各種利益衝突，卻不能容忍記者與法官，這些特點在在展示了政治中的「強人風格」，而成熟的西方民主體制原本與這樣的政治風格完全沾不上邊。

川普其實趕上了時代浪潮，二〇〇〇年起強人領袖成為國際政治焦點，從俄羅斯、中國、印度、土耳其、匈牙利、波蘭、菲律賓、沙烏地阿拉伯到巴西，自封為「強人」的領袖紛紛登上各地政治舞台，而且目前全為男性。

這些領袖大多為民族主義人士和文化保守派，他們拒絕接納少數民族和異議者，也對外國人漠不關心。在國內他們自稱代表一般百姓對抗菁英分子，在國外他們號稱能夠作為自己國家的代表，而他們所到之處都會引發一波造神運動。仇恨言論讓強人政治成長茁壯，二〇二二年二月二十四日時，仇恨言論不再只是紙上談兵：俄羅斯入侵烏克蘭，開啟了一九四五年以來歐洲最大規模的陸戰。

俄羅斯總統普丁（Vladimir Putin）於二〇〇〇年掌權，開啟了強人政治的篇章，未來十年的國際政治也依然會圍繞著強人議題打轉。美國政壇依然籠罩於川普的陰影之下，川普甚至可能在二〇二四年再度投入總統大選。中國與印度這兩個二十一世紀的新興強國也紛紛落入強人政治的圈套中，這兩國的政治體系完全不同，但是習近平與莫迪（Narenda Modi）同樣以個人風格強烈的方式帶領國家。兩國同樣推崇民族主義與強權，並且對自由主義保持強烈的敵意。俄羅斯與土耳其是歐盟東界最重要的兩個國家，兩國同樣都由強人領袖治理，俄羅斯總統普丁與土耳其總統厄多安（Recep Tayyip Erdogan）皆已統治長達二十年。強人風潮也從匈牙利與波蘭進入歐盟，這兩國分別由匈牙利總理奧班（Viktor Orbán）和波蘭總理卡臣斯基（Jaroslaw Kaczynski）治理。連英國的強生（Boris Johnson）都透露出強人的跡象，這點從他對法律、外交以及黨內異議的態度都可見一斑。巴西和墨西哥是拉丁美洲最大的兩個國家，他們的領袖分別是波索納洛（Jair Bolsonaro）與羅培茲・歐布拉多（Andrés Manuel López Obrador，簡稱 Amlo）。巴西的波索納洛為極右派，墨西哥的歐布拉多則為左派民粹，但兩位統治者都符合強人形象：他們皆把自己塑造成崇拜對象，而且同樣對國家法治不屑一顧。

上述國際局勢點出了本書重點：強人政治並不專屬於威權體制。在民主政體中的民選政治人物身上，也很容易觀察到強人的跡象。像川普這樣民主體制下的強人受到法治約束，這點使他們與習近平或普丁等人不同。但令人擔憂的是，美國總統川普、菲律賓總統杜特蒂（Rodrigo Duterte）與巴西總統波索納洛的意念和威權體制下的強人領袖相去並不遠。

世界各地強人領袖的崛起徹底顛覆了國際政局，我們面對的是自一九三〇年代起就嚴重打擊自由民主的嚴峻挑戰。歷經第二次世界大戰的殘破局面後，全球的政治自由經歷了大約六十年的進步。這段路程相當顛簸，民主的定義也有許多分歧，不過大方向是一致的。在一九四五年，全球只有十二個民主國家。到了二〇〇二年，民主國家增加到九十二國，首次超越獨裁國家的數量。[1]

自那之後，全球民主國家的數量一路超前獨裁國家。但如今民主體制面臨衰退，美國每年調查全球政治自由度的機構「自由之家」（Freedom House）表示，二〇二〇年是全球自由度連續衰退的第五年。冷戰過後公民自由與政治自由有所提升，但是二〇〇五年起局勢出現了改變。二〇〇五年後，每年自由度衰退的國家數量超過自由度成長的國家。自由之家提到：「已經歷經長期衰退的民主目前情況更加惡化。」[2]這樣的發展與強人政治崛起息息相關，因為在強人體制下，政治領袖的意念強壓在國家法治之上。

當今強人領袖所處的國際政治環境與一九三〇年代的獨裁者大相徑庭。核武時代下，強權國家已不再發動戰爭，但如今連這點也出現了轉變。普丁入侵烏克蘭後，北約（NATO）的西方國家透過運送先進武器支持烏克蘭，烏克蘭戰爭迅速演化成俄羅斯與北約之間的代理人戰爭。授權武器運送的美國與歐洲官員深知這項決策的風險：他們可能與俄羅斯發生正面衝突。

美國與習近平統治下的中國也面臨戰爭風險。二〇二二年八月，美國眾議院議長裴洛西（Nancy Pelosi）出訪臺灣這座自治島嶼，中國軍方因此在臺灣周圍發動九〇年代中期以來最具威脅性的軍事演習。

倘若中國攻打臺灣，世界經濟將陷入動盪，因為全球百分之九十的高階晶片皆仰賴這座島嶼上的一間公司——台積電。強人領袖在全球化的環境中作決策，國際法的普及也讓國際領袖必須符合新的期待。然而二十一世紀的科技也使得強人領袖能夠以新的方式與大眾直接對話，同時也讓他們獲得控制社會的危險新工具，能夠以此監控公民一舉一動，這些工具將會鞏固二十一世紀的獨裁統治。

拜登執政的核心目標就是在全球各地推廣民主，然而他在強人時代下就任，民粹與獨裁統治者如今把持了世界政治的走向，他們仰賴的是捲土重來的民族主義、文化衝突和領土衝突，而拜登想要在這股強大的潮流中重興自由價值與美國領導地位，將會面臨重重挑戰。

即便在美國國內，拜登的勝選也未必完全終結了強人政治。二〇二〇年總統大選中川普依然獲得不少支持，也因此馬上出現他在二〇二四年將再度出馬的討論。就算川普本人不再參選，未來的共和黨參選人也可能選擇複製川普模式。

中國民族主義者常將拜登描繪為一位老弱的領袖，並認為他所帶領的美國正面臨無法挽回的頹勢。同時，中國把自己形塑成再度興起的勢力，由強而有力的領袖所帶領。在未來的新世界秩序中，中國國家主席可能會開始爭奪一直以來屬於美國總統的頭銜——「全世界最有權勢的人」。

拜登總統最大的挑戰，就是在海內外展現自由民主的生命力。倘若他失敗，拜登政府就會證實自己只是強人政治中的一段插曲。

若自由派政治人物希望在強人政治下扳回一成，就必須先了解對手。這本書將討論三個關於強人時代的核心問題：強人趨勢何時開始成為主流？強人政治有哪些特點？為什麼強人政治會出現？

一九九九年十二月三十一日，普丁在俄羅斯掌權。自此，他逐漸成為新一代獨裁者的重要象徵甚至崇拜對象，他們所推崇的是他的民族主義、他的勇氣、他不畏採取暴力手段，以及對「政治正確」不屑一顧的態度。

但在普丁的政治生涯前期，他將自己塑造成主流世界秩序下的可靠夥伴。二〇〇〇年六月，比爾・柯林頓（Bill Clinton）在克里姆林宮（Kremlin）與普丁會面，並表示這位俄羅斯領袖「完全有能力打造一個繁榮強盛的俄羅斯，同時守護自由、多元主義與法治」。[3]當普丁於二〇〇一年第一次與喬治・布希（George W. Bush）會面時，布希對普丁留下深刻印象：「我們有很棒的對談。我能感受到他是有靈魂的人。」

普丁是在二〇〇七年發表慕尼黑演講後成為美國所帶領的世界秩序的敵人，緊接著二〇〇八年俄羅斯軍隊就侵擾鄰國喬治亞。自此，普丁乖張又具侵略性的政治風格開始與當時其他謹慎務實的重要國際領袖產生分歧，如美國的歐巴馬（Barack Obama）、德國的梅克爾（Angela Merkel）以及中國的胡錦濤。梅克爾批評普丁用十九世紀的過時手段解決二十一世紀的問題，[4]然而普丁並不過時，反而預示了新時代的開端。他在二十一世紀初掌權，這個時間點本身就十分具有象徵意義。

二〇〇三年，普丁即位三年後，厄多安成為土耳其總理。就如同早期的普丁一樣，厄多安一開始並沒有顯露強人風格。他一開始被西方世界稱為自由改革者，卻在接下來的二十年走向專制，他監禁了新聞記者與政敵、整頓軍隊、肅清司法機關與公職部門，在安卡拉（Ankara）為自己打造一座宮殿，並且以偏執又帶有陰謀論的視角看世界。

俄羅斯與土耳其都是規模足以加入二十大工業國（G20）的經濟大國，但他們不再屬於世界強國。因此二〇一二年才是強人政治成為全球浪潮的開端：也就是習近平在中國掌權的那年。

一九七六年毛澤東逝世，往後數十年，中國共產黨亦步亦趨轉向集體領導方式。跟毛澤東時期相比，如今的中國更加富裕且複雜，與過往的中國全然不同。但習近平主席顯然懷念年輕時期毛澤東時代的某些特色，在習近平的統治下，中國共產黨開始形塑「習大大」個人崇拜。中國的強人統治已經確立：領導人任期限制於二〇一八年解除，習近平可能終身執政。

二〇一四年，亞洲的另一個新興強權踏上同樣的道路，帶有印度教民族主義色彩的印度人民黨（BJP）領袖莫迪當選印度總理。二〇〇二年他涉嫌主導家鄉首都古吉拉特（Gujarat）的反穆斯林運動，自此身為在野黨領袖的莫迪就備受爭議，並因此被禁止入境美國。他把自己定位為一位願意在海內外起身對抗國家敵人的印度領袖，二〇一九年莫迪下令允許動用武力轟炸位於巴基斯坦（Pakistan）的恐怖分子可能根據地，此舉令許多印度民眾振奮不已，並且成功為莫迪的下一場選戰鋪路。莫迪向選民保證：「選擇蓮花（象徵莫迪所屬政黨），就是向恐怖分子扣下扳機。」二〇一五年，強人政治也進入了自詡為一個自由民主社團的歐盟。這一年，已經逐漸走向專制的匈牙利總理奧班主張禁止中東難民與移民進入國內，此舉讓他成為西方世界右翼民粹的英雄。同年，由卡臣斯基所帶領的波蘭右翼民粹政黨「法律正義黨」（Law and Justice）同時贏得總統大選與國會大選。

此外，歐洲移民危機也影響了二〇一六年六月的英國脫歐公投。強生所帶領的脫歐派利用社會對穆斯林移民的恐懼，聲稱土耳其即將加入歐盟，因此將導致大批新移民湧入英國。脫歐派組織「票投脫歐」（Vote Leave）打著「奪回控制」（Take Back Control）的旗號，將脫歐陣營推向出人意料的勝利。二〇一六年擔任川普選戰幕僚的史蒂夫．巴農（Steve Bannon）表示，當他看到英國脫歐陣營勝出，就知道川普的總統大選勝券在握。

因此川普在二〇一六年十一月贏得大選，就某方面而言，只是加入了已經存在的潮流。然而美國獨有的經濟與文化實力，讓川普的勝選成為改變全球政局的力量，使得強人政治更加強大且得到認可，同時也激起一波模仿風潮。

川普就任後第一趟出訪即是二〇一七年五月的沙烏地阿拉伯之行。同年，沙烏地阿拉伯王子沙爾曼（Mohammed bin Salman，簡稱ＭＢＳ）成為該國實際掌權者，控制了阿拉伯最富有且最強大的國家。這位新領袖迅速打造了全新的國家形象，完全迥異於過去沙烏地阿拉伯皇室披著神秘面紗且低調行事的風格。西方有人將沙爾曼王子譽為沙國一直以來所欠缺的專制改革者，然而後來的異議記者卡舒吉（Jamal Khashoggi）虐殺案卻讓這位沙國王子在西方的粉絲震驚不已。在緊接著虐殺案風波後的二十大工業國高峰會上，沙爾曼王子受到普丁總統微笑迎接，這幅畫面似乎也點出了強人政治藐視法治、有罪不罰的特點。

拉丁美洲最大國巴西也在二〇一八年淪陷，這一年波索納洛的勝選開啟了巴西的強人政治。「熱帶川普」波索納洛的政治生涯始於不起眼的右翼邊緣，之所以能夠脫穎而出獲得大選，正是因為他採用了許多川普的競選手法，例如批評「政治正確」、「全球化」、「假訊息媒體」以及保護環境的非政府組織，同時放寬槍枝管制、力挺福音派、農民以及以色列。

二〇一八年的非洲似乎尚未被擴散中的強人政治籠罩，令人鬆了一口氣。非洲第二人口大國衣索比亞（Ethiopia）的新總理阿比・阿曼德（Abiy Ahmed）釋放了政治犯，並且終止與厄利垂亞（Eritrea）的長年戰爭，因此獲得國際關注。二〇一九年，阿比・阿曼德獲得諾貝爾和平獎。但隔年這位衣索比亞領袖就對位於泰格瑞省（Tigray province）的反抗軍發動軍事鎮壓，導致數千人死亡，引來多項戰爭罪的指控。阿比的變卦讓人擔心他會從受西方推崇的自由派改革者轉為強人獨裁者。

西方評論家將強人領袖誤判為自由派改革者的行為似乎有跡可循。土耳其的厄多安掌權時，《紐約時報》（The New York Times）以「擁護民主多元主義的伊斯蘭政治家」稱呼他。[5]另一位《紐約時報》專欄作家克里斯多福（Nicholas Kristof）在二〇一三年預測習近平會「再度帶來經濟改革，甚至可能放鬆政治控制」。他表示有可能在習近平統治下，看到毛澤東的遺體被丟出天安門。[6]兩年後，另一位《紐約時報》重要專欄作家費德曼（Thomas Friedman）將沙國王子沙爾曼形容為帶領改革風潮的人，「任務是徹底改造沙烏地阿拉伯的統治方式」。[7]二〇一七年，愈來愈多人開始批評沙爾曼的人權紀錄不彰，費德曼對這些批評不予理會，寫道：「人無完人。總得有人拉沙烏地阿拉伯進入二十一世紀。」[8]

二〇一四年還有一位英國專欄作家對莫迪的掌權表示支持，發表了一篇文章，題為〈印度需要刺激，而莫迪值得大家冒險〉（*India needs a jolt and Modi is a risk worth taking.*）。誰寫了這篇文章呢？就是我。我甚至用「令人振奮」形容莫迪從小茶商變總理的歷程。[9] 現在看過他對公民傲慢的態度，我可不會再用同樣的詞了。

回顧上面一系列天真的預測以及後來的幻滅，我們該來問問為什麼西方評論家常常誤判。現在看來，我認為這是冷戰「勝利」帶來的不切實際的想法，當中混合了對自由政治以及經濟理念的過度自信，西方意見領袖因此未能及時察覺全球反自由派的浪潮。不過到了二〇二〇年，普丁掌權近一個世代後，這股浪潮已經不容忽視。言論自由、司法獨立和少數族群權益，這些自由價值在全球都面臨威脅。[10]

這樣的慘況讓兩個問題浮現：什麼是強人政治？為什麼強人會崛起？

*

聽到我們正處於強人時代的說法，有人會質疑：「真的能把川普或莫迪這樣的民選領袖跟習近平或沙爾曼王子這種非民選獨裁者相提並論嗎？」

倘若要比較兩者，必須謹慎小心並且把握分寸，但我相信兩者可以比較，而且必須比較。本書所討論的強人領袖分佈在光譜上的不同位置，光譜的一端是權力未受挑戰的獨裁者，如中國與沙烏地阿拉伯的領袖；光譜中間則是普丁與厄多安，某些民主體制規範著這種領袖，例如選舉以及有限度的報導自由，但這些領袖依然有辦法監禁政敵，並且掌權數十年；再來就是身處民主體制但對民主不屑一顧的政治人物，而且他們似乎意圖削弱民主：川普、奧班、莫迪和波索納洛就位於光譜這一端。

不過本書並無意做為全球獨裁者的指南，我在這本書中論及川普以及納坦雅胡（Benjamin Netanyahu）這一類的強人領袖，但排除了金正恩以及其他殘暴領袖，例如白羅斯總統魯卡申柯（Alexander Lukashenko）以及柬埔寨總理洪森（Hun Sen）。《強人時代》描述新一代民族主義與民粹主義領袖的崛起，他們同樣對自由主義不屑一顧，並且推崇專制統治的新手法。自二十一世紀初起，強人政治席捲全球權力中心：美國、中國、俄羅斯、印度、歐盟和拉丁美洲。相反地，洪森和魯卡申柯控制的是小國，而且是於九〇年代掌權，金氏王朝則是自一九四八年起統治北韓，這三位領袖都具備強人特質，但是並不屬於過去二十年國際政治變化的核心。

有些英國讀者或許會質疑為何強生也被歸納在強人領袖之列，支持前首相以及脫歐的人，或許會認為這種歸納有失公允。然而強生二〇一九年成功達成他擔任首相的夢想後，確實把自己包裝成一位強人：一位強硬到能夠不計一切代價完成脫歐任務的人。強生就任前就曾經提到川普的民主治理手法適合拿來處理歐盟問題，就任首相後，他做了前英國首相梅伊（Theresa May）不敢採取的行動，例如開除重要保守黨員，甚至休會（英國法院隨即宣判此舉違法）。川普對強生大有好感，稱他為「英國川普」，而拜登也認同，稱強生「不論外貌或情緒」都是川普的翻版。[11]強生所擁護的脫歐，是全球化自由主義反彈聲浪中重要的一刻。

民選強人領袖令人擔心的原因正是因為他們的言行舉止顯然與專制領袖相去不遠，值得注意的是首先點出川普問題的人，正是來自專制體系。俄羅斯流亡人士卡斯帕洛夫（Garry Kasparov）和葛森（Masha Gessen）清楚意識到川普的行為令人聯想到普丁。*[12]但美國並不是民主世界中的特例，其他理應奠基於法治與政黨統治的地方，也開始出現莫迪、波索納洛與杜特蒂等強人領袖。

原本已經是威權的國家也開始走向強人統治模式。中國和沙烏地阿拉伯從來都不是民主國家，但在習近平與沙爾曼王子掌權之前，這兩個國家的統治模式都偏向集體領導，大多以共產黨與沙烏地阿拉伯皇室為中心，但近年這兩國都走向權力集中。

因為權力集中的國際潮流，威權與民主世界的界線日趨模糊。過去美國歷任總統在（由美國所領導的）「自由世界」與其他非民主國家之間劃清界線，但川普淡化了兩者的差異。二〇一五年，川普剛稱讚完普丁後立即面對普丁謀殺記者與政敵的質疑，他的反應是：「我想我們的國家也殺了不少人。」[13]他擔任總統時曾對記者伍德華（Bob Woodward）坦言：「我跟厄多安處得很好……他們愈兇狠，我跟他們愈處得來。」

川普不但沒有維護新聞自由，還譴責「假新聞媒體」；川普不但沒有推崇美國獨立司法與自由選舉制度，反而在面對自己的不利判決時譴責法官不公正，並且聲稱二〇二〇年的選舉舞弊，試圖推翻選舉結果。川普的行為與言論也在其他民主國家領袖身上一一出現，以色列的納坦雅胡與巴西的波索納洛皆曾抨擊對他們發動攻擊的「假新聞」與「深層政府」，二〇二一年納坦雅胡被迫下台時，曾發表與川普類似的言論，聲稱自己是受害者，面臨的是「如此嚴重的選舉舞弊……歷史上所有民主政體都前所未見。」

抹除民主體制與威權體制的界線是過去數十年來威權統治的首要目標。早在普丁漫長政治生涯的初期，我曾在克里姆林宮與普丁的發言人佩斯科夫（Dmitry Peskov）碰面。佩斯科夫的電腦螢幕保護畫面是一連串歐威爾（George Orwell）《一九八四》書中內文：如「戰爭即和平」、「自由即奴役」等句子。我向他詢問普丁近期的鎮壓行動，佩斯科夫笑答：「世上沒有完美無缺的體制。」川普的言論似乎印證了俄羅斯與中國長期以來的態度。他是可以說出下列言論的美國總統：「我們也會說謊、殺戮，我們的媒體是虛假的，我們的選舉受到操弄，我們的司法不公。」如研究中國的史學家芮納・米德（Rana Mitter）所述：「反自由派言論對中國有利，因為這樣的言論顯示了威權國家與民主國家之間的差異……只是程度上的不同而已，本質並無不同。」[14]

本書提及的強人領袖並非「全然相同」，但他們彼此有許多相似之處，而這些相似之處提供

---

* 冷戰時期，部分西方自由派人士聲稱蘇聯（USSR）與美國之間有共同點，反蘇聯人士卻是對此嗤之以鼻。

重要線索。強人領袖具備四種交叉的不同特質：建立個人崇拜、對法治不屑一顧、聲稱自己能代表真正的人民對抗菁英（即民粹主義），以及打造由恐懼與民族主義推動的政治。

強人領袖想讓自己看起來無可取代，他們的目標是說服人民他們一個人就可以拯救這個國家。川普向美國人說：「我一個人就能搞定。」國家與統治者間的界線被抹去，讓人覺得若由其他能力不佳的凡人來接替強人，將會帶來危險或難以想像的後果。理想上，他們受到推崇的原因不僅是因為實力，也因為他們的道德與學識。

這又是另一個同時出現在威權與民主中的特質，在中國，習近平花費極大心力努力重振毛澤東時期的個人崇拜。「習近平思想」已經納入中國憲法，這在過去只發生在毛澤東身上。中國國家主席的任期限制遭廢除，因此習近平很可能終身統治。二〇二〇年，我在上海看到一幅習近平的街頭畫像，一道道光芒從他頭上射出。

這種個人崇拜較常出現在獨裁政權中，如今卻進入了半民主與民主世界。印度人民黨（BJP）的選舉宣傳圍繞著莫迪一人，主打他聲稱擁有的智慧、力量與道德。印度知名歷史學家古哈（Ramachandra Guha）曾說：「自二〇一四年五月起，大量國家資源都投入提升總理聲量，讓他的臉出現在每一項計畫、每一則廣告、每一張海報上。莫迪就是印度，印度就是莫迪。」[15]

在俄羅斯與土耳其，普丁和厄多安也將自己塑造成與一般人民相處特別融洽的形象。這兩國皆通過修憲，讓這兩位領袖可以掌權數十年，甚至終身執政。其他民族主義總理如日本的安倍晉三（Shinzo Abe）以及以色列的納坦雅胡，在位時間都打破紀錄。美國的川普則喜歡打趣地說要將自己的在位年限延長到超過八年，以此刺激政敵。共和黨屈服於個人崇拜的現象於二〇二〇年浮現，當時他們的選舉政策綱要僅有一句話：「共和黨會持續熱切支持總統的美國優先政策。」

個人崇拜的另一個常見特點就是往往會融合強人與國家的利益，常常可以看到領袖的家庭成員成為重要政府官員。厄多安讓他的女婿阿爾巴伊拉克（Berat Albayrak）擔任財務部長，直到後來兩人撕破臉；川普任命自己的女婿傑瑞德·庫許納（Jared Kushner）擔任美國外交與國內政治的要角；巴西的波索納洛則讓自己的三個兒子福拉畢歐（Flavio）、愛德華多（Eduardo）、卡洛斯（Carlos）擔任代理人與發言人，並且提名愛德華多擔任巴西駐美大使；菲律賓杜特蒂的理想接班人則是自己的女兒薩拉（Sara），最終薩拉獲選為副總統，成為總統小馬可仕（Bongbong Marcos）的搭檔，後者為菲律賓前獨裁者馬可仕（Ferdinand Marcos）的兒子；英國的強生任命弟弟喬·強生（Jo Johnson）擔任內閣，後來又讓他進入英國上議院。

強人領袖通常都認為法律與制度是他們的絆腳石，這又是另一個橫跨民主與專制的特點，不過這個特點取決於政治環境，在兩個體制下的發展結果不盡相同。在習近平掌權之前，中國自由派人士努力推動讓中國司法獨立於共產黨的統治，然而習近平否決了這個想法，他說：「決不能走西方『憲政』、『三權鼎立』、『司法獨立』的路子。」[16]並且在他的帶領下重新鞏固了共產黨的主導。

在西方，獨立的司法通常會成為新世代強人領袖首要攻擊目標。匈牙利的奧班政權及波蘭的卡臣斯基政權都在就任後立即修憲以掌控司法；當英國最高法院裁決駁回政府的脫歐政策，支持強生的媒體《每日郵報》（Daily Mail）將作出判決的法官形容為「全民公敵」。在美國，川普則說：「當一個人成為美國總統，他的權力至高無上。」[17]

對強人領袖來說，法律不是拿來遵從的，而是打擊政敵的政治武器。史達林（Stalin）的秘密警察總長貝利亞（Lavrenti Beria）完美詮釋了這點：「告訴我你要下手的目標，我會找出這個人犯的罪。」監禁政敵是常見的手段，同時也是普丁走向專制的徵象。早在二〇〇五年，普丁的寡頭政敵霍多科夫斯基（Mikhail Khodorkovsky）即遭到審判與監禁，這項手法延續至今，最近的一次是在二〇二一年的反對派領袖納瓦尼（Alexei Navalny）入獄。習近平一掌權，立刻在中國展開反貪腐行動，超過百萬人遭逮捕入獄。面對香港的反抗運動，習近平採取的行動是將民主運動領袖逮捕入獄。菲律賓參議員萊拉．德利瑪（Leila de Lima）曾經調查杜特蒂與行刑隊間的關係，卻因不實的藥物指控被捕入獄。沙烏地阿拉伯的沙爾曼王子利用反貪腐名義恐嚇國內菁英，將這些菁英監禁在麗思卡爾頓酒店（十分具有沙烏地阿拉伯風格），並且強迫他們放棄部分財產。川普並無法如此任意逮捕政敵，但顯然他渴望同樣的權力。二〇一六年大選，川普及其支持者高喊「把她關起來」，作為攻擊對手希拉蕊（Hillary Clinton）的手段。

長期掌權讓強人領袖有機會在司法體系中安插自己的人馬，而這也是川普的如意算盤。杜特蒂則是在菲律賓的最高法院安插了許多支持他的法官。二〇一六年，厄多安宣布國家進入緊急事態，超過四千名檢察官遭整肅。

對強人領袖來說，法院是他們最需要掌控的機構，而強人多半對於獨立司法體系沒有耐心，因為他們的權力會受其拘束與挑戰。媒體或其他國家機關也常成為強人的目標，例如情報單位或是中央銀行，歐布拉多在二〇一九年即位後的短短數月內，開除了多位墨西哥監管機構首長。

而挑戰司法體系之後，下一步往往就是挑戰代議民主，川普反民主的本性在他試圖推翻二〇二〇年的總統大選結果時昭然若揭，強人政治的邏輯無疑就是抵抗民主，就如同厄多安曾說：「民主只是一列電車，到了目的地你就可以下車。」[18]

強人領袖鄙視制度，但愛「民眾」，通常他們會自稱能夠理解而且同理一般大眾，也因此強人現象與民粹主義密不可分。民粹主義即是鄙視菁英與專家，並且推崇常人智慧與能力。

民粹主義跟「簡化主義」（simplism）息息相關[19]。簡化主義認為複雜的問題有簡單的解決辦法，但是這些方法卻遭到惡勢力阻撓。有時候解決方法簡單到用幾個字就可以總結：「落實脫歐」、「蓋一道牆」。既然解決方法理應如此簡單，那麼刻意阻擋這些解決方法的人就會被視為邪惡或愚蠢，而當簡單的解決方法遇到阻礙，強人領袖就誓言打通法律阻礙，以確保人民意志能夠實踐。

對強人領袖來說，法律與國家制度不僅僅是不必要的阻礙，甚至是陰險的菁英手中的武器。此時就需要強人領袖破除陰謀與障礙，推翻「深層政府」的詭計，也就是英國首相強生口中所說「真正管理國家的人。」在強生看來，英國的深層政府計畫阻擋脫歐。[20]在土耳其，深層政府的概念已經存在數十年，後來川普、波索納洛與納坦雅胡等人才開始採用。

強人領袖另一個目標就是那些被認為對國家圖謀不軌的可疑外國人。在習近平統治下的中國，媒體整日提醒國民防範試圖分裂國家的西方陰謀。在其他國家，許多強人領袖也將矛頭指向同一位大惡人，指控他在背後操弄，代表著外國菁英打擊一般民眾。本書即將提到著名金融家喬治・索羅斯（George Soros），他何其有幸，同時遭到普丁、川普、厄多安、奧班與波索納洛抨擊。聲稱自己代替平民百姓抵抗全球菁英，似乎也可以意外地輕鬆累積財富。多位民粹主義強人領袖，如普丁、奧班與厄多安，都曾動用政治權力來增加自己或親友的財富。

強人領袖也大力擁護傳統家庭與性別觀念。普丁下令禁止「同志運動」，並且修憲通過禁止同性婚姻，習近平則禁止電視出現「陰柔男性」。強人領袖往往嘲諷自由派政治人物所推廣的「政治正確」，而且這些政治人物常常為女性，例如德國總理梅克爾與紐西蘭總理阿爾登（Jacinda Ardern）。

不同強人領袖的選民常常十分相似，每個國家的強人領袖都在選戰中攻擊都會菁英，並且拉攏小鎮與鄉下地區的選民。二〇一六年與二〇二〇年的大選，川普幾乎輸掉所有美國的大城市。

川普也讓美國選民依據教育程度而分裂，在受過大學教育的選民中川普一敗塗地，但是在未受大學教育的選民中卻獲得近八成得票率，也難怪二〇一六年川普曾說：「我愛那些沒受過高等教育的人。」

美國以外的地方也發生同樣情形：英國脫歐選舉中，未持有文憑的選民中有七成三的人選擇脫歐；持有研究所文憑的選民中則有七成五選擇留歐；菲律賓的杜特蒂在選戰中攻擊「馬尼拉帝國」（imperial Manila）的自由派菁英；在法國二〇一七年的大選中，馬克宏（Emmanuel Macron）在巴黎中心大獲全勝，然而落後的鄉間地區則由民粹主義派把持；在匈牙利與波蘭，為了抵抗專制，反政府遊行在首都布達佩斯（Budapest）與華沙（Warsaw）上演，奧班與卡臣斯基卻在小鎮與鄉間地區獲得廣大支持。

綜合以上現象，大都會中的自由派人士會直覺地認為民粹主義政治與強人領袖之所以崛起，都可以歸咎於教育程度不足甚至智力不足。但是在西方的經濟體當中，教育程度不高的族群在近數十年來深受薪資停滯及生活品質下降影響。在這樣的情況下，特別容易受到鼓吹反體制的候選人所拉攏。而一旦強人領袖誓言帶領國家重回昔日光榮，讓美國（俄羅斯或英國）「再次偉大」，這些選民又更容易受到吸引，因此我們必須談談強人政治的最後一項重要元素：懷舊民族主義。

其他國家的強人領袖幾乎全部承襲了川普的承諾，因地制宜地修改後作為宣傳口號。習近平承諾推進中華民族偉大復興，這項承諾等同於「讓中國再次偉大」，成為真正的「中央之國」。也有其他領袖像中國與美國的領袖一樣堅持重返昔日光榮偉大的國家。普丁總統曾經以災難形容蘇聯垮台，並且將重振俄羅斯國際影響力設立為自己的執政目標；十九世紀明治維新讓日本成為亞洲強國，而已逝的安倍晉三曾提及自己深受明治維新啟發；印度總理莫迪力推「印度教民族主義」，推崇過去英國與蒙兀兒帝國（Mughal Empire）到來前印度教所擁有的光榮時期以及神話般的歷史；匈牙利總理奧班則暗示未來要重新拿回一戰後匈牙利所失去的領土；土耳其總統厄多安推崇的則是一九二〇年代殞落的鄂圖曼帝國；強生的「全球化英國」（Global Britain）計畫正是希望英國不僅只是一個歐洲俱樂部的二十八位成員之一，而是回到過去世界強權的地位。

懷舊民族主義在全球都引人注目，而這同時也是新趨勢。在此之前，英國與美國最成功的政治人物皆看向未來，美國的比爾．柯林頓（Bill Clinton）談的是「如何與二十一世紀接軌」，英國的大衛．卡麥隆（David Cameron）將自己定位為現代化的推手，對當代英國感到相當滿意，甚至連習近平與普丁統治前的中國與俄羅斯，都可以感受到對未來的憧憬，而不是對過去的光榮時刻感到懷舊或是糾結於過去國家所受的屈辱。

要理解強人現象，我們必須仔細檢視現代世界如何為這些強人創造了市場。

歷史上有一段短暫的時期，自由派民主看似地位崛起而且未受挑戰。一九八九年柏林圍牆倒塌，關於經濟與政治的議題看似已處理完善。經濟層面，自由市場即正確答案；政治層面，民主即正確答案；地緣政治層面，美國是唯一的超級大國；社會層面，提升女性與少數族群權益顯然是前進的方向。重要問題既然皆獲得妥善處置，政府的角色受到限縮，就如同德國學者與外交官伯格（Thomas Bagger）所說，政治只不過是「管理必然的結果」。[21]

但這種未受挑戰的優勢地位僅僅維持了二十年，到了二〇〇七年，鞏固自由派國際主義的政治與策略性理念遭到普丁公開否決。二〇〇八年金融危機也破壞了自由派共識背後的經濟假設，「新自由主義」（neoliberalism）開始被左右派同時拿來作為批評工具，以檢視當時主要經濟模式的產量過剩與其他問題。

二〇〇八年金融危機加上伊朗戰爭與中國崛起，也戳破西方能持續主宰世界的幻想。二〇一二年習近平掌權，也象徵西方地緣政治的重要地位已然受到挑戰。自由派民主作為社會和平最佳解決方案的想法也受到動搖，西方世界的社會分裂也在激烈的「文化戰爭」下加深。

本書提到的強人領袖以不同方式在對抗一九八九年以後的自由派共識，強人政治的成功凸顯了自由主義的危機，這個危機有不同面向，但是可以分為四大主題：經濟、社會、科技與地緣政治。

二〇一七年巴農（Steve bannon）在香港演說時，針對川普崛起以及對全球化的反彈聲浪提出見解。這個場面無比諷刺，身為高盛（Goldman Sachs）前銀行家，他口中批評的「全球主義」為他帶來個人利益。他甚至收取高額費用來對這群亞洲銀行家發表演說，而他們的生計正是仰賴巴農試圖破壞的美中經濟合作。

巴農是西方政治的極右派，但是當時身為聽眾的我，驚訝地發現他的見解與左派有所重疊。他認為導致英國脫歐以及川普勝選的民粹主義始於二〇〇八年的金融危機，在他看來，沒有好好懲處金融危機所涉及的銀行家，以及後續的大眾生活品質成長停滯，導致不可避免的反抗聲浪。他認為這場民粹主義可分為右派與左派：川普與法拉吉（Nigel Farage）代表的是美國與英國的右派，美國的伯尼．桑德斯（Bernie Sanders）以及英國的傑瑞米．柯賓（Jeremy Corbyn）則代表左翼民粹。而在西方，獲得政治成就的是右派民粹主義。

美國與歐洲的民粹主義在高失業率的地區大受支持，例如法國北部、美國鐵鏽帶（Rust Belt）、德國東部以及英國蕭條的的沿海鄉鎮，但這個現象不僅出現在西歐與美國。川普政府的俄羅斯專家希爾（Fiona Hill）成長於英國東北，她相信普丁興起的原因與英國脫歐和川普勝選的原因相去不遠。傳統產業遭到破壞，嚴重影響依賴這些產業的地區，因此讓選民渴望一位承諾復興昔日穩定生活的領袖。[22]希爾後來也寫到：「普丁的支持者酷似川普在美國的選民，他們的不滿也相同，這些人通常年長、大多為男性、受教育程度普遍較低。」[23]雖然金融危機後的經濟狀況可以幫助我們理解西方民粹強人崛起的原因，但是卻無法完全解釋強人政治，例如亞洲的生活品質在近年來快速提升，那我們又要如何解釋亞洲民粹主義強人崛起的現象呢？

在中國和印度，經濟同樣扮演重要角色。過去四十年中國的總財富大幅成長，但經濟轉型中有贏家也有輸家。九〇年代中，面臨經營危機的國有企業以破產的方式進行改革，造成高達三千萬名工人失業，曾經身為產業工人階級的菁英失去社會地位。[24]因此在中國（還有俄羅斯、英國與美國），出現了一群年長、教育程度不高的工人，他們特別容易受到強人復興繁榮時代的承諾吸引。

在中國與印度，快速全球化的干擾帶來大量移民與產業外移，也因此讓人們更容易懷念過去穩定、同質性高、以國家為中心的時代。此外，在發展中國家有一派人認為貪腐導致全球化的利益流向特定菁英，社會期待看到更強勢的領導人來將壞人一網打盡，因此習近平就任後立即將反貪腐行動作為國內施政目標。同樣地，莫迪將自己的平凡出身打造為主要政治形象，這也讓他得以聲稱自己能夠為受挫的中產階級與印度小鎮創造機會。

部分國家無法解決街頭犯罪與嚴重貪腐，西方世界以外的強人領袖常利用這點擴張勢力。菲律賓的杜特蒂與巴西的波索納洛都積極拉攏深受高謀殺率所擾的都會居民，[25]巴西的政商高層爆出長期貪污的醜聞後引發大眾反感，而不久後波索納洛即掌權。

民粹主義者將整個菁英階層貼上標籤，形容他們貪腐且自私自利，並且聲稱體制對一般大眾不公，這樣的操作讓人民渴望一位局外人介入，期待一位強人能對付奸詐的全球主義菁英，並且為一般大眾挺身而出。

但強人政治不僅僅涉及經濟，當經濟引發的不安牽扯上國家邊界議題，例如移民、犯罪與國力下降，強人領袖即獲得表現機會。

許多強人領袖都主打移民議題，柏林圍牆倒塌開啟了冷戰後的自由時代，對新圍牆的期待則開啟了強人時代，包括川普承諾要建造的美墨邊界「美麗大圍牆」、奧班為了防止敘利亞難民進入匈牙利所建造的牆，以及納坦雅胡政府為了分隔以色列與巴勒斯坦領土所建造的牆。

對於民粹主義強人領袖來說，某些移民顯然特別不受歡迎。川普總統就任後便立即試圖禁止所有穆斯林進入美國，但最後宣告失敗。一股伊斯蘭恐懼症在西方與亞洲的民族民粹主義下擴散，對美國與歐洲極右派來說，穆斯林移民的存在引發了「猶太基督教」文明的存亡危機。

穆斯林少數族群也成為亞洲強人領袖的首要目標，在中國，習近平的政府開啟了一項令人擔憂的大計畫，要「再教育」新疆的穆斯林，並且指控他們支持分離主義和恐怖主義。超過百萬名穆斯林被送進再教育營，有人說這是二戰以來規模最大的集中監禁，川普與拜登政府都將維吾爾人遭受的待遇稱為「種族滅絕」。[26]

莫迪同樣利用反穆斯林情緒吸引支持，也藉此鞏固了其他飽受爭議的手段。二〇一九年莫迪廢除以穆斯林人口為主的加穆及喀什米爾州（Jammu and Kashmir）的自治地位，同時進行大規模逮捕、實施宵禁並且切斷網路。這位印度總理也威脅要將數十萬名穆斯林從阿薩姆邦（Assam）驅離，因為這些人被指控為非法移民。

優勢族群害怕被取代，擔心自己會遭受文化與財富的損失，而這份恐懼常為強人領袖所利用。許多人散佈陰謀論，聲稱穆斯林計畫要征服西方世界，法國作家加繆（Renaud Camus）便宣傳了這樣的思想，他的著作《大取代》（Le Grand Remplacement）也因此成為極右派的最愛讀物。匈牙利的奧班表示大量移民對匈牙利民族的生存帶來威脅。以色列的納坦雅胡推動立法將以色列定義為猶太國家，部分原因是因為人口結構受到阿拉伯裔少數族群的威脅。

美國目前的優勢族群為白人，但到了二〇四五年他們可能成為少數族群，因此引發社會與種族恐懼，導致了川普的崛起。社會科學家發現對種族與人口組成改變的焦慮是把票投給川普的關鍵，有些細心的觀察家甚至擔心民主是否能撐過種族對抗與族群競爭的壓力。二〇二〇年歐巴馬說過：「美國是第一場打造多族裔、多文化民主政體的實驗，而至今我們依然不知道這是否能成功……。」[27]

巴西和印度同樣也是多族裔、多文化的民主政體，但他們的情況並不樂觀。二〇一〇年的巴西民調顯示，巴西白人的人口首次少於國內的黑人與混血。巴西極右派的政治論調與川普的美國支持者雷同，波索納洛的支持者常抗議左派獲得的權力不具正當性，因為他們利用各項社會福利以及貪腐行為獲得少數族裔的選票。

印度的印度教群體同樣害怕失去他們的優勢地位，但其實他們占全國總人口八成，因此他們的恐懼似乎不太合理。但是人口上的優勢並沒有讓莫迪的印度人民黨重要人士停止攻擊「愛情聖戰」（love jihad）陰謀論，「愛情聖戰」指的是穆斯林男子刻意與印度教女子結婚以稀釋國內印度教人口純度，五個由印度人民黨治理的邦已經開始立法禁止「愛情聖戰」。[28]

威權主義也無法化解族裔帶來的恐懼與緊張，中國百分之九十二的人口為漢族。但習近平統治下的中國特色就是對少數族裔抱有偏執的看法並且愈來愈難以包容，負責鎮壓新疆的中共官員陳全國甚至採取了他在西藏使用的同化政策。

強人政治的特點就是他們願意「硬起來」對付不受歡迎的族群，包含外國人、移民與穆斯林。他們大男人的舉止也讓他們符合傳統男性形象，他們往往也鄙視女性與性少數族群權益。社會風俗快速變遷——這不僅發生在西方，而強人領袖符合傳統社會價值的特點，就會成為新威權統治者強而有力的武器，這點目前卻未受正視。不論是美國、俄羅斯、巴西、義大利還是印度，都有一大群不滿的男人（以及某些傳統的女人）對老派的強人統治者感到興奮。[29]

二〇一六年的美國總統大選透露出性別在民粹主義強人領袖與自由派挑戰者間有著重要差異，當川普炫耀「抓住女人私處」的錄音檔外洩，許多川普陣營的人擔心他們的候選人會因此一敗塗地。但是錄音檔爭議並沒有阻止川普勝出，男性選民依然大幅投給川普而不是希拉蕊。在二〇一六年的大選中，選民對於被女性總統帶領的恐懼可能大於對「抓女性私處」男性的厭惡。

大男人的言論與處事方式在美國以外的強人領袖身上更為明顯，杜特蒂惡名昭彰的「玩笑」就是，他很遺憾沒能一起輪暴一位被謀殺的傳教士。波索納洛說過，如果他在路上看到兩個男人接吻，他會直接攻擊他們。試圖成為強人領袖的義大利總理薩爾維尼（Matteo Salvini）曾經在台上揮舞充氣娃娃，把充氣娃娃比喻為他的女性政敵。普丁總統也試圖拉攏西方及俄羅斯的文化保守派人士，不斷嘲笑西方的「政治正確」，而且特別攻擊同志權利與女性主義。我曾經問過普丁主義的追隨者馬洛費耶夫（Konstantin Malofeev），他認為西方自由主義的本質是什麼，他回答：「國家之間沒有國界，男女之間沒有差異。」[30]

新威權統治者所展現的民族主義與文化傳統主義，顯示他們是懷舊且回首過去的領袖。不過在某方面來說強人領袖完全跟上了時代：他們大都非常熟稔社群操作。新的政治溝通工具興起，更加速了強人政治的崛起。川普將推特作為主要溝通工具，因此他可以直接與選民互動，不需要透過他所謂的「假新聞媒體」。強人領袖與追隨者間的個人連結是塑造個人崇拜的重要元素，而推特就是最理想的平台。在巴西，波索納洛的推特粉絲同樣癡狂地追隨他們稱為「傳奇」的男人。印度人民黨在社群上同樣惡名昭彰，利用臉書和推特來推動對莫迪的支持以及恐嚇政敵。

臉書和推特是打擊傳統媒體的重要工具，奪去了傳統媒體分辨新聞事實與虛假的角色。二〇一六年杜特蒂的陣營開創使用臉書散播對候選人有利的假消息的選戰手法，後來部分臉書高層將菲律賓稱為「零號病人」。幾個月後，臉書上出現對川普有利的各種論述，這也是美國強人政治興起的重要原因。傳統媒體的工作是探究事實，臉書則是讓使用者對貼文「按讚或按倒讚」，以此激發情緒與忠誠，而不是理性思考。英國研究發現新冠肺炎時期，如果民眾主要接受訊息的管道為社群媒體，他們就特別容易相信陰謀論。相信政府刻意誇大疫情死亡人數的受訪者中，大約有百分之四十五的人主要透過臉書接收訊息，而在不相信陰謀論的人群中，只有百分之十九是靠臉書獲得新聞。[31]

在網路時代早期，部分樂觀的自由派認為資訊流通會對民主有利，因為威權統治者難以審查新聞。某部分來說是如此，而中國封鎖推特、YouTube和臉書正是因為這個原因。在俄羅斯，納瓦尼透過YouTube頻道發佈殺傷力極大的調查影片，揭露普丁及其人馬的貪污醜聞。但我們也不能過於樂觀看待社群媒體解放資訊的潛力，政治口號以及不可信的聲明是強人領袖喜愛的政治溝通工具，新的社群媒體則讓這些訊息可以快速激起追隨者的情緒並且讓他們大量分享，而媒體往往來不及確認訊息真偽。

近期中國網路的發展再度帶來政治上的不祥預兆，網路與手機已經成為現代社會生活中不可或缺的一部分，中國當權者因此能真正以歐威爾模式監控市民。每一趟路程、每一筆線上交易或是社群貼文都能夠監控。政府能夠透過社會信用制度懲罰疑似意圖顛覆政府的公民，而異議人士不論是職場發展、貸款，甚至是購買車票都可能遇到困難。中國的科技能力——特別是人工智慧技術，讓他們打造出強大社會控制系統，而國外的威權政府對此深感興趣，中國甚至能夠藉此外銷給親中的強人領袖。

強人時代也同時經歷巨大地緣政治變化，二〇〇〇年時，美國主宰地位不受動搖。當時中國經濟體只是美國的百分之十二。到了二〇一一年，也就是金融危機的三年過後，中國經濟已經成長為美國經濟的一半。到了二〇二〇年，在新冠疫情來襲前，中國經濟是美國經濟的三分之二。以購買力計算，中國在二〇一四年就已經成為全球最大經濟體。

除了抽象的數據，現實中也可以看到中國的實力。中國現在是全球最大生產國、最大出口國、車輛與手機的最大市場，以及溫室氣體排放最多的國家。中國的海軍規模也比美國來的大。中國崛起以及美國的衰退是西方政經影響力衰退的一部分，因為財富與權力逐漸轉移到亞洲。認知到美國的全球影響力正急遽衰退，更進一步鞏固了川普重振美國國力的渴望。

在中國與印度等亞洲興起的勢力中，全球權力轉移也讓這些國家試圖重振過去偉大的國家與文化，回到西方殖民者入侵前的光榮時代。亞洲的民族主義是受到日漸高漲的期待所推動；西方的民族主義則是受到失望的情緒所推動。但兩者帶來的政治結果意外地十分雷同：讓國家「再次偉大」。

二〇〇八年的金融危機過後，中國領袖更有自信可以說自己的威權發展模式與西方大不相同，可以避免他們所謂西方民主體制所造成的經濟動亂。確實，中國的經濟成就大大提升了中國模式的聲譽，讓中國的影響力於過去十年在非洲地區快速成長。薩伊（Zaire）的莫布杜（Mobutu）與辛巴威（Zimbabwe）的穆加比（Mugabe）是非洲獨立後的強人領袖，他們糟糕的執政紀錄並未為威權體制留下好名聲。在冷戰後的九〇年代，非洲興起一股民主化浪潮。但近年盧安達（Rwanda）總統卡加米（Paul Kagame）以及衣索比亞（Ethiopia）總理澤納維（Meles

Zenawi）的經濟成就，為非洲的威權體制帶來新的動力。

川普四年的執政大大打擊了美國的「軟實力」，拜登政府的首要課題就是他們是否能夠恢復美國自由民主模式的聲譽，並以此阻止全球強人政治浪潮。我在最後一章會回來探討這個議題。但是如果要了解情勢的未來發展，我們必須先從頭說起。

第一章 普丁——強人的原型

普丁被惹惱了，又或者他只是覺得無聊。他正在達沃斯（Davos）一間小飯店的餐廳中回答幾位國際記者的提問，而其中一個問題似乎惹惱了他。他瞪著來自美國的記者，透過口譯緩緩答道：「我馬上就回答你的問題。但首先我想先問問你手上那顆了不起的戒指。」現場所有人瞬間轉頭。「鑽石怎麼這麼大顆呢？」幾位在場人士開始竊笑，戒指已經被在場所有人仔細端詳了一番，這位記者看起來渾身不自在。普丁用假裝同情的口吻問：「希望你不介意我問，畢竟你戴這麼大顆的戒指，就是為了吸引別人注意吧？」更多人笑了出來。這位記者原本的提問早就被拋到腦後，這就是轉移話題以及霸凌的最高境界。

事發於二〇〇九年，普丁已經掌權將近十年，不過這是我第一次近身接觸到這位俄羅斯領袖，當時他正出席世界經濟論壇。普丁能夠在不提高說話音量的情況下散發威脅，這點令人印象深刻。但同樣令人印象深刻的是那些被逗笑的聽眾。即使車臣（Chechnya）與喬治亞（Georgia）

的局勢已經證明普丁政權的暴力，西方意見領袖還是傾向將普丁視為不具威脅性的反派角色。

十多年後，在二〇二二年俄羅斯入侵烏克蘭的前夕，我再次回想起達沃斯的場景。當時電視上正播出普丁與幕僚在克里姆林宮的會面，普丁的對外情報局長納雷什金（Sergei Naryshkin）因為無法正確復述進攻烏克蘭的藉口而受到普丁嘲弄，讓這位平時令人懼怕的情報人員看起來像個結巴的傻子，這場轉播讓人再次見識到普丁喜歡讓人當眾難堪，只不過這次沒人笑得出來，這位俄羅斯領袖準備讓歐洲陷入一九四五年來規模最大的陸戰。俄羅斯軍隊跨越邊界後短短幾週，超過一千萬名烏克蘭人流離失所，上千名士兵與平民遭殺害，沿海城市馬立波（Mariupol）遭砲火催毀，屍體只能被丟入亂葬崗。

西方情報單位早在幾個月前就開始不斷警告俄羅斯可能發動攻擊，但俄羅斯和西方許多資深普丁觀察家拒絕相信戰爭會開打。普丁已經在位長達二十多年，這些人相信自己對普丁了解透徹。他殘暴無情，這點無庸置疑。但大家也相信他是理性的，懂得算計，並且致力讓俄羅斯加入世界經濟，大多數人不相信他會進行如此冒險的賭注。

現在回頭看來，很明顯一直以來外界都誤判了普丁的能耐。從普丁掌權那刻起，西方政治人物總是刻意忽略普丁的黑暗面，只看自己想看的。

事實上普丁剛就任時，沒人想到他會長期執政，更想不到他會開啟新的專制領導模式。一九九〇年代混亂的葉爾欽（Yeltsin）政權告一段落，普丁靠著他在國家安全委員會（KGB）的人脈往上攀升。普丁也受到俄羅斯最有錢有權的寡頭認可，他們認為普丁很無害，視他為一個有能力處理行政的人，而且有雙「安全的手」，不會危及寡頭的利益。

從西方觀點看來，普丁相對讓人安心。一九九九年跨年夜，普丁於克里姆林宮發表他的第一場電視演說，短短幾個小時前他剛從葉爾欽手中接下政權。普丁宣誓「保護言論自由、思想自由、媒體自由、所有權等公民社會的基本要素。」[1] 普丁在二〇〇〇年三月贏得第一場總統大選，並且隨後驕傲地說：「我們已經證明俄羅斯將邁向現代民主國家。」[2]

俄羅斯的資深觀察家認為整個過程都經過精心設計，普丁自己幾乎不打選戰。但是值得注意的是，他特別強調俄羅斯即將成為一個現代自由民主國家。二十年後，同樣在克里姆林宮的普丁已經改變說法：「自由的理念已經過時。」他特別強調，俄羅斯已經不需要師法西方世界，自由派不能「再像過去數十年一樣，要求任何人做任何事」。[3]

或許普丁就任初期確實把自由民主掛在嘴邊，不過他也很早就開始出現強勢專制的跡象。普丁執政第一年就立刻收攏權力、強化政府的中心權力，以及利用戰爭提升他的個人地位，這些日後都成為普丁主義的特徵。車臣戰爭讓普丁變成民族英雄，因為他為俄羅斯利益挺身而出，並且保護平民不受恐怖主義危害。普丁最早驚動自由派的舉動就是重新使用蘇聯國歌。他也開始將矛頭指向俄羅斯富人階級，值得注意的是，他先下手的目標是握有獨立媒體的寡頭，像是古辛斯基（Vladimir Gusinsky）和貝瑞佐夫斯基（Boris Berezovsky）。普丁掌權後短短一年內，他們兩位紛紛流亡國外，過去曾經支持普丁競選總統的貝瑞佐夫斯基在二〇一三年於英國離奇逝世。[4]

普丁先前保護媒體自由的承諾成為空頭支票，俄羅斯少數的獨立電視媒體也迅速落入政府手中。普丁快速控制媒體資源的手段，也成為世界其他強人領袖的樣板。

普丁鞏固政權的速度與他在俄羅斯體制內爬升的速度同樣快速，在普丁掌權的十年前，他在東德德勒斯登（Dresden）情報機關裡擔任不起眼的小角色，這個職位一點都不光鮮亮麗。國家安全委員會在東德的主要據點位於柏林，而德勒斯登只是一個省級城市。普丁的傳記作者凱瑟琳·貝爾頓（Catherine Belton）曾經提出證據證明普丁跟在西德活動的恐怖組織有所往來，暗示普丁過去的真實身分可能比他不起眼的職位來得更敏感且邪惡。儘管如此，在普丁同事的印象中他並沒有特別引人注目。「他從來不站出來，從來不會站到前線，而且總是非常和善。」這些是東德秘密組織「史塔西」成員對他的評價。[5]

在德勒斯登的普丁就近見證了一九八九年柏林圍牆倒塌後隨之而來的蘇聯垮台，普丁回憶錄裡有個著名的段落記載他回憶起共產在他四周潰散時所帶來的無力感。他當時等待著莫斯科下達指令，但「莫斯科毫無動靜」。對於普丁這樣的愛國者來說，更糟的還在後頭。一九九一年的聖誕夜，蘇聯瓦解了，繪有交叉的鐮刀和錘子的旗幟最後一次在克里姆林宮降下，取而代之的是俄羅斯的三色旗。

普丁與其他前任及現任俄羅斯情報組織成員不同，他並不是一出生就屬於蘇聯統治階級。

他小時候住在一幢附有公共設備的破敗小公寓，地點位於俄羅斯最重要的城市，當時稱為列寧格勒（Leningrad），現在則已恢復舊稱聖彼得堡（St. Petersburg）。普丁的家人活在這座城市歷史的悲慘陰影之下，納粹曾經圍攻這座城市長達九百天，飢荒與轟炸造成數十萬名居民死亡。普丁的父親與普丁同名，曾參與秘密警察部隊並在德軍戰線後作戰，普丁的哥哥維多（Viktor）五歲那年在列寧格勒圍城中不幸喪命。[6]

普丁生於一九五二年，在「偉大的衛國戰爭」（Great Patriotic War）所造成的貧困與犧牲氛圍中長大。他很早就展現出對蘇聯體制的忠誠，年輕時的他向國家安全委員會地方分部諮詢大學應該選什麼主科。諷刺的是，他得到的答案是法律。一九七五年，普丁從列寧格勒大學法學院畢業，並且立即加入國家安全委員會。

年輕的普丁充滿幹勁又自律且看似無害，因此安然度過了一九九〇年代的動盪。一九九〇年，他從德勒斯登被召回列寧格勒，當時蘇聯體制正在瓦解。他的重要關係人蘇布查克（Anatoly Sobchak）為他的大學法律教授，同時也是一九九一年聖彼得堡的第一位民選市長。普丁以副市長的身分跟隨蘇布查克進入政府，在一九九一年八月正式離開國家安全委員會，數個月後蘇聯即瓦解。普丁擔任蘇布查克助理時以能力著稱，但他似乎也涉及海外非法組織犯罪。[7]一九九六年，蘇布查克下台，普丁接著搬到莫斯科，進入克里姆林宮服務。

他的第一份工作聽起來微不足道：他所屬的部門負責管理總統府財產。但是事實上，克里姆林宮的資產名冊是尋求資源的重要門路。隔年普丁成為總統辦公廳副主任，自此一路飛黃騰達。希爾（Fiona Hill）和蓋迪（Clifford Gaddy）曾點出：「在短短兩年半的時間裡……普丁被拉拔到顯要的位置，他從總統辦公廳副主任晉升為聯邦安全局長（ＦＳＢ），接著是總理，最後成為代理總統。」[8] 葉爾欽總統接著辭去總統職務，讓普丁在千禧年之際掌權。

普丁以驚人的速度崛起，當然也因此招來疑忌與陰謀論。普丁的飛黃騰達顯然倚靠的是他在國家安全委員會（現稱聯邦安全局）的前同事，這些前同事與普丁一樣希望重振國家勢力，也同樣對於一九九〇年代國有財產遭賤售給少數寡頭感到憤恨不平，這些寡頭因此累積了大量財富。但普丁同時也對變得富有的人保證會維護他們的利益，特別是葉爾欽家族。普丁有別於葉爾欽的酒鬼形象，他不但滴酒不沾，而且看起來就是有能力能夠在動盪時期恢復秩序的執政者。葉爾欽的女婿以及幕僚長尤馬謝夫（Valentin Yumashev）曾提到：「他工作表現傑出，能夠精準表達自己的看法。」[9] 這個時期的普丁小心翼翼地隱藏自己的野心，讓自己有別於過去在俄羅斯克里姆林宮執政過的強人，例如彼得大帝（Peter the Great）或是史達林（Stalin），普丁反而常常強調：「我只是個經理。」或「我是別人雇來的。」[10]

然而普丁就任後，他的形象團隊開始積極為這位俄羅斯領袖打造強人形象。普丁的政治顧問帕夫洛夫斯基（Gleb Pavlovsky）率先開始塑造普丁的形象，他後來形容普丁「學得很快」、「是天生的演員」。關鍵形象照片開始在俄羅斯以及國際媒體上廣傳：普丁騎在馬背上、練習柔道、比腕力或是打赤膊在西伯利亞河邊漫步。這些畫面引來眾多知識分子與批評者嘲諷，但克里姆林宮中負責塑造總統形象的人，其實刻意效仿好萊塢。帕夫洛夫斯基後來提到，他們的目標是讓「普丁符合好萊塢理想中的英雄救星形象」。[11]

普丁就任時，許多俄羅斯人早就已經迫不及待迎接強人領袖的到來，蘇聯垮台讓民主與言論自由得以浮出水面。但隨著蘇聯經濟體制萎縮並瓦解，許多俄羅斯人的生活品質嚴重下滑，也開始缺乏安全感。到了一九九九年，俄羅斯男人平均壽命減短了四年，下滑至五十八歲。聯合國一份報告指出這個現象源自於「自我毀滅行為增加」，背後原因則是「上升的房價、失業率以及財務不安全感」。[12]在此情況下，一位承諾恢復昔日光輝的強人領袖變得格外吸引人。

大抵來說，統治者的形象若跟當前政治目標一致會相當有利。宣傳團隊主打普丁的陽剛魅力，此點與普丁重整國力的個人想法相符。

普丁在二〇〇四年有段相當著名的發言，當時他將蘇聯垮台形容為「二十世紀最大災難」。現在看來，這段發言警示了普丁的野心：他期待有天能收復部分或全部十五個蘇聯解體後獨立的國家，重新組成單一政治體，再次從莫斯科直接統治。但是一直到二〇二二年俄羅斯入侵烏克蘭之前，連普丁最死忠的支持者都認為這些是無稽之談。前蘇聯外相莫洛托夫（Vyacheslav Molotov）的曾孫兼俄羅斯國會成員尼科諾夫（Vyacheslav Nikonov）曾在二〇一四年感慨地對我說：「蘇聯就像一片玻璃，一旦碎裂，就不可能再重組。」[13]

雖然普丁刻意不明確表達對國家領土擴張的野心，但他想重建俄羅斯世界強國地位的決心卻是無庸置疑。與普丁相當親近的學者盧奇亞諾夫（Fyodor Lukyanov）在二〇一九年向我表示，普丁掌權時他曾相信俄羅斯可能會首度失去幾百年來世界強國的地位。[14]一九四五年後英國政權大致認定自己的任務為進行帝國終結後的「衰敗管理」（the management of decline）*，但普丁卻決心重建俄羅斯的強國地位。

除了這份決心，普丁也認為美國輕視和背叛俄羅斯，因此開啟他與西方世界的衝突。二〇〇七年普丁在慕尼黑的演說十分具有象徵意義，這場重要會議集結了西方世界的軍事與外交菁英，當時普丁的聽眾包含德國總理梅克爾、美國國防部長蓋茲（Robert Gates），以及隔年將成為共和黨總統候選人的美國參議員馬侃（John McCain）。

普丁的演說直接挑戰了西方世界，並帶著一股冷酷暴怒。他指控美國使用「幾乎毫無節制的力量，就是軍力，來介入國際事務」，並且「讓世界陷入衝突的深淵」。二〇〇〇年的普丁曾對俄羅斯轉型成為現代化民主國家感到驕傲，但如今西方鼓吹自由和民主的言論被他抨擊為權力政治的虛偽外殼。克拉斯捷夫（Ivan Krastev）和霍爾姆斯（Stephen Holmes）這兩位學者曾說：「慕尼黑的這場演說中，俄羅斯不再佯裝接受冷戰後俄羅斯人民與西方民主共同戰勝共產主義的說法。」[15]這場演說不僅僅只是對過去表達憤怒，其中也談到了未來。普丁讓西方世界知道他意圖對抗由美國所領導的世界秩序，這場演說暗示了很多接下來即將發生的事：二〇〇八年俄羅斯對喬治亞的軍事介入、二〇一四年併吞克里米亞（Crimea）、二〇一五年派遣軍隊進入敘利亞，以及最後，二〇二二年入侵烏克蘭。

普丁攻打烏克蘭前的態度體現了他在二〇〇七年慕尼黑演說後不斷提出的種種論述，莫斯科不斷憤恨地重申西方世界打從一開始就決心摧毀俄羅斯的力量，而且偽善的西方領袖一直以來都在欺騙俄羅斯領袖，因為西方提出的遊戲規則連他們自己都不遵守。

俄羅斯境內與境外的普丁批評者認為這些都是為了追求私利所發表的無稽之談。普丁主義的重點從來不是要讓俄羅斯免於西方掠奪。事實上，普丁主義是一種讓普丁和俄羅斯菁英得以自肥的政治分贓制度。普丁保護不干涉政治的寡頭，而作為回報，這些寡頭保護普丁並且提供資助。

以此看來，這位俄羅斯領袖大力鼓吹的民族主義不過是一種掩人耳目的偏激手段，以隱藏高層的貪腐與犯罪。一位俄羅斯自由派曾對我說：「俄羅斯政治就是一場冰箱與電視之爭。民眾打開冰箱發現一無所有，但打開電視就看到普丁為俄羅斯挺身而出，大家就以此為榮。」

那麼這兩個故事當中何者為真？普丁究竟是憤怒的民族主義者，抑或是利用人心的操縱者？這兩者看起來彼此衝突，但其實都符合事實。

早自一九九〇年代起，普丁周遭的人就開始對西方世界提出帶有民族主義意涵的控訴。莫斯

---

* 譯註：意指二戰後英國因應經濟萎縮及國際地位下降而進行的社會與經濟治理方針。

科不斷有人主張北約積極透過吸納前蘇聯國家（波蘭與波羅的海三小國等）來擴張的舉動，違反了冷戰後對俄羅斯的承諾。北約在一九九八年與一九九九年間介入科索沃戰爭（Kosovo war）更加劇了克里姆林宮的不滿，在他們看來，此舉證明了北約就是挑釁的一方，而且西方所謂尊重主權與國界的言論都只是虛偽的戲碼。西方世界巧妙地回應說北約的行動是為了制止塞爾維亞（Serbia）種族清洗與人權迫害，但俄羅斯並不買單。一位俄羅斯自由派政治人物也老實對我說：「我們知道自己在車臣犯下了危害人權的罪行。如果北約可以因此轟炸貝爾格勒（Belgrade）*，那他們難道不會轟炸莫斯科嗎？」[16]

俄羅斯精心策劃了激烈辯論以攻擊西方的偽善，而科索沃只是其中一環，另一環則是美國與其盟友在二〇〇三年因應九一一事件所發動的伊拉克戰爭。對普丁來說，海珊（Saddam Hussein）垮台後的大量流血衝突證明了西方自己訴求的「民主與自由」只會帶來不穩定與受難。一旦有人在莫斯科提及俄羅斯在車臣或敘利亞的暴行，馬上就會面對伊拉克戰爭的質疑。

更重要的是，對普丁來說西方世界大力提倡的民主會對他個人以及他的政治生涯造成威脅。在二〇〇四年及二〇〇五年，追求民主的「顏色革命」在前蘇聯國家遍地開花，包含烏克蘭、喬治亞和吉爾吉斯（Kyrgyzstan）。既然基輔（Kiev）獨立廣場（Independence Square）的示威者可以把專制政府趕下台，紅色廣場（Red Square）†怎麼會做不到呢？許多俄羅斯人認為這些示威運動不是如大家所說的隨機出現。普丁擔任情報人員時期曾涉及非法情報工作，因此他特別傾向相信中情局（CIA）正是顏色革命的幕後主使。克里姆林宮相信幕後主使的目的就是扶植支持西方的傀儡政權，而俄羅斯可能就是他們下一個目標。二〇〇七年普丁在慕尼黑發表的演說，就是以伊拉克戰爭以及顏色革命支持他的論點。

在克里姆林宮的人眼裡看來，西方世界的惡行持續上演。西方勢力在二〇〇一年介入利比亞政治，協助推翻利比亞獨裁者格達費（Muammar Gaddafi），此舉受到普丁嚴厲譴責，因為西方勢力在此之前曾經承諾俄羅斯他們不會介入利比亞。利比亞事件是普丁心中永遠的痛，因為事件發生於二〇〇八年至二〇一二年間，當時普丁因已兩任總統屆滿被迫轉任總理，由親信梅德韋傑夫（Dmitry Medvedev）接任總統。普丁支持者認為沒有經驗的梅德韋傑夫遭西方誘騙，讓西方勢力可以有限度的介入，然後可想而知，西方勢力違反承諾進一步顛覆政權並殺害格達費。西方世界主張他們介入利比亞是為了維護人權，爾後事件持續發酵，利比亞反抗軍才逐漸佔上風，但普丁支持者對這樣的解釋嗤之以鼻。

梅德韋傑夫被認為缺乏經驗反而對普丁有利，因為這凸顯了普丁這位領袖是無可取代的。任何繼任者都會讓國家變得脆弱，最後陷入西方世界的無情圈套，就算是普丁親自挑選的人也不例

---

* 譯註：前南斯拉夫首都，今塞爾維亞的首都和最大城市，一九九九年科索沃戰爭中遭北約空襲。

† 譯註：過去為前聯重要儀式和閱兵地點，是莫斯科最古老、最大的廣場之一。

外。二〇一一年，俄羅斯總統任期經過修憲由四年改為六年後，普丁宣布自己有意回鍋進入克里姆林宮擔任總統。消息一出，莫斯科和其他城市紛紛出現俄羅斯少見的大規模抗議，而普丁因此更堅信西方密謀要奪取他的權力。二〇一二年一月，我在莫斯科親眼目睹遊行和各種旗幟標語，其中許多標語直接警告普丁會落得和格達費一樣的下場。不難想像普丁為何如此警戒，時任美國國務卿希拉蕊公開表示支持俄羅斯人民的抗爭，此舉引發普丁強烈不滿，而且可能讓普丁認為俄羅斯因此有理由在二〇一六年的總統選戰中攻擊希拉蕊。

普丁成功再度獲選總統，但是二〇一四年烏克蘭的事件又令他起了疑心，認為西方世界對俄羅斯造成威脅。烏克蘭與歐盟簽署聯合協議的計畫在克里姆林宮看來是重大威脅，因為這會讓俄羅斯最重要的鄰國——也就是地處前蘇聯重要地區的烏克蘭——進入西方勢力範圍內。在莫斯科的壓力下，烏克蘭總統亞努科維奇（Viktor Yanukovych）最終回心轉意，但此舉再度引發基輔暴動，亞努科維奇落荒而逃。失去這位在基輔的順從夥伴，對克里姆林宮是地緣政治上的一大打擊，普丁回應的方式是把事情鬧大，直接打破規矩採取軍事行動。

二〇一四年三月，俄羅斯入侵和併吞克里米亞，這個地區當時隸屬烏克蘭，但是在一九五四年前都隸屬俄羅斯，而且至今大多數居民皆為俄語母語者。同時在烏克蘭人同意下，克里米亞也成為俄羅斯黑海艦隊的基地。對西方世界來說，俄羅斯併吞克里米亞以及利用軍事介入烏東地區公然違反了國際法。但是在俄羅斯境內，併吞克里米亞的行動被視為一大勝利——這是俄羅斯期待已久的回擊。根據獨立的民調結果，普丁的支持度飆升至超過百分之八十。沈浸在這場喜悅中的普丁朝他的終極強人目標邁進了一大步——他即將被視為國家的代表人物。俄羅斯國會議長沃洛金（Vyacheslav Volodin）興高采烈地說：「有普丁就有俄羅斯，沒有普丁就沒有俄羅斯。」[17]

普丁自詡他一發子彈都沒用到就拿下了克里米亞，二〇一四年輕鬆拿下克里米亞的勝利或許也引導他走向二〇二二年的危險誤判。俄羅斯之所以會對烏克蘭全面進攻，是因為相信烏克蘭軍隊會再度放棄抵抗。

西方世界在克里米亞事件中軟弱的回應大概也是普丁這次會誤判的原因，當時西方主要的回應方式是進行經濟制裁，但這對俄羅斯經濟不痛不癢。二〇一四年七月，受到俄羅斯支持的武裝分子在烏克蘭上方射下了一架馬來西亞MH17航班，造成機上二百九十八人全數罹難，此時西方才開始加重制裁。二〇一八年，前情報人員斯克里帕爾（Sergei Skripal）在英國領土索爾茲伯里（Salisbury）遭暗殺，西方採取了更嚴厲的制裁，也驅逐了俄羅斯大使。但同一年俄羅斯舉辦了世界盃，在莫斯科的冠軍戰中，普丁在貴賓包廂招待了兩位歐洲首領，法國的馬克宏（Emmanuel Macron）以及克羅埃西亞（Croatia）的季塔洛維奇（Kolinda Grabar-Kitarovic），顯然暗殺行動以及侵佔他國領土都不至於讓這位俄國領袖被國際社會排擠。

西方領袖很快將克里米亞事件拋到腦後，這大概也讓普丁更加確信，雖然西方對俄羅斯以及對他個人抱有敵意，他們也同時軟弱又偽善。

普丁和他的支持者不斷指控西方的偽善，但他自己也同時也在俄羅斯境內和境外收到一樣的指控。這些批評者認為，普丁不是一位扭轉歷史正義和挺身對抗西方偽善的英勇俄羅斯領袖。他們認為普丁的真面目就是準獨裁者，他冷酷無情而且不斷打破國際規則，利用暴力維護自己的權力以及他的黨羽。

批評者以許多普丁政府撒的小謊來證明普丁的形象是場大騙局：即便一份荷蘭的調查已經提供了明確的證據，俄羅斯政府依然不斷否認他們涉及馬航空難事件；他們也否認自己有參與斯克里帕爾刺殺計畫；另一位俄羅斯前探員利特維年科（Alexander Litvinenko）在二〇〇六年於英國被刺殺，俄羅斯政府同樣否認事件與他們有關；出沒於克里米亞的俄羅斯民兵部隊以及煽動者（所謂的「小綠人」）一開始被指稱只是西方的宣傳，直到後來併吞已成既定事實，普丁才承認俄羅斯參與其中。同時俄羅斯的選舉舞弊則是層出不窮，獲得聲量的政敵往往以死亡收場，例如二〇一五年涅姆佐夫（Boris Nemtsov）在克里姆林宮附近的一座橋遇害。

許多政敵也遭陷害並入獄，一九九〇年代最有錢的寡頭霍多科夫斯基（Mikhail Khodorkovsky）贊助了獨立媒體和在野黨，卻在二〇〇三年十月在西伯利亞於私人飛機上被逮捕入獄，接著受審入獄服刑十年。普丁最著名且大膽的政敵納瓦尼近年來因為各種捏造的罪名被逮捕了十三次。[18]二〇二〇年夏天，他從西伯利亞地區返回莫斯科時在飛機上遭投毒而陷入昏迷，從德國治療完出院後，飛回俄羅斯時卻在機場立即遭逮捕，再次受審入獄。普丁所屬的統一俄羅斯黨（United

Russia Party）被反對者稱為「騙子與小偷黨」，這正是納瓦尼所取的稱號。透過線上宣傳以及YouTube影片，納瓦尼曝光了許多普丁治理的內幕，引來極高的點閱率。正是這些貪污指控讓普丁感受到威脅，二〇一六年，有一批珍貴的文件從離岸金融天堂巴拿馬流出，被稱為巴拿馬文件，當中揭露普丁以及他的親信神不知鬼不覺地把二十億美元轉移至國外。[19]二〇二一年納瓦尼回到俄羅斯接受逮捕時公開了一支影片，揭露普丁位於黑海的奢華宮殿，短短幾天就達到百萬點閱。這支影片讓一向很從容的克里姆林宮頓時無法回應，最終是由普丁的兒時玩伴兼寡頭羅滕貝格（Arkady Rotenberg）出面聲稱這座宮殿是他的財產。[20]

普丁有時被稱為「全球最富有的人」[21]，不論這種論述的真偽（或意義）為何，毫無疑問的是，許多普丁的親信和合作夥伴都累積了大筆的財富。受惠的不只是像切爾西足球俱樂部老闆阿布拉莫維奇（Roman Abramovich）以及鋁業大亨德里帕斯卡（Oleg Deripaska）等億萬富豪，連普丁的發言人佩斯科夫都在二〇一五年自己的婚禮上被拍到戴著價值六十二萬美金的手錶。

普丁同時是真正的民族主義者又是貪腐政權的代表人物，而這兩者的連結就是對社會有害的犬儒主義（不過普丁的追隨者稱之為「務實」），也就是普丁面對政治生涯以及人生的原則。普丁陣營真心相信西方政府希望主宰以及羞辱俄羅斯，而且西方口中的民主和人權全是偽善謊言。對普丁陣營來說，比西方弱的俄羅斯因此有正當理由以謊言和作弊手段回應，因此俄羅斯官方對國際事務的態度同時是徹底虛偽卻又完全真誠：俄羅斯政府確實散播關於自己以及世界的謊言，但俄羅斯政府也真心相信這些謊言出於正當的理由，也就是要抵抗西方世界的言而無信以及挑釁行為。

俄羅斯官員的個人行為也同樣兼具虛偽與真誠，有人認為普丁和其親信全然腐敗。一位俄羅斯朋友曾經跟我說：「唯一會惹他們不爽的就是有人擋了他們財路。」俄羅斯確實貪腐嚴重，但普丁和他的幕僚也並非假的民族主義者，他們真心相信自己正在鞏固俄羅斯境內和境外的勢力。他們聲稱自己掌控俄羅斯的財產是為了避免落入外國人手中，當然他們個人確實因此獲利，但畢竟這就是世界運行的方式。

貪污、制裁以及油價波動帶來許多問題，在烏克蘭戰爭前，俄羅斯相較於一九九〇年代的確是較為繁榮與穩定。二〇一八年的世界盃讓普丁有機會展示他的國家，那是我首次以觀光客而非記者的身份造訪俄羅斯，我對於莫斯科和聖彼得堡市中心的繁榮與效率感到震驚，連較偏遠的喀山（Kazan）也令人驚嘆。當然，他們付出極大心力美化俄羅斯，但這樣的繁榮並非只是做給外國旅客看的波坦金村（Potemkin village）*。世界盃隔年我再訪俄羅斯，依然可見莫斯科與聖彼得堡之間的高速列車、乾淨優質的平價旅館，以及生意興隆的莫斯科咖啡館。

俄羅斯的某些部門也運作良好，例如俄羅斯的稅務單位獲得國際盛讚，因為他們利用全新科技提供即時的交易資訊，[22]俄羅斯央行面對制裁的應對方式以及盧布的管制措施也廣受好評。

世界盃則讓普丁獲得全球關注，俄羅斯與沙烏地阿拉伯的開幕戰中，普丁與沙國領袖沙爾曼王子（Mohammed bin Salman）並肩而坐。這個組合相當引人注目，因為沙爾曼王子代表著新一代的強人領袖，他們將普丁視為典範。沙爾曼王子的英籍幕僚格外注意到沙爾曼王子對普丁的愛慕：「他被普丁深深吸引，看起來相當崇拜他，很喜歡他做的事。」[23]

這位沙國領袖並不是普丁唯一的粉絲，俄羅斯境外有一群逐漸興起的強人領袖與文化保守派視普丁為英雄與模範。在追隨者眼中，這位俄羅斯領袖繼承了一個因為蘇聯瓦解而受屈辱的國家，但透過機智與力量，他成功重建俄羅斯的地位和國際勢力，甚至收回蘇聯瓦解時所失去的部分領土。他也振奮了世界各地的民族主義者和民粹主義者，因為他成功對抗希拉蕊與歐巴馬等自以為道德崇高的美國自由派。普丁的發言人佩斯科夫在二〇一八年的發言不全然只是大外宣，當時他說：「世界迫切需要特別且握有主權的領袖、能做決策的領袖……而普丁就是開端。」[24]

過去幾年來西方世界累積了大量普丁的粉絲，川普的重要幕僚及律師朱利安尼（Rudy Giuliani）就大力稱讚普丁在二〇一四年克里米亞事件的作為，他說：「普丁做了決策並且果斷執行，這就是領袖風範。」[25] 英國獨立黨（Ukip）前黨魁兼脫歐陣營前領袖法拉吉（Nigel Farage）是川普的好友，他曾經表示普丁是他最欣賞的世界領袖，並補充：「他在敘利亞做的事真是太了不起了。」[26] 義大利右翼民粹政黨北方聯盟（Northern League）領袖兼義大利前副總理薩爾維尼

* 譯註：波坦金村（Potemkin Village）指專門用來製造繁榮項假象的政治門面工程。

（Matteo Salvini）也大肆宣揚他對普丁的欽佩，甚至在紅色廣場身穿印有普丁的衣服拍照留念[27]。近日卸任的菲律賓總統杜特蒂則說過：「普丁是我最大的英雄。」二〇二二年俄羅斯入侵烏克蘭的前幾天，川普稱普丁對烏克蘭的威脅是「神來一筆」。

這麼多國家領袖視普丁為偶像，正顯示了這位俄羅斯領袖在過去二十年內如何改變了國際政治局勢。二〇一二年習近平在北京掌權之前，普丁的風格在國際政壇上看似獨樹一格。普丁著名的陽剛專制以及個人崇拜手段在當時格格不入，因為那時流行的是技術官僚體制，主流政治人物的形象多較為冷靜低調，例如中國的胡錦濤、德國的梅克爾，或是美國的歐巴馬。但到了二〇二〇年，跟普丁一樣陽剛專制的領袖在中國、印度、巴西和土耳其冒出頭，西方也逐漸出現普丁的粉絲。

作家艾普勒波姆（Anne Applebaum）表示在烏克蘭戰爭前，普丁統治下的俄羅斯成為「右翼知識分子」的理想，「這些知識分子對自己的社會充滿批判，並且開始吹捧那些厭惡美國的右翼獨裁者」[28]。

而當這些西方保守派開始批判「全球主義」或「自由主義」時，俄羅斯民族主義人士就會藉此大作文章。

二〇一九年，我在莫斯科認識馬洛費耶夫（Konstantin Malofeev），他是一位蓄鬍的知識分子兼億萬富翁，靠投資致富，後來則成為克里姆林宮與歐美右派之間的密使。他對全球主義的公開譴責以及對國家和傳統性別觀念的辯護，都可能從薩爾維尼、法拉吉和巴農口中說出。馬洛費耶夫也協助募資兩百萬歐元贊助法國民族陣線政黨創辦人雷朋（Marie Le Pen），並且贊助會議，讓法國、義大利、奧地利與俄羅斯的右派人士聚首。[29]

馬洛費耶夫同時也鼓吹俄羅斯恢復帝制，他還跟我炫耀一幅畫像，上面畫著他最崇拜的沙皇——極度保守的亞歷山大三世（Alexander III）。幾個月後俄羅斯宣布即將修憲讓普丁得以續任兩個六年任期，馬洛費耶夫對此感到振奮不已。這項修憲案讓普丁得以掌權至二〇三六年，屆時高齡八十四歲的他將打破史達林的紀錄，成為最年長的俄羅斯領袖。

到了二〇二二年，馬洛費耶夫等極端民族主義人士的夢想即將實現，普丁下了執政以來最大且最危險的賭注——全面進攻烏克蘭，抹除烏克蘭獨立的事實。

二〇二一年七月，西方各界開始察覺到普丁的意圖，當時普丁發表了長篇大論談及俄羅斯與烏克蘭間的歷史淵源，這篇文章似乎出自普丁之手，傳達了他根深蒂固的想法。文章題為〈論俄羅斯人和烏克蘭人的歷史統一〉（On the historical unity of Russians and Ukrainians.），文中花了極大篇幅主張俄羅斯人與烏克蘭人為「同一民族」。

普丁的文章宛如出自一位有暴力傾向且被拋棄的前夫，通篇都是對烏克蘭人至死不渝的愛，佐以暴力威脅，逼迫烏克蘭人回報這份愛意。文中一面將烏克蘭人形容為血濃於水的兄弟，一面又將他們刻劃為新納粹。

普丁強調俄羅斯與烏克蘭間語言、種族及宗教的歷史淵源，他認為這些淵源存在長達數百年之久，甚至可追溯至蘇聯出現前。普丁抱怨蘇聯領袖愚蠢地為俄烏關係「埋下了定時爆彈」，因為他們任由蘇聯的成員可以退出。他憤恨地說：「俄羅斯的確是被搶了。」

普丁堅稱烏克蘭是受到狡詐的外國人士誘導，他認為西方在操弄一場「危險的地緣政治遊戲」，並且意圖將烏克蘭作為「打敗俄羅斯的跳板」，這種論述讓普丁得以將進攻烏克蘭粉飾為自衛之舉。

二月二十四日戰爭開打，幾週內即證明普丁想要快速奪下烏克蘭的心願是不可能實現了。但是這位俄羅斯領袖拒絕公開承認決策錯誤，甚至不願承認他的國家正在戰爭，克里姆林宮堅稱他們在烏克蘭的介入只是「特殊軍事行動」。

普丁入侵烏克蘭後，他的國際粉絲頓時陷入沉默，至少一開始是如此。但是可以想像隨著時間過去，普丁將會重建國際連結，不只是與「全球南方」結盟，也會與歐洲與北美的極右派連結。

但若俄羅斯對烏克蘭的進攻最終以失敗收場，將會嚴重打擊普丁的神秘感以及他所代表的強人模式。真相將會曝光：在進攻烏克蘭前，普丁模式就已經岌岌可危。俄羅斯境內攻擊普丁的評論者被謀殺與監禁，顯示出普丁的執政並非奠基於成功的治理或是人民的支持，而是透過暴力與鎮壓。許多證據顯示俄羅斯的未來看起來並不樂觀，俄羅斯的人口正在衰退與老化；俄羅斯國土幅員廣大，但經濟體在烏克蘭戰爭開打前卻只與義大利相仿；目前全球正在積極脫碳，俄羅斯的國家收入卻依然仰賴石油與天然氣。

二〇一四年歐巴馬在莫斯科引發眾怒，當時他認為俄羅斯僅擁有「區域勢力」，[30]但歐巴馬的發言之所以引發迴響正是因為他說得有道理。普丁很謹慎地避免與東方強人領袖習近平正面衝突，即便中國在歐亞以及莫斯科覬覦的勢力範圍不斷擴張。普丁轉而向喬治亞及中東地區施展軍事力量以提升俄羅斯的勢力，最終入侵了烏克蘭。但是介入敘利亞以及爭奪黑海控制權讓普丁跟這個區域另一位潛在的強人槓上，這位強人同樣試圖重建自己國家帝國時期的昔日光榮，那就是土耳其總統厄多安。

第二章 厄多安——自由改革派到獨裁強人

土耳其總統厄多安所建造的奢華總統府位於土耳其首都安卡拉（Ankara）西邊，這座建築所在地原為森林保護區，如今大興土木打造出巨大豪華的總統府，內有藝廊、會議中心、核災避難所以及上千個房間，總面積比莫斯科的克里姆林宮或巴黎的凡爾賽宮都還大。二〇一四年十月，厄多安入住新總統官邸，更加確認了這位土耳其領袖的狂妄自大。掌權超過十年後，他已不再如他所說的謙遜低調，反而透露出鄂圖曼帝國蘇丹一般的野心。

厄多安與普丁政治生涯極度相似，兩位領袖都在二十一世紀初期掌權，厄多安於二〇〇三年接任總理*。普丁與厄多安一開始都被西方視為準備好在民主體制約束下執政的改革者，兩位領袖都在執政後期開始加強對國家與社會的控制，並且讓自己的國家在國際社會再度發揮影響力，

* 當時土耳其總理是國內最高權力者，厄多安後來修憲，使得總統權力提升。

兩位領袖也一同成為西方的敵人並且大力抨擊自由主義，不論是在國內還是國際上，普丁與厄多安都遵循同樣的教戰手則。

土耳其的強人興起其實有跡可循，當代土耳其共和體制即由充滿領袖魅力的凱末爾（Kemal）創立，而他自一九三八年逝世後至今數十年依然深受崇拜。厄多安掌權之前，現代土耳其歷史歷經了各種叛亂與不同時期的軍事統治，然而在強人時代中，土耳其扮演舉足輕重的角色。九一一事件後，美國和歐盟對於中東以及伊斯蘭世界的問題愈來愈感到焦慮，西方意見領袖積極尋找「溫和的」穆斯林領袖，希望有人能夠化解伊斯蘭與民主體制以及西方世界之間的衝突，厄多安看起來就是他們要找的人。

土耳其當時已經是北約成員，而雖然厄多安相較於過往土耳其的世俗領袖更為虔誠，但是他支持資本主義，並且透過民主體制崛起。土耳其本身也是大型的國家與經濟體，人口超過八千萬人，因此可以作為其他穆斯林國家的典範。知名美國記者羅柏．卡普蘭（Robert Kaplan）在二〇〇四年的文章中完美展示了西方對厄多安的態度，他寫到：「厄多安統治下溫和且走向改革的伊斯蘭國度帶來了無限希望，可能得以化解穆斯林……與二十一世紀社會以及政治環境的衝突。」[1]

二〇〇四年我在歐盟首都布魯塞爾（Brussels）第一次接觸到厄多安，當時他出席了關於土耳其申請加入歐盟的記者會。他願意在歐洲議會的幕後會議中耐心回答外國記者針對土耳其是否適合「入歐」的種種提問，似乎證明了他並不排斥面對民主政治中的角力。我當時問他是否擔心歐盟內部對於土耳其加入歐盟的反對聲浪，他給了符合自由派標準的回答：「如果歐盟選擇當一個基督教社團，而不是支持共享價值的組織，那請歐盟立刻表態。」[2]而負責處理土耳其申請入歐流程的官員雷恩（Olli Rehn）甚至曾跟我說過，他和厄多安因為同樣愛好足球而培養出友誼，沒有什麼比這更歐洲了！

以當時地緣政治發展而言，土耳其申請加入歐盟至關重要。大家深信如果土耳其成為歐盟的一員，土耳其國內伊斯蘭主義以及軍事叛亂的雙重威脅就會一掃而空。德國內政部長希利（Otto Schily）表示如果土耳其加入歐盟，就可以讓世界看到伊斯蘭世界與西方世界有可能並存於啟蒙價值之上[3]，有段時間這樣的希望寄託在厄多安身上。

不僅僅是歐洲政治人物以及華盛頓的記者對厄多安寄予厚望，歐巴馬擔任美國總統後的首場外交演說就辦在安卡拉，而且厄多安是歐巴馬第一任期間最頻繁會談的外國領袖。[4]伊拉克戰爭後，歐巴馬首要外交任務就是建立美國與伊斯蘭世界的新關係，而這位土耳其領袖似乎就是關鍵。

厄多安的政治背景以及他擔任總理的初期確實讓人燃起一線希望：他或許能夠為伊斯蘭世界與民主體制以及現代性找到和解之路。一九五四年生的厄多安出身伊斯坦堡的貧窮地區，父親是船長。厄多安青少年時期加入了伊斯蘭救國黨（National Salvation Party，土耳其文縮寫為MSP），並曾短暫擔任半職業足球員與工廠工人，後來他轉為全職黨員，並且一路晉升為伊斯坦堡黨部領袖。身為草根人物的魅力和能力，讓他得以在一九九四年獲選伊斯坦堡市長。一九九八年，前身為救國黨的福利黨（Welfare Party）遭土耳其法院宣告解散，因為該黨的伊斯蘭主義違反了土耳其憲法中的世俗主義。同年，厄多安被迫卸任市長一職並且入獄服刑，因為法官認為他所朗誦的一首詩會引起宗教仇恨。詩中寫到：「清真寺是我們的兵營，圓頂是我們的頭盔，尖塔是我們的刺刀，而信眾就是我們的士兵。」

土耳其世俗派以為厄多安的仕途會就此終結，但事與願違，厄多安一九九九年做了四個半月的牢，卻反而幫助他獲得更多支持。[5]許多虔誠的穆斯林視他為英雄，就連國家也無法使他噤聲。出獄後，厄多安組成新伊斯蘭政黨，名為正義與發展黨（Justice and Development，土耳其文縮寫為AKP），並在二〇〇二年贏得選戰。厄多安可再度參選後，他成功透過補選進入國會，並在二〇〇三年成為總理。

此時連許多土耳其民主派人士都轉而支持厄多安，因為他看似阻止了試圖破壞民主體制的勢力。他抵抗軍事統治並且公開表示支持民主與多元，因此鼓舞了自由派人士。這位新任土耳其領袖看起來要起身對抗強人政治，表示「以領袖為中心的政治時代已經過去」。[6]他執政初期的某些舉動也令人相信他會成為民主領袖和改革者，厄多安政府除了推動土耳其加入歐盟的申請，也立法保障少數族群權益與司法獨立，並且廢除死刑。[7]厄多安執政的前幾年，土耳其出現大量投資與建設，因為許多人相信土耳其即將加入歐盟，經濟蓬勃成長加深了國內選民與國外投資者對厄多安的信心。

有些人依然對厄多安抱有疑心，提出過去種種跡象顯示他並非自由派。七〇年代時他參與社會運動，共同導演和編寫了一部陰謀論戲劇，並且擔任主角，作品名為《共濟會、共產黨、猶太人》（Mason-Communist-Jew）。[8]一九九六年時，身為伊斯坦堡市長的他曾說過：「民主只是一列電車，到了目的地你就可以下車。」[9]可以推測他口中的「目的地」，指的是推翻凱末爾所頒布的憲法當中的世俗主義並重拾伊斯蘭教信仰的土耳其。值得注意的是，厄多安執政早期多數放寬的政策也幫忙鞏固了伊斯蘭主義者的社會地位，西方自由派很開心看到厄多安移除各大學的女學生頭巾禁令，認為此舉有助於提升個人自由與女性權利，[10]伊斯蘭主義者卻認為這促進了宗教虔誠。

幾年過去，厄多安不斷鞏固他的權力，並且持續與土耳其軍方產生衝突，終於顯露出他的專制性格。二〇〇七年，土耳其警方稱他們發現政變的證據，導致大量軍官與軍中人員遭逮捕和審判。部分自由派人士依然認同這樣的作法，因為他們認為軍隊在歷史上一直是土耳其民主化的絆腳石，但也有人擔心這些證據涉嫌造假。

西方非常晚才認知到厄多安反民主的意圖有多麼強烈，二〇一一年我拜訪了土耳其，與某些朋友和知情人士談話後，我深信已經無法繼續忽視厄多安黑暗的一面。*我的一篇文章題為〈厄

* 部分知情人士後來遭到逮捕、受審或流亡海外，因此恕不透露相關人士姓名。

多安的缺點不容忽視〉（Don't Be Blind to Erdogan's Flaws）（我承認這個標題太過保守），文中我提到這位土耳其領袖確實深受愛戴且充滿魅力：他目前已經連續贏得三場選戰，而他的對手大多都對選舉結果心服口服。但我也點出：「目前土耳其境內遭逮捕的記者比中國還多。」總理的個人風格也日益獨裁，二〇一一年厄多安前往紐約聯合國總部，他的隨扈卻與聯合國維安人員發生肢體衝突。同樣令人感到不祥的是，厄多安修憲提升總統權力後，就宣布他將要從總理辦公室搬遷到總統府，很顯然他正在為未來十年的政治生涯鋪路，我也在文章中提到：「他將成為土耳其版普丁。」[11]

國內不論是和平或是激烈的反對言論，都加深厄多安的不安以及根除所有異議者的決心。二〇一三年，許多土耳其自由派人士和世俗主義者到蓋齊公園（Gezi Park）示威遊行，因為厄多安意圖改造伊斯坦堡中心的公園，重建鄂圖曼帝國時期曾作為伊斯蘭主義官員反抗基地的兵營。厄多安也計畫在塔克辛廣場（Taksim Square）建造一座清真寺，這座緊鄰蓋齊公園的廣場等同伊斯坦堡的心臟。

在社群宣傳下，一場原本僅是針對環保議題的抗爭轉變成大型反政府運動，高達一百萬人走上伊斯坦堡街頭。我看到其中一場集結在塔克辛廣場的示威者幾乎都是都市裡的自由派人士，宛如紐約或倫敦街頭會出現的人物。示威群眾當中的女性幾乎沒有人戴頭巾，反觀所有正義與發展黨重要黨員的妻子都戴著頭巾。這宛如土耳其的「文化戰爭」，引發多疑又憤恨的厄多安震怒，他指稱示威者都受到外國勢力以及猶太裔金融家索羅斯影響。

不過就算是有被害妄想症的人也有真正的敵人，雖然最終示威平息，但二〇一六年八月，厄多安在軍中的政敵發動攻擊。

軍隊在厄多安度假的飯店進行逮捕行動，或許原本甚至要暗殺他，但厄多安提早獲得線報，因此一小時前早已離去。土耳其國會遭到轟炸的同時，厄多安則透過FaceTime連線電視台，並且邀請土耳其人上街阻止軍事叛亂。短短二十四小時後，這位土耳其領袖重新奪回控制權，但約兩百五十人遭殺害，厄多安自己則大受打擊。[12]

軍事叛亂失敗後，厄多安宣布國家進入緊急事態，開始大肆打壓公民自由。總統稱軍事叛亂的始作俑者是美國教士葛蘭（Fethullah Gulen）的追隨者，然而總統自己其實過去曾經跟這位教士結盟。後續確實有證據指出葛蘭的支持者與意圖謀反的勢力高度相關，[13]導致上萬名公職人員因為被懷疑是葛蘭的追隨者而遭到逮捕，五萬人的護照遭註銷，四千名法官與檢察官遭開除，上百間媒體被迫關閉。[14]不僅葛蘭支持者，其他對於厄多安政府有所批評的獨立評論和自由派人士也遭肅清。

遭逮捕的人士中最知名的人物是庫德裔政治人物與國會在野黨重要人物德米爾塔什（Selahattin Demirtas），他在二〇一五年的土耳其大選中帶領人民民主黨獲得足夠席次，導致厄多安所屬的正義與發展黨自二〇〇二年執政以來首次痛失國會絕對多數。人民民主黨成為土耳其國會有史以來第一個進入國會的庫德政黨，而且該黨也獲得公眾支持，德米爾塔什在他們心目中是位能言善道且有原則的人物，得以與厄多安抗衡。在政變過後，德米爾塔什遭逮捕並被指控支持恐怖主義，特別是庫德族武裝運動組織「庫德工人黨」（PKK）。他遭監禁在偏遠的監獄中，以多項恐怖主義罪行起訴，總計刑期長達一百四十二年。外籍陪審團並未採信此案的證據，二〇二〇年歐洲人權法院裁定了此案判決不公，要求立刻釋放德米爾塔什，並且表示土耳其官方的舉動只不過是為了隱藏背後不可告人的政治目的，[15]但土耳其政府完全無視歐洲人權法院的裁決。厄多安採用了強人領袖最喜愛的手段：將危險政敵逮捕入獄。普丁用這招對付納瓦尼和霍多科夫斯基，習近平用這招對付香港民主運動領袖黃之鋒、周庭和黎智英等人。

我在政變失敗的隔年再度拜訪土耳其，發現我所認識的學者和記者都籠罩在一股恐懼氛圍之下。他們認識的人當中有人失去工作、被捕入獄或是逃到國外，許多保有自由的人依然替自己的生計或自由感到憂心，一位在國際上舉足輕重的學者對我說：「我過去認為不可能發生的事現在每天上演。」

這句令人印象深刻的發言讓許多土耳其以外的人也感同身受，在德里、北京和布達佩斯的自由派知識分子圈內，許多人也對我分享同樣的痛惜之情。到了二〇一七年，我在華府和紐約聽到對民主未來發展同樣的懷疑與擔憂。美國許多專家曾經對厄多安抱有希望，而川普勝選讓這一切更顯得諷刺。二〇〇四年時，羅柏．卡普蘭曾信心十足地相信厄多安會讓他的國家邁向自由民主以及「二十一世紀的政治現實」。現在看來，川普反而讓美國變得更像土耳其。

二〇一七年五月時，從伊斯坦堡角度看來，美國確實酷似土耳其。川普與厄多安同為民族主義者，皆誓言讓自己的國家再度受人尊重與令人畏懼；兩位領袖都讓政府變成家族事業，並且重用自己的女婿，土耳其版的庫許納就是阿爾巴伊拉克，厄多安曾指派他擔任能源部長以及後來的財政部長；兩位總統都從小鎮和鄉村獲得支持；他們都指控國家行政部門對他們百般阻撓；川普讓美國社會開始相信有一個抱有惡意且自私自利的「深層政府」在背後運作，而「深層政府」的概念正是源自土耳其。[16]

他們兩位也都利用國內社會分歧來提升自己的支持度，在土耳其，虔誠的穆斯林以及正義與發展黨的成員都已準備面對厄多安的獨裁，因為他被視為信仰與民族國家的守護者，能夠對抗世俗主義中的敵人。同樣地，川普最忠實的支持者為白人基督教福音派，他們將總統視為對抗美國自由派的鬥士。分裂的國家讓領袖得以輕易說服支持者接受公民權利的侵害，以達到打擊國內政敵的目的。

川普和厄多安對媒體與司法機關的態度也相似到令人不安，二〇一七年，厄多安成功逮捕多名記者，並且開除多名法官。當時川普僅能高呼「假新聞」、「號稱是法官」等攻擊，幾位川普幕僚看了這兩位總統的互動後，認為川普大概非常羨慕厄多安可以如此不受拘束。[17]

厄多安可能讓川普羨慕的另外一點，就是在位的年限比較長。二〇一八年三月，厄多安成為土耳其共和國在位最久的統治者，總理與總統任期加起來長達五千五百天，甚至凌駕在土耳其國父凱末爾之上。但厄多安的目標並不僅僅只是任期比凱末爾長，在許多方面，厄多安都在推翻凱末爾的政績以及他所奠定的世俗主義。厄多安重新連結國家與伊斯蘭信仰，他儼然正試圖重新打造土耳其共和，國家將不再照著凱末爾的藍圖走，而是依照厄多安的想法打造。

二〇二〇年成了分水嶺，這一年厄多安政府將聖索菲亞大教堂重新改建成清真寺，這座建築由查士丁尼大帝一世（Emperor Justinian）於西元五三六年興建，一開始是一座大教堂，但是在一四五三年君士坦丁堡（Constantinople）淪陷後改為清真寺。這座建築在一九三五年凱末爾執政時改建為博物館，截至二〇二〇年這座建築是伊斯坦堡最多人拜訪的景點。土耳其的伊斯蘭主義者長久以來的目標就是將聖索菲亞大教堂改回清真寺，終於在厄多安掌權十七年後達成。二〇二〇年七月二十四日，厄多安參與聖索菲亞改建後的首場主麻時說：「這是我們年輕時期最偉大的夢想，現在我們完成了。」對厄多安來說，這是國際性的重要時刻，他說：「聖索菲亞的復甦是全球穆斯林的願望。」[18]

新一代強人領袖時常將自己塑造為宗教信仰的守護者。普丁曾對歐盟執委會主席巴洛索（José Manuel Barroso）聲稱他自己是全球八億基督徒的捍衛者。[19]印度的莫迪則以自己印度教民族主義者的身分為傲，厄多安主持聖索菲亞改建活動的隔週，莫迪就下令阿約提亞（Ayodhya）的新印度教神廟動工，過去這裡是一座清真寺，在一九九二年遭印度教武裝分子摧毀。莫迪和厄多安一樣，實現了過去數十年的夢想。土耳其與印度的強人領袖代表的是「文明的衝突」，一位是伊斯蘭的守護者，另一位則是印度教民族主義者，但兩位的文化與政治意圖如出一轍：他們都希望宗教重回國家核心，並且希望打擊世俗自由派主義。

號召虔誠信眾在經濟艱困時期是很有效的策略，二〇二〇年時，因為過去幾年的經濟政策失當再加上疫情影響，土耳其的經濟深陷危機之中，而厄多安風光的聖索菲亞改造計畫就安排在這場經濟危機中。這位土耳其總統對經濟學的理解十分薄弱，例如他常堅持調升利率會導致通貨膨脹。疫情席捲而來之前，土耳其就已經面臨債務危機，經濟一路下滑，厄多安跟他的女婿阿爾巴伊拉克失和，二〇二〇年十一月阿爾巴伊拉克被迫辭去財務部長一職，但是通膨率一路上升，二〇二二年達到百分之八十。

強人領袖面臨國內經濟問題時，常使用「文化戰爭」來分散注意力。另一個手段就是鼓吹民族主義以及利用對外的軍事衝突來激起國內的愛國主義，二〇一四年普丁併吞克里米亞就發揮了作用。厄多安的外交政策也開始變得激進，以面對鎮壓政變後的局勢以及土耳其的經濟困境。

土耳其加入歐盟變得愈來愈遙不可及，這點也讓厄多安不論對國內或國外都更有理由採取強人政治。厄多安從未正式撤銷土耳其加入歐盟的申請，歐盟也從未正式收回邀請。但是厄多安長年執政下來，雙方都已經開始幻滅。土耳其變得愈來愈專制，而歐盟堅持欲加入的成員必須遵守民主規範，也因此土耳其與歐盟漸行漸遠。同時荷蘭和德國等歐洲國家也開始對厄多安抱持懷疑，他們指控厄多安直接影響了其他歐盟國家的土耳其裔公民，此舉涉及干預他們的國內政治。至今大約有四十萬名土耳其人居住在荷蘭，而在二〇一七年，厄多安政府的內閣成員在荷蘭領土上進行宣傳活動，呼籲大家在土耳其修憲案投下同意票，卻遭荷蘭政府禁止。厄多安因此稱荷蘭人是法西斯主義者，並且將他們與納粹主義連結。[20]厄多安也多次用瘋狂的言論形容希臘、法國、賽普勒斯和德國政府。他不斷攻擊歐盟國家的舉動，也反映了他對歐盟日益不滿，以及他渴望討好國內民族主義派的態度。同一時間，在布魯塞爾、巴黎和柏林，厄多安已經不再被視為能夠帶領國家前往歐盟的領袖，他反而成為專制又難以預測的危險人物。

在厄多安執政初期，土耳其還被視為潛在歐盟成員的時候，以及他在華府還被視為自由派改革者時，這位土耳其領袖的外交政策多為和解路線。土耳其極度活躍的外交部長達夫托葛魯（Ahmet Davutoglu）曾提出一句廣為流傳的口號：「跟鄰居零糾紛。」但是到了二〇二〇年，達夫托葛魯早就被趕下台，土耳其人也常開玩笑說新的外交政策是：「零個零糾紛的鄰居。」厄多安為了守護他眼中的土耳其國家利益，變得愈來愈願意鋌而走險和採取高壓手段。跟普丁一樣，他試圖在國外重振土耳其國家勢力，並在某些方面算是成功，他也因此提振了自己在國內的聲譽。

敘利亞的分裂，以及美國與庫德族民兵的結盟，讓土耳其人害怕庫德分離主義再起。厄多安的回應方式是在二〇一六年派遣土耳其軍隊前往敘利亞，成功佔領部分敘利亞領土建立緩衝區。土耳其也利用軍隊和物資支持國際認可的利比亞政府，打擊由法國、俄羅斯和波斯灣國家支持的反抗勢力。此外土耳其海軍也在地中海東部展現軍事力量，以抗議希臘在土耳其主張聲稱擁有的海域上開採天然氣。二〇二〇年，土耳其果斷干預了亞美尼亞（Armenia）和亞塞拜然（Azerbaijan）之間的戰爭，兩國因交界處的納戈爾諾．卡拉巴赫（Nagorno-Karabakh）一帶引發紛爭，土耳其提供的軍用無人機讓亞塞拜然得以在這場漫長的紛爭中取得上風。

二〇二〇年十二月，厄多安以特別來賓的身分出席了亞塞拜然首都巴庫（Baku）的勝利遊行。身邊圍繞著土耳其與亞塞拜然國旗的他說：「今天是勝利之日，對我們所有人都是，對整個突厥世界都是。」[21]厄多安與普丁、習近平和莫迪等其他強人領袖相同，認為自己的國家可以做為一個文明與文化的代表。

這樣的軍事手段也讓厄多安無可避免地與周邊其他強人領袖的關係變得危險且複雜。一直以來他與敘利亞的阿塞德（Bashar al-Assad）以及以色列的納坦雅胡關係劍拔弩張。沙烏地阿拉伯也對這位土耳其領袖抱有疑心，因為沙國人認為厄多安支持他們的世仇「穆斯林兄弟會」（Muslim Brotherhood）。厄多安也同樣對沙國抱有疑心，所以二〇一八年沙國記者卡舒吉遇害時，厄多安非常樂意提供土耳其情報組織在沙國領事館獲得的錄影帶。[22]這位土耳其領袖也多次因為利比亞、伊斯蘭以及東地中海議題與法國總統馬克宏發生衝突，他甚至表示法國總統心理健康出了問題。厄多安跟普丁的關係更為微妙，有時兩位強人領袖貌似友好，厄多安很感謝普丁在二〇一六年政變中立即提供協助，安卡拉甚至常常謠傳政變當晚普丁親自致電厄多安提供軍事協助。普丁也說服厄多安採購俄羅斯的防空系統，這也引發北約其他成員極度不滿。另一方面，土耳其與俄羅斯之間因敘利亞、利比亞和納戈爾諾·卡拉巴赫地區而產生利益衝突。土耳其出手干預納戈爾諾·卡拉巴赫地區衝突特別令人震驚，因為對俄羅斯當局來說，這塊過去屬於蘇聯的地區現在是俄羅斯的後花園。這次衝突再次牽扯到伊斯蘭與文化層面，信奉穆斯林的亞塞拜然人由土耳其支持，信奉東方正教的亞美尼亞人則由俄羅斯支持，兩方的交火成為代理人戰爭。

二〇一五年土耳其在敘利亞與土耳其邊界射下一架俄羅斯飛機，厄多安最終為此事道歉。（他事後聲稱涉及此案的土耳其機師為叛徒和美國教士葛蘭的追隨者。）二〇二〇年，三十四名土耳其士兵在敘利亞境內死於敘利亞發動的空襲，背後支持者可能就是俄羅斯。然而莫斯科與安卡拉的兩位強人很克制，努力避免爆發全面衝突。

烏克蘭戰爭讓厄多安與普丁間的關係更加如履薄冰，土耳其譴責這次俄羅斯的入侵，並且捐贈軍用無人機給烏克蘭，協助他們抵抗俄羅斯。但同時土耳其也拒絕跟進西方國家對俄羅斯祭出經濟制裁，厄多安本人甚至拖遲芬蘭與瑞典加入北約的申請，因為他們拒絕交出庫德「恐怖分子」。同時，土耳其也讓自己成為潛在的斡旋者，主導雙方進行低層級的對談，成功協助讓烏克蘭的稻米可以通過黑海運輸至其他國家。

這場戰爭對厄多安來說是雙面刃，土耳其的地理位置讓他們成為黑海的守門員，而北約成員的身分大幅提升了這位土耳其領袖的國際影響力。但是戰爭也讓土耳其原本就萎靡不振的經濟大受打擊，同時也讓土耳其成為重大衝突的前線。

國際衝突對強人領袖來說往往帶有風險，如果能迅速取勝，趁機舉辦軍事遊行然後發表振奮人心的演說，一切就相當完美。但是軍事手段很可能以失敗收場。一九八二年阿根廷將軍雷奧波多．卡爾迪艾利（Leopoldo Galtieri）進攻福克蘭群島（Falklands），原本意圖提升自己的影響力，但最後慘敗收場並導致政權垮台。衝突維持太久也會讓政治支持度下降，二〇二〇年，土耳其軍隊進入敘利亞滿四年，造成數百人死傷，卻沒有明確化解衝突的方式。

國內種種鎮壓行為或國外各種干預行動都無法完全鞏固厄多安國內的政治地位，厄多安可以監禁或是騷擾他的政敵，對法院、媒體和企業的影響也日益提升，但他無法消滅民主選舉。

二〇一九年局勢出現戲劇化的發展，厄多安的政黨在伊斯坦堡市長選戰中失利，這可是厄多安政治生涯初期的重要陣營。就如同隔年的川普一樣，厄多安無法接受這次的失敗，他指控伊斯坦堡的選舉造假。跟川普不同的是，厄多安成功讓選舉重來。但是他所屬的正義與發展黨還是輸了，這次敵對陣營候選人伊瑪莫魯（Ekrem Imamoglu）甚至以更大的差距獲勝。土耳其反對派當然歡天喜地，《共和報》（Cumhuriyet）的多名員工在二〇一八年因恐怖主義名義遭逮捕，他們表示這次的選舉「徹底擊敗一人治理」。[23]二〇一九年伊斯坦堡的選舉暴露了厄多安的弱點，也證明土耳其依然是奇特且立場搖擺的混合，在民主與專制間擺盪。

但我們接下來會發現，從菲律賓到匈牙利等世界其他國家也是如此。即使是川普時期的美國也差點喪失民主，二〇二〇年六月，位於華盛頓的土耳其分析師恰普塔伊（Soner Cagaptay）列出十項「厄多安崛起步驟」，這份清單對許多美國人來說格外熟悉：攻擊「惡意的菁英」、讓國家繁榮、讓土耳其再次偉大、捏造假新聞、指控政敵撒謊、醜化媒體與司法、讓政敵被視為恐怖分子、奪取政敵的自由、破壞以及修改憲法，[24]第十項是一個皇冠的表情符號。

厄多安示範了一個模式，讓人看到如何將脆弱的民主導向強人專制。土耳其的規模以及重要性，再加上厄多安長年執政以及活躍的發言，讓厄多安成為重要國際領袖。他粉碎了伊斯蘭與自由主義和解的希望，他也讓土耳其在歐洲、中東以及烏克蘭戰爭中的政治地位提升。

雖然土耳其是二十大工業國的重要經濟體，但土耳其不會變成世界強權。強人政治若要改變世界，影響不能僅限於莫斯科和伊斯坦堡，而必須影響世界新興強國，也就是二〇一二年的中國。

第三章　習近平——中國領袖個人崇拜再起

「強國只能追求霸權的主張不適用於中國。」習近平語氣堅定的表示，不容許絲毫反駁的機會。這是他掌權一年後在二〇一三年十一月的發言，當時我是其中一名聽眾，跟著幾位外國人士受邀到人民大會堂與習近平見面。

我們就位後過了幾分鐘習近平才到來，大步走入房間，與幾個人握了手，然後拍了一張大合照。他坐上一張舒適的大椅，劈頭第一句話是：「我深受你們的誠意感動。」這位中國新領袖詞藻華麗的客套話展現出他與普丁截然不同，幾年前在達沃斯會議上，我看到普丁透露出的是急躁與威脅，習近平則從容不迫地發言且並未帶稿。富麗堂皇的房間更襯托了他沉穩的氣息，他身後是一幅萬里長城的大型壁畫，外頭就是天安門廣場，也就是北京的核心，各大重要儀式都於此舉行。列席在習近平前方專注聆聽的聽眾則包含多位重要人物，如英國前首相戈登・布朗（Gordon Brown）、澳洲前總理陸克文（Kevin Rudd）、谷歌（Google）的施密特（Eric Schmidt）等企業領袖，以及少數幾名學者與記者。

習近平透過短短的演講以及回答問題，說明了他將如何讓中國脫貧，達到「全面小康」國家的目標。他自信地預測在持續都市化的情況下，中國經濟每年會以百分之七成長，他也特別強調中國絕對不會威脅世界。一切聽起來理性且符合技術官僚治理，令人安心。過去胡錦濤等領袖大都機器人般地念稿，因此習近平願意接受提問的行為讓他看起來相當隨和。

德國企業家伯格魯恩（Nicolas Berggruen）負責統籌這場會面，會後他總結了與會者的感想，他的結論是這位新領袖承襲的是鄧小平的傳統，而鄧小平最著名的就是從一九七八年起開放改革中國經濟。伯格魯恩和加德斯（Nathan Gardels）表示：「習近平就是鄧小平的追隨者，只不過習近平所處的時代較為平和。」[1]

其他西方評論甚至更樂觀，《英國國家廣播公司》資深記者記者辛普森（John Simpson）在二〇一三年夏天寫了一篇文章，他將習近平的崛起與戈巴契夫（Mikhail Gorbachev）受指派為蘇聯領袖相提並論，並且大膽提出：「未來五到七年，中國的一切都會改變」，還指出中國將能擁有人民選出的國會。[2]

這想法令人興奮不已，但事後看來，西方評論不該將習近平與戈巴契夫或鄧小平相提並論，而是毛澤東。歷史學家馮客（Frank Dikötter）對毛澤東的著墨，讓我聯想到習近平給我的第一印象：「他步履緩慢，說話不疾不徐，總是十分莊重。常露出和藹的微笑。」[3]不幸地，習近平與毛澤東不僅僅只是行為舉止如出一徹，隨著習近平的勢力逐漸茁壯，他對「偉大的舵手」的真誠崇拜也愈發明顯。習近平跟毛澤東一樣，積極鞏固身邊的勢力，塑造個人崇拜，並讓共產黨重新掌控中國各方面的發展。到了二〇一七年，習近平已經開始使用毛澤東的言論，公開表示：「黨政軍民學，東西南北中，黨是領導一切的。」[4]而黨的領導人就是習近平。

習近平在二〇一七年十月的中國共產黨第十九次全國代表大會上提出這段話，當時我出席了上海的一場會議，因此有機會親眼見證習近平塑造出來的個人崇拜多麼強烈，以及如何引發了恐懼。在全國代表大會上，《習近平新時代中國特色社會主義思想》納入了黨章，成為引領中國的新意識形態，習近平也藉此成為毛澤東以外唯一還在世就將自己的思想納入黨章的領袖。

習近平演說的長度也透露了他早期的自大，演說長達三小時二十三分鐘，整個國家都被要求坐在電視機前觀看，連幼稚園的孩童也不例外。一位學者朋友向我透露中國的一間頂尖大學裡，所有學系的主任都被要求聚集在一起觀看。未出席的人則接到黨員電話，必須說明他們的行蹤，而且甚至有人必須拍下自己在聆聽演說的照片回傳。演說內容可看出習近平致力將自己與中國的崛起畫上等號，他告訴聽眾：「中華民族迎來了從站起來、富起來到強起來的偉大飛躍。迎來了實現中華民族偉大復興的光明前景……是我國日益走向世界舞台中央、不斷為人類作出更偉大貢獻的時代。」[5]

幾個月後，習近平更進一步鞏固自己的勢力。二〇一八年三月，中國宣布廢除國家主席任期，讓習近平得以終身在位。這項決策帶來的實質意義與象徵意義極為重大，一九八二年鄧小平設下任期限制，以此終結毛澤東時期的集大權於一身，習近平如今卻走上回頭路。

每年習近平的影響力都更加擴大，二〇二〇年初我再度拜訪中國，我的朋友讓我看目前中國下載次數超過一億次的手機軟體「習近平思想」，內容讓我極度震驚。所有的黨員、學生和國營企業員工都必須每天研讀習思想，他們的學習進度以及小考分數都留有紀錄。一位顯要的北京學者對我抱怨說：「我們住在一個走向極權的國家。」* 個人崇拜的跡象逐漸增加：街道上充斥著習思想的標語布條，上海街頭貼著習近平頭像的海報，數道光芒從他頭上射出。

這一切轉變之快，讓中國自由派人士以及知識分子感到沮喪且茫然，他們也試圖找出當初是如何開始變了調。一位著名經濟學家跟我說他看出端倪的時間點是二〇一三年，當時習近平在演說中表示大家不該認為鄧小平的統治與毛澤東是完全不同的時代，習近平反而堅稱鄧小平的治理是奠基於毛澤東之上。

不論從事實層面還是個人層面看來，習近平的論點都十分奇特。一九七八年鄧小平所接手的國家深受毛澤東的治理所害，當時的中國極為貧困，數百萬人因為毛澤東堅持進行的政治以及經濟實驗喪命，也就是大躍進（一九五八至一九六一）與文化大革命（一九六六至一九七六）。鄧小平不認為毛澤東的「小紅書」《毛澤東語錄》就是真理，反而誓言「從事實挖掘真相」。他的務實路線讓中國得以接納外資並且讓國內企業蓬勃發展，鄧小平治理下的經濟成長相當驚人，可說是人類歷史前所未見。二〇一二年習近平接任時的中國富裕程度是一九七八年鄧小平接任時的五十倍以上，國內生產毛額預計從一千五百億成長為八兆二千七百七十億。[6]

從個人角度來看，習近平對於毛澤東的治理應該充滿警覺。習近平生於一九五三年，當時中華人民共和國剛成立四年。習近平的父親習仲勳在一九三〇年代時為軍事將領以及毛澤東黨內同志，一九六二年則成為中共中央宣傳部長。年輕的習近平是菁英的後代，在八一學校受教育，當時學校所在地的前身為清朝禮親王後代所建的樂家花園，八一學校也被譽為「領袖的搖籃」。[7]到了一九六二年，他的父親已經升為國務院副總理。

但緊接著，就像那個時代的許多人一樣，習仲勳因為鬥爭而身敗名裂。習仲勳先是遭軟禁，接著被監禁和送去勞改，消聲匿跡超過十五年的時間。習近平被迫批鬥自己的父親，而且他的其中一名姐姐自殺身亡。一九六八年習近平就讀的學校關閉，習近平被下放到農村，加入陝西省的下鄉知青行列。文革期間許多中國菁英都遭到放逐，而年輕的習近平就跟其他人一樣被迫放棄學習，成為農民和工人。

但在一九七五年時，習近平的父親獲得平反，習近平的流放生活也就此告一段落了。這位未來的中國領袖回到北京，進入清華大學，也就是在中國相當於哈佛或牛津的大學，成為工農兵學

---

* 這個段落的許多引述皆為匿名以確保中國朋友的人身安全。

員的一員，習近平跟許多未來的中共領袖一樣主修工程。[8]

習近平官方自傳利用他的下放農村時期——包含他據傳曾經住在窯洞的日子，描繪出一位懂得鄉村生活困苦的中國領袖。習近平自己常常提到流放農村的時期促使他成長、為他帶來正面影響。二〇〇二年他寫了一篇長文，試圖提升自己的形象以爬上中共領導階層，文中他寫道：「十五歲來到黃土地時，我迷惘、彷徨；二十二歲離開黃土地時，我已經有著堅定的人生目標，充滿自信。作為一個人民公僕，陝北高原是我的根。」[9]

有些批評習近平的自由派人士對他的下放農村時期有不同看法，認為習近平錯過學習的黃金時期，也因此認為他未受足夠教育，不具備國家治理能力。習近平則常常賣弄自己的學識。有一次拜訪法國時，習近平聲稱自己讀過十九位法國重要作家的著作，包含狄德羅（Denis Diderot）、伏爾泰（Voltaire）和沙特（Sartre）。[10]拜訪俄羅斯時，習近平表示自己不只讀過托爾斯泰（Tolstoy）和杜斯妥也夫斯基（Dostoevsky），還讀過普希金（Pushkin）、果戈里（Gogol）以及其他俄羅斯作家的著作。

習近平神話般的年輕歲月中，家族地位沒落想必是慘痛的經驗。毛澤東時期為他帶來極大的困苦，但習近平對此的反應似乎相當耐人尋味。習近平沒有因此抗拒共產黨，年輕的習近平反而一次又一次申請入黨，終於在一九七四年第七次申請入黨時達成目標。

到了一九七八年，習近平開啟他在中共的黨工生涯，擔任中共中央軍事委員耿飈的秘書長達四年。因此這位中國未來的領袖得以熟悉軍中事務，讓他數十年後得以快速提升中國軍力以及在中國南海的爭議地區建立新的軍事基地。但是一九八二年時，習近平離開北京與軍事，在不同的省擔任地方官員，對於想在北京求官的共產官員來說，這是必經的試煉。一九八五年到二〇〇二年間，習近平待在臨海的福建，這是中國經濟成長的重要地區，與資本主義蓬勃發展的臺灣抱持密切貿易關係，倫敦國王學院中國研究所主任克里．布朗（Kerry Brown）提到習近平在福建的職涯「奠定了他領導中央之前的重要基礎。」[11]擔任完福建省長後，習近平到了同樣快速發展的臨海城市浙江，接著在二〇〇七年搬至上海。同一年習近平升為中國共產黨中央政治局常委，與其他六位常委站在中國政治的頂端。這時他儼然就是中國未來的領袖，他在二〇〇八年接任奧運籌備委員會主席，更加預示了他平步青雲的未來。

中國的政治新星通常相對低調，而那些太過高調的往往死於非命。然而在習近平攀升至權力頂峰且中共宣傳開始打造他的領導傳奇之前，種種事蹟已經顯示他不同於一般共產黨官員，最特別的一點在於他的妻子是知名歌星。習近平在福建與他的第二任妻子彭麗媛結婚，彭麗媛同時是解放軍前將軍以及中國影視明星，在YouTube以及中國社群媒體上都可觀賞到她著軍裝演唱愛國歌曲的影片。習近平與彭麗媛的女兒習明澤出生於一九九二年，就讀中國的法語學校，並且以假名在美國哈佛大學就讀，於二〇一四年獲得學位。一位不滿中國政府的人士曾對我說他唯一對習近平有好感的時候就是見到他的女兒習明澤，她並不是他想像中被寵壞的女兒，而是一位聰明且對外面世界敞開心胸的人。有一位歐洲領袖曾在北京與習近平一家人用餐，他也向我分享習近平的女兒令他十分驚艷。

習近平將自己唯一的小孩送到美國接受教育，似乎顯示他保有開放的心胸。但是其他細節則透露習近平強硬民族主義的一面，例如他在二〇〇九年拜訪墨西哥時曾被錄下他對同胞抱怨：「有些吃飽了沒事幹的外國人，對我們的事情指手畫腳。」這顯示了這位對外展現出心平氣和又具有政治家風範的中國領袖，其實對外界也帶有一絲不滿。

二〇一二年中國準備指定新的領袖，薄熙來是呼聲最高的候選人，充滿魅力與抱負的他當時主政重慶，代表著民族主義，鼓吹「唱紅」，並且使用毛澤東口號，這些都驚動了中國的自由派人士。二〇一二年薄熙來被逮捕時驚動了社會，他以謀殺罪受到監禁，當時看來中國躲過了個人獨裁的凱撒主義。習近平取而代之，在二〇一二年十一月被指定為中國共產黨的總書記。緊接著二〇一三年三月他在全國人民代表大會中當選為中國國家主席，其中二千九百五十二票同意，一票反對，三票棄權。

習近平掌權後第一項政策就展現出他民粹且冷酷的一面，他推動了反貪腐運動，拉下了中國最具影響力的人士，其中包含數量驚人的重要黨員，估計有百分之十四的高階黨員在反貪腐運動中遭逮捕入獄。王岐山受習近平重用，負責主導反貪腐行動，常常在外國人面前大肆炫耀他送進監牢的人數。拜訪過王岐山辦公室的訪客曾跟我說，王岐山一見到客人時開口就說：「大家說我關了數十萬人，但是根本不只這個數字，實際上我關了超過百萬人。」這句話毫無誇飾，澳洲洛伊國際政策研究所資深研究員馬利德（Richard McGregor）在二〇一九年提到：「從二〇一二年底開始，中國政權已經調查超過二百七十萬名官員，另外有超過一百五十萬名遭懲處。當中包含七位高層（中共中央政治局常委以及部長）和二十多位高階將領。」[12]

大規模的逮捕和監禁激起一陣恐慌，連公開表達支持習近平的人也曾對我透露他們的不安。二〇一五年股市暴跌，導致大批金融監管官員遭逮捕，過去曾與該批官員來往的銀行家也引發一陣恐慌。[13]一位西方頂尖銀行的經理透露，她發現有些員工已經開始排斥出差，因為害怕自己在機場遭到逮捕。幾年過後，一位重要的企業家震驚地向我透露，他認識的一位新興政治家朋友從北京的飯店一躍而下。他就是當時擔任重慶市委副書記的任學鋒，跳樓的原因是被黨指控貪污。「他大概不想在監獄度過餘生。」我朋友說，他也認為任學鋒自殺背後真正的原因是跟習近平理念不合。[14]此外，連在國際上舉足輕重的中國官員都可能一夕之間身敗名裂，孟宏偉在二〇一六年成為首位來自中國的國際刑警組織主席，但在二〇一八年返回中國時被捕。幾個月後，一份中國媒體刊登的報告記載孟宏偉坦承自己貪污，但是他的家人堅稱他會被捕是因為具有改革思想。[15]

共產黨員以及為共產黨辯護的人過去還認為政府貪污是被過度放大，但是很快他們就接受了習近平時代的論調：中國政府面臨貪腐的嚴重威脅，而習近平果斷地採取行動。如果任何人試圖質疑習近平家族來路不明的大筆財富，就會馬上被無情的手段處理掉。當彭博新聞社（Bloomberg News）報導了習近平家族財富的新聞，他們馬上被中國的防火牆阻擋在外。[16]

理所當然地，許多人將習近平的反貪行動解讀為算舊帳以及鞏固權力的手段，這個可能性相當高。但習近平看來也確實非常擔心貪腐會讓共產黨失去在中國的勢力，而他相信一黨政治一旦告終，他不斷重申的「復興中華民族」目標將會面臨威脅。

而且習近平特別對蘇聯垮台的景象念念不忘，二〇一三年，習近平掌權滿一年，全國共產黨員受邀觀賞蘇聯垮台的紀錄片。影片將蘇聯垮台詮釋為一場悲劇，壞人就是蘇聯最後一位領袖戈巴契夫，他所實施的改革開放與經濟重建在片中不僅僅被視為錯誤，甚至不道德而且不愛國。二〇一三年習近平對中國共產黨中央委員會發表演說，他問到：「蘇聯為何垮台呢？蘇共為何失去勢力？」他的答案是：「他們全面否定蘇聯歷史、蘇共歷史……否定列寧，否定史達林……思想搞亂了……軍隊都不在黨的領導之下了。最後，蘇聯共產黨偌大一個黨……就作鳥獸散了。蘇聯偌大一個社會主義國家就分崩離析了。這是前車之鑑啊！」[17]

習近平跟普丁的共通點就是將蘇聯垮台視為一場災難，跟普丁一樣，習近平不認為蘇聯垮台的罪魁禍首是蘇聯領袖。他相信西方世界刻意主導了一切，宣傳顛覆性的自由思想，習近平也盡力阻止任何類似的事情在中國發生。習近平執政早期就可以看出這個跡象，當時他發出了《關於當前意識形態領域情況的通報》給中國高層，這份文件被稱為《九號文件》（後來也洩漏至外界），當中列出中國必須謹慎提防的種種西方邪惡勢力，當中包含「普世價值」、「公民社會」以及「西方定義的媒體」。[18]

習近平和他的追隨者視這些思想為威脅，對中國來說這些是被引入中國的外國勢力。但他們也知道這些思想對許多中國知識分子以及中產階級來說相當吸引人，自由派知識分子在習近平掌權前深具影響力，最具國際知名度的就是藝術家艾未未和諾貝爾獎得主劉曉波，但在這兩位背後還有一大群學者、律師和記者，他們都期待看到中國轉型為民主國家，擁有獨立司法機構以及更高度的言論自由。

有勇氣爭取這些價值的中國公民無法躲過迫害，二〇〇九年劉曉波遭逮捕與監禁（並於二〇一七年死於獄中）；二〇一一年艾未未遭監禁，最後於二〇一五年流亡海外。但在二十一世紀初期，中國知識分子還懷抱希望，期待中國能走上他們期待的道路。「憲政」——也就是全體社會包含共產黨都遵守法治的概念，是當時學界期刊以及《南方周末》等較為大膽的媒體敢公開討論的議題。但是在習近平執政下這些討論完全消聲匿跡了。二〇一五年，大量人權律師遭逮捕，而且不只是自由派人士的異議遭噤聲，習近平曾經說馬克思是「當代最偉大的思想家」，但是諷刺的是北京幾所頂尖大學的馬克思主義社團成員也遭到逮捕。這些學生犯的錯就是太認真看待馬克思對階級的批評，而且試圖組織低薪勞工工會。[19]

我常常拜訪中國，見證這樣打擊言論自由的手段令我感到震驚。習近平掌權之前，我在北京的餐廳常常可以聽到保守派和自由派學者公開辯論中國是否該民主化，現在這樣的場景已不可想像。確實，中國演都不演了，完全禁止自由討論，二〇一九年底，上海最頂尖的復旦大學將「思想自由」從學校章程刪除。幾週後，我訪問了李世默，他是復旦大學中國研究院咨詢委員會主任以及追隨習近平的知名知識分子，他完全認同復旦大學的作法，並視之為中國自由派思想必然的其中一場失敗：「數十年來，中國一直辯論他們想要什麼樣的社會和政府。有的人是自由派，希望中國成為自由國家。我想這樣的辯論已經結束了。」[20]

但是在他受訪的同時，關於中國言論自由以及習近平強人領導模式的辯論即將激烈展開。當時我人在上海，在我準備和李世默碰面共進午餐的路途，我讀到一種神秘的病毒在約八百公里外的武漢爆發。當時這件事看起來不值得一提，但是幾週內我這種輕忽的想法煙消雲散，病毒擴散，上百人、上千人死亡，中國境內開始大規模的隔離和封城。

打從一開始，北京就極力將新冠病毒塑造成自然災害，撇清中央或是習近平的任何責任。但是隨著疫情擴散，他們的說法遭到抨擊，特別是武漢年輕醫師李文亮之死激起了輿論。外界開始探尋疫情的源頭，也因此發現早在疫情一開始，李醫師在線上群組曾發出警告。此舉讓警察找上他，被迫發誓停止散播謠言，並且簽下自白書。在死前李文亮醫師留下後來廣為流傳的一番話：「一個健康的社會不應該只有一種聲音。」不難看出這是對於習近平強人統治的批評。

中國境內某些習近平的批評者甚至更直接，二〇二〇年三月，中共黨員以及房地產大亨任志強發出一封公開信指控共產黨無能，而且譴責「偉大領導人的愚蠢」。[21] 他也跟其他批評習近平的境內人士一樣遭到噤聲，二〇二〇年九月，他以貪腐罪名被判刑十八年。

李文亮醫生死後社群媒體爆發的不滿，大概是疫情期間習近平面臨的最大危機。但是幾週後，中國政府重新奪回話語權。官方說法是習近平的執政並不是釀成疫情早期混亂的主因，反而是習近平的果斷讓國家得以齊心抗疫。全中國，甚至全體人類社會都必須感激習近平，因為他為世界爭取足夠的時間來對抗病毒。西方世界自己沒有把握時間做好準備，這也顯示出中國的體制更為優良。中國的宣傳也在世界衛生組織的大力稱讚下獲得支持，世衛秘書長譚德塞（Tedros Ghebreyesus）在一月二十八日於北京與習近平會面，稱讚中國「為防疫設下新典範」，誇獎北京「資訊公開透明」。[22]

二〇二〇年一整年都充斥著這種稱讚習近平的論調，當時中國逐漸掌控疫情，西方世界則大受衝擊。二〇二〇年二月底，美國出現第一起新冠疫情的死亡案例，當時中國早已過了疫情高峰，染疫人數開始下降。一年後，美國有五十萬人染疫死亡。相比之下，中國的官方數字顯示國內不到五千人死於疫情。[23]

對習近平來說，他把危機變成一場公關勝利。中國舉辦了一場頒獎典禮，嘉許平民為防疫作出的貢獻，習近平當時說：「疫情再次證明中國特色社會主義制度所具有的顯著優勢。」[24] 武漢封城一年後，辦了一場展覽，讚揚中國抗疫成功，《英國國家廣播公司》報導提到：「現場展著身著防護衣的人形模特兒……，此外處處可見巨大的習近平頭像。」同時中國政府開始宣傳疫情可能根本不是源自中國，武漢展覽立牌上寫道，新冠疫情同時「在全球各地出現」。[25]

雖然中國政府得以控制國內對疫情的論述，習近平在海外的形象卻是大受打擊。皮尤研究中心（Pew）調查顯示，二〇二〇年夏天，歐洲和北美對習近平的負面觀感大幅提升。舉例來說，德國百分之七十八的受訪者不信任習近平「可以好好處理國際事務」，這個數據相比前一年多出了百分之十七個百分點，美國和英國受訪者對習近平抱有同樣程度的不信任，日本和韓國的數字甚至更高。[26]不過疫情不是習近平國際形象受損的唯一原因，中國對香港和新疆的鎮壓也透露出習近平的殘暴和不容異己。

二〇一九年夏天，香港爆發示威運動，起因為即將通過的新法可能將會讓香港人被引渡到中國受審。示威運動的目標迅速演變成保護香港的自主性免於北京影響，包含司法獨立以及媒體自由等深受港人重視的自由。在示威遊行最激烈的時刻，香港七百四十萬人口中，超過兩百萬人走上街頭。示威遊行持續數月，常常引爆警察與示威者間的衝突。一九九七年香港回歸中國，對於北京來說是「偉大民族復興」的重要時刻。中國終於脫離殖民時代，也就是一八四二年香港落入英國手中後開啟的「百年國恥」。習近平一開始無力壓制中國領土上的無政府狀態，甚至無法冒險訪港，讓他的強人形象面臨受挫。

中國官方採取了與疫情相同的手段，也就是讓習近平跟香港問題保持距離。他們主張引發示威遊行的引渡法是地方政府的政策，跟北京當局無關。但是我自己拜訪香港時，可以清楚看見習近平的強人統治正是導致香港抗爭的主因。中國大陸握有香港主權，因此看著中國政治走向專制、開始打壓異議人士，也讓許多香港人感到害怕。許多親中派的香港人試圖說服習近平以更溫和的手段處理香港議題，但是他們徒勞無功，甚至懷疑自己的建議到底是否曾成功傳達給習近平。許多人擔心習近平相信北京自己的官方說法：香港抗爭是受到惡意的外國勢力干擾而起。

二〇二〇年夏天，全球的注意力放在防疫和美國總統大選，習近平果斷對香港民主運動展開鎮壓。由中國大陸制定的新國安法開始施行，北京派出官員到香港落實新體制。短短數個月內，香港民主運動的重要人士紛紛遭逮捕並面臨牢獄之災。香港抗爭對任何中國領袖都是威脅，因為這關係著共產黨最敏感的兩個議題：民主與民族統一。但是習近平激烈的手段也反映出他對中國境內異議人士的態度。

中國同樣鎮壓位於偏僻西北新疆的維吾爾族穆斯林，而這個議題常常出現在我跟香港抗爭者的話題中。對香港示威者來說，北京將上百萬維吾爾族送入再教育營，證明了習近平的冷酷無情，不計代價也要實現中華民族統一的大夢。

現在看來，二〇一三年十一月我在北京與習近平碰面的那週，似乎也是新疆維吾爾族歷史上重要的時刻。五天前，維吾爾分離主義者駕駛一輛車衝撞天安門廣場的行人，造成五人死亡。[27]習近平不可能放任他們在中華人民共和國的權力核心進行恐怖攻擊，而且中國其他地方也發生了暴力事件。隔年中國頒布反恐運動。很快大家便發現這不僅僅是執法行動。事實上，中國政府原來打算將整個維吾爾族同化，強迫他們接受漢文化以及共產黨的統治。

在習近平的監督下，新疆出現一座座再教育營，大量的拘留行動就此展開。二〇一八年聯合國委員會預估超過百萬人遭拘留，相當於約百分之十的維吾爾族人口。[28]中國政府一開始否認拘留營的存在，後來又聲稱它們是「技職教育與訓練中心」，目的是為了打擊極端主義，並且幫助維吾爾族人就業。但是從營區逃出來的人所描述的景象卻全然不同，內容令人震驚，包括數十萬名孩童被迫與家長分開、虐待行為、性虐待以及強迫學習習近平思想等灌輸手段，甚至出現強迫結紮與墮胎。中國官方數據顯示新疆出生率下降了百分之六十，也因此中國的種種手段已經不只是鎮壓，中國甚至被控正在進行文化種族滅絕。[29]

川普政府決定將中國在新疆的作為認定為種族滅絕罪，但北京政府不以為意，認為美國政府失控且沒有誠信。然而二〇二一年拜登政府同樣採取川普政府的立場，加拿大國會也作出同樣的認定。英國人權律師提供的法律意見書認定中國當局「非常可能」違反國際法內的種族滅絕罪，意見書中強調「習近平握有國家政策發展方向，而且曾多次在演講中鼓吹對維吾爾族祭出懲罰」，意見書顯然認為習近平應該為種族滅絕負責。[30]

中國民族主義人士認為西方世界對新疆的關注只是打壓中國的手段，以阻擋中國崛起。不過習近平在中國境內的威權統治以及在國際上的強硬態度，讓國際社會不可避免地開始嚴加審視中國。

中國是二十一世紀的新興強國，也因此中國領袖很難繼續聲稱國際社會無權關心中國的「內政」。

在習近平統治下，中國領導階層也不再像過去一樣排斥對外宣傳中國的治理模式。過去中國執政者面對西方世界的人權指控時，總是回應每個國家該有自己發展的空間。他們總說西方世界不該對中國說教，而同樣地中國也不會對世界其他國家說教。到了習近平的時代，中國的發言人卻開始鼓吹以「中國模式」作為西方民主的替代方案，聲稱這是更適合發展中國家的模式。

二〇一八年習近平在一場演說中提到中國「新型政黨制度」可以成為其他國家的典範，緊接著中國官媒就開始積極推廣這項理念。[31]當時歐盟剛受到英國脫歐的衝擊，美國則因為川普執政而嚴重分裂，相較之下，習近平的模式強調政治平穩、經濟實力以及民族自信，吸引了非洲、拉丁美洲甚至歐洲的許多國際追隨者。

中國也透過習近平的「一帶一路」政策擴張自己的國際影響力，這項計畫涉及數十億美元的中國貸款和投資計畫，以支持亞洲、歐洲和非洲的基礎建設計畫。中國的投資和影響甚至擴及拉丁美洲，這個區域過去被視為美國的後花園。我在二〇二一年訪談哥倫比亞總統伊萬．杜克（Iván Duque），他當時對美國展現友好的態度。但他同時也堅持讓中國企業持續建造波哥大（Bogotá）的地鐵站，因為他們的提案最佳。[32]哥倫比亞並不是唯一接受中國投資的國家，其他拉丁美洲國家接受中資的腳步甚至更快。

中國利用貸款與投資贏得海外支持，這點對中國擴張國際影響力相當重要。但是同時習近平政權面對國際挫折往往採取強硬和霸凌的手段，這點也讓中國的國際關係更為複雜。每當面對疫情的質疑，就算是溫和的批評，中國也總是氣得跳腳。當澳洲政府提議展開國際調查以追溯病毒起源，中國立刻報復性地限制澳洲部分出口品進入中國。

同時中國的領土紛爭也持續升溫，對臺灣的恫嚇不斷提升，華府的人開始擔心中國可能會以為自己已經強大到能夠發動戰爭，決定入侵這個人口達兩千三百萬的民主政體，攻打這座北京視為叛亂省份的島。關於臺灣主權的爭議可追溯至中華人民共和國的建立，一九四九年時國民黨遭毛澤東擊敗，飄洋過海逃至臺灣，並且在此建立政權。從那時起，北京就希望能夠「收復」臺灣，甚至不排除動用武力。鄧小平延續他著名的務實路線，當時他認為臺灣議題可以留給後代解決。但是習近平改變了北京的官方說法，明確告訴臺灣的領袖這個議題已經不能再留給後代了，同時臺海的軍事演練不斷升級。

二〇二二年八月，美國眾議院院長裴洛西拜訪臺灣，北京的回應相當激烈，當時習近平授權在臺灣海峽進行數十年來規模最大的軍演。中國展現如此好鬥反應的同時，烏克蘭戰爭正上演著，而這場戰爭中習近平策略性地支持普丁。美國及其盟友開始擔心，未來他們可能同時面臨俄羅斯與中國這兩個強大修正派的軍事挑戰。

中國對臺灣態度日漸激進，這點反應出全球勢力平衡的變動。過去數十年北京砸重金提升軍事實力，中國海軍現在擁有的船艦比美國還多。習近平顯然渴望在中國政界名留青史，而臺灣因此成為他最大的目標。毛澤東是中華人民共和國建國英雄，鄧小平是讓中國繁榮的領袖，習近平的目標則很有可能是將中國變成世界強國，而要做到這點就必須在臺灣議題上與美國對峙。習近平如果成功攻下臺灣，完成「統一」，他將名留青史。

不過真的攻打臺灣將帶來極大的風險，可能面臨頑強抵抗，而且需要上百萬名士兵。中國一旦攻打臺灣，很可能會導致與美國開戰。不過即使如此，中國的民族主義人士依然喜歡高談攻打臺灣的可能，二〇二〇年十月，中國民族主義派媒體《環球時報》的總編輯胡錫進發表了一篇典型的文章談到：「唯一的選擇就是大陸做好作戰準備，以隨時給台獨分子致命一擊。台獨分子愈自大，歷史轉折點就愈逼近。」[33]這種激進言論或許不代表中國領導階層的想法，但是習近平所嚴格控管的媒體環境中，對臺灣發出這種令人毛骨悚然的威脅顯然是被允許的。作為一位自稱強人的領袖，習近平或許覺得他必須滿足中國國內民族主義派。

近年來，大部分西方對於中國進犯的討論都專注在臺灣以及南海議題上。但是最令人震驚的事件卻發生於二〇二〇年的喜馬拉雅山上，印度與中國軍隊在爭議地區上發生衝突，二十多名印度士兵遭殺害，中國的死傷人數則不明。

這場激烈衝突讓人看見中國與印度這兩個二十一世紀的新興強國很可能爆發衝突。在印度與西方，這場衝突被描述為一場專制大國與世界最大民主國家間的衝突。確實如此。但是事實其實更為複雜，因為印度也正朝強人模式邁進，只是出發點全然不同。

第四章 莫迪——強人政治進入全球最大民主國家

魯琴斯德里（Lutyens' Delhi）為印度權力重鎮。此區以英國建築師魯琴斯（Sir Edwin Lutyens）為名，他規劃了廣闊的區域、精心照護的草地、高大的建築與噴水池，讓此區與周遭喧擾的城市分隔開來。此地聚集了印度重要政府機關，包含總理辦公室、國防部、財政部與外交部等，拜訪這些重要政府機關時，還常常會看到生氣勃勃的猴群在土黃砂岩窗台上攀爬。

印度政要在這些建築物裡治理全國十四億人民，但自從莫迪二〇一四年掌權以來，某些位高權重的人士行為舉止不像政治菁英，反而比較像民粹叛亂人士。不過二〇一八年我與一位住在魯琴斯德里的部長會面時，他以鄙視的態度大肆批評了「魯琴斯菁英」一番。這群人治理了獨立後的印度，但是這位部長說現在這群人被莫迪排擠是他們活該，這群過時的菁英已經與「真正的印度」脫節。這番話聽起來很像華盛頓的川普官員或是倫敦的脫歐勝利者對我說的話，只不過這次是印度版。

印度的民粹主義論調甚至是由具有完美「全球主義」履歷的政客口中說出，例如印度民航部長辛哈（Jayant Sinha）就是前麥肯錫顧問，握有哈佛的商學院學位。他對我半嘲諷地說過：「我可以整天和你進行達沃斯論壇等級的對話。」[1]與巴農一樣，辛哈利用「達沃斯」來代表與在地文化脫節的全球主義，也是他聲稱在抵抗的潮流。他表示莫迪跟在野的國民大會黨（Congress Party）不同，因為莫迪與印度的信仰和靈性緊密連結。他的計畫是矯正印度國父們犯下的錯，特別是誤認西方價值為普世價值的賈瓦哈拉爾・尼赫魯（Jawaharlal Nehru）。莫迪不同之處在於他的治理奠基於印度獨特的文化之上，辛哈提到：「在我們看來，文化遺產比國家更重要，人民擔心自己的文化遺產受到威脅。眼前有兩種世界觀正在對抗，一種是由信仰出發的世界觀，一種是科學理性的世界觀。」

與其他地方一樣，印度民粹主義的興起與強人統治保持緊密關係。就像習近平、普丁，乃至於美國的川普以及土耳其的厄多安，莫迪將自己塑造成能夠與人民直接對話的領袖。他誓言抵抗社會頂端貪腐的菁英，並且為一般大眾帶來公平正義以及繁榮生活。要逼迫權貴階級服從，領袖勢必得強硬，不論道德上或是實質上都必須如此。二〇一四年的大選中，六十四歲的莫迪展現出名副其實的強人形象，大肆宣揚他「五十六吋的胸膛」。

莫迪的勝利對強人時代來說是重要的里程碑，習近平兩年前在中國掌權，如今莫迪同樣把強人風格帶入印度。中國與印度人口各約十四億，相加後約等於全球百分之四十的人口，且兩國都是「亞洲世紀」*中的新興強國†。短短兩年內，這兩個國家都陷入強人領袖的統治。

或許有些人會質疑是否能將民選的莫迪跟一黨統治的習近平或是普丁相提並論，如果完全不同的政治環境與文化都出現「強人風格」，是否會讓這個風格失去意義呢？舉例來說，習近平和普丁修改各自國內的憲法以執政終身，莫迪則每隔五年必須面對全體選民的檢驗。而且印度知識分子以及部分媒體依然對他們的國家領袖提出嚴厲批評，這在中國是難以想像的，這類批評在俄羅斯也日漸消失。

然而強人政治的特色確實在民主與獨裁政體中都有跡可循，而且在莫迪統治的印度也斑斑可考。首要特點就是政府鼓吹個人崇拜，莫迪深具演說魅力，擅長面對大批群眾，而且很少回答未事先準備好的問題，莫迪的形象團隊除了強調他在面對印度敵人時強悍的態度，也謹慎地將他的形象定位為虔誠、清心寡慾、全心全意照顧人民的領袖。

莫迪也做了一般民主領袖在位時很少做的事：在執政期間就允許建築物以他為名。二〇二一年，印度最大的板球場改名為納倫德拉．莫迪體育場，莫迪的社群團隊驕傲地推文：「全球最大的板球場獻給全球最重要的人物。」[2]幾天後，印度發射了一枚衛星，上面刻著莫迪的臉。

---

* 譯註：指二十一世紀全球政治、經濟重心將從西方轉向東方。

† 中國的經濟體比印度大五倍，也是全球第二大。以消費力來看，中國的經濟規模為全球第一，印度則排名第三。

總理的黨內同志極度諂媚，印度中央邦馬德雅省（Madhya Pradesh）省長喬汗（Shivraj Singh Chouhan）曾說莫迪是「神賜給印度的禮物」。莫迪的一生也被翻拍成多部暢銷電影，片中多替總理增添聖人光環，一位內閣部長普拉布（Suresh Prabhu）將關於莫迪童年的電影《讓我們活下去》（*Come Let Us Live*）形容為「激勵人心、鼓舞觀眾」的作品。[3]

這位印度領袖符合許多民粹與民族主義形象，這些特點也是各地強人領袖的魅力所在。這些強人領袖紛紛誓言重返國家往昔的光輝歲月，不過印度獨特的地方是莫迪擁護的印度教民族主義（Hindutva）。莫迪不僅誓言讓印度再次偉大，確切來說，他希望讓印度教再次偉大。印度人口中有八成人口信奉印度教，但根據莫迪和他的追隨者採取的歷史觀點，印度教是自古以來遭到壓迫的族群。二〇一四年六月，剛贏得大選的莫迪在印度國會發表演說，他提到印度人深受「一千兩百年的奴隸心態所擾」。[4]他意指的是印度人所受的奴役不僅限於十八世紀中期開始長達兩百年的英國人統治，他認為印度所受到的壓迫可追隨到更早之前，包含佛教以及穆斯林統治的千年歷史，這兩個族群都被視為入侵者。

在許多莫迪的追隨者看來，一九四七年的印度獨立並沒有終結印度教的屈服。印度獨立後長期受國民大會黨統治，而莫迪以及他所屬的印度人民黨便指控國會黨仰賴穆斯林的「票倉」，並且提供給印度兩億穆斯林人口特權*。印度國會上議院中的印度人民黨議員史瓦米（Subramanian Swamy）利用印度教受委屈的形象抱怨道：「我們佔了八成人口，但是卻被當作一成人口對待。」[5]像印度這樣的大國，工作機會、教育機會以及資源競爭極為激烈，一旦有人影射少數族群接受比較多特權，就會引起政治紛爭。印度人民黨可作為印度教代表，這點在二〇一四年大選即可觀察出，當時印度人民黨有二百八十二位成員進到相對權力較大的印度國會下議院，其中沒有一位是穆斯林。

莫迪的一生以及政治生涯與印度教民族主義運動息息相關，他於一九五〇年出生於古吉拉特（Gujarat）的小鎮瓦納加（Vadnagar），八歲時加入名為國民志願服務團（Rashtriya Swayamsevak Sangh, RSS）的印度教民族主義組織，至今仍是組織成員。國民志願服務團於一九二五年建立，致力將印度宣傳為印度教國家。組織創辦人赫德格瓦（K. B. Hedgewar）極度崇拜義大利的穆索里尼（Benito Mussolini）等歐洲法西斯領袖，並且效法他們穿上制服和實施軍事般的訓練。

一九四八年印度獨立後不久，前國民志願服務團成員以及印度教民族主義者高德西（Nathuram Godse）就刺殺了印度國父甘地（Mahatma Gandhi）。甘地發起非暴力運動，試圖從英國統治下爭取自由，因此被封為「國父」。但是許多國民志願服務團成員對甘地懷抱不滿，因為他堅持印度教不該與伊斯蘭產生衝突。印度獨立後分裂為印度與巴基斯坦兩個國家，而後者人口以穆斯林為主。隨之而來的人口被迫遷徙以及族群間的暴力導致高達兩百萬人喪命。在這樣的背景之下，

---

* 這則發言就如同川普鼓吹美國白人抵抗少數種族的優惠性差別待遇。

國民志願服務團成員認為甘地堅持與伊斯蘭和平共處是一種綏靖[6]，也導致動亂以及後來的甘地之死，國民志願服務團軍國主義的信條與甘地的和平主義產生強烈衝突。

如今莫迪與國民志願服務團表面上接受甘地是民族英雄以及「國父」，但是部分印度人民黨議員已經準備好表達完全相反的立場：刺殺甘地的人才是民族英雄，而莫迪這樣的印度教民族主義者應該被視為印度真正的建國者。[7]莫迪與國民志願服務團持續保持個人以及政治連結，帶來了許多臆測，但毫無疑問的是他因為身為這個組織的成員，得以從沒沒無聞的鄉下小子迅速爬升到國家領導階層。

他出生於種姓制度底層階級，年輕時他協助父親經營瓦納加火車站附近的茶房。出身茶商的卑微背景對莫迪現在的形象十分重要，這點讓他與持續掌握國民大會黨的甘地家族有所不同，過去甘地家族形成王朝政治，接連出現三位總理，分別是賈瓦哈拉爾·尼赫魯、英迪拉·甘地（Indira Gandhi）以及拉吉夫·甘地（Rajiv Gandhi）。*莫迪十三歲時結了婚，但是這場由家族安排的婚姻很快地以失敗收場。國民志願服務團反而成了莫迪的家人，莫迪也迅速在組織內爬升。莫迪至今未再娶，並且據稱禁慾。[8]莫迪無家庭關係這點成為他政治生涯重要的助力，因為印度許多政治人物常被指控貪污、為家人謀利，而且往往這些指控都是事實。任何熱情的莫迪追隨者都會告訴你莫迪如何無私且清心寡慾，並且將自己的一生投身造福社會大眾。

到了一九八七年，莫迪加入印度人民黨，這個政黨與國民志願服務團保持密切關係。這個時機點相當巧妙。當時印度人民黨在議會只佔兩席，但是到了一九九六年卻成為國會最大黨。他們能夠奇蹟般地崛起是因為支持阿約提亞清真寺的拆除，他們聲稱這座建築建立在印度教的聖地上。一九九二年的阿約提亞事件加劇了印度教與穆斯林間的衝突，也因此為印度人民黨吸引大量支持。莫迪當時只是沒沒無名的黨內職員。但是他的熱情與魅力讓他在黨內地位迅速提升，並且於二〇〇一年成為印度人民黨的總書記。同年，古吉拉特原本的行政首長因病辭職，莫迪因此被指派為故鄉的行政首長。

位於印度西岸的古吉拉特人口超過六千萬，莫迪擔任行政首長的時期，古吉拉特的經濟成長速度高於印度全國平均，讓莫迪贏得務實且對企業友善的政治形象。莫迪為古吉拉特帶來的經濟成果幫助他攀升至國家領導階層，豐碩的經濟成果讓這位印度人民黨領袖被視為經濟改革者，而不是印度民族主義者。

莫迪與其他強人領袖的共通點就是同樣被西方媒體視為該國期盼已久的經濟改革者，我自己就曾寫過推崇莫迪的文章。二〇一三年拜訪印度時，我對於廣泛的悲觀主義和犬儒主義感到震驚。當時的印度總理是曼莫漢・辛格（Manmohan Singh），我在一九九〇年代見過辛格，當時他

---

* 英迪拉・甘地於一九六六至一九七七年以及一九八〇年至一九八四年遭刺殺前擔任總理，她與印度國父甘地並無血緣關係。但她是尼赫魯的女兒，同時也是拉吉夫・甘地的母親。

給我的印象是位勇氣十足而且有原則的改革者。[9]但到了二〇一三年，充滿學者氣息而且內向的他似乎失去了精力，國民大會黨再度回歸甘地王朝手中。經濟成長放緩，印度企業家開始不滿，德里以及其他城市街頭也出現反貪污示威遊行，這些要求改革的喧鬧都推升了莫迪的聲勢，因為他誓言要將「古吉拉特經濟奇蹟」擴及全國。

但是莫迪的名聲也有駭人的一面，二〇〇二年他擔任行政首長時，古吉拉特爆發反穆斯林暴動，造成約一千人死亡。自此，莫迪被指控技巧性地鼓吹反穆斯林運動。二〇一二年，印度法院因罪證不足無法將他起訴。但是他的名聲遭到嚴重打擊，因而被禁止入境美國，一直到二〇一四年勝選後才解禁。

雖然如此，在二〇一四年大選前我依然發表了一篇文章提到：「印度需要刺激，而莫迪值得大家冒險。」[10]莫迪不起眼的出身讓他有別於出身政治世家的拉胡爾．甘地（Rahul Gandhi）。拉胡爾是國民大會黨的旗手，他的父親、祖母以及曾祖父都曾擔任印度總理。我文中提到，莫迪的崛起「會讓全國各地因貧窮、階級或種姓而無法獲得機會的人振奮不已。」至於古吉拉特屠殺，那是「超過十年前的事情了。」近十年來，「莫迪的行政首長經驗中，讓人印象深刻的是他的經濟改革，而不是當時的族群衝突。」[11]

如今讀到這些內容讓我略感羞恥，不過許多比我知名的人當時也對莫迪保持一樣的看法。二〇一五年，歐巴馬總統在《時代雜誌》（*Time*）中盛讚這位新的印度總理，認為他反映出「印度精力充沛且潛力無窮的崛起」。[12] 許多知名的印度自由派人士和知識分子也都願意給這位總理一個機會，古拉姆．拉詹（Raghuram Rajan）是一位重要的經濟學家，他被說服離開芝加哥大學，二〇一三年回到印度中央銀行任職，而在考量過後他也決定繼續留任替莫迪的政府服務。

平心而論，莫迪早期的政績並沒有如他的批評者所預測。族群間的暴力事件並不頻繁，印度最嚴重的族群暴力依然是一九八四年的反錫克教事件，事件發生於莫迪執政前。

不過我在二〇一八年五月回到印度時，注意到執政黨印度人民黨底下的成員出現糟糕的民族論述和暴力與仇恨文化。當時德里最常討論的案例就是一位八歲穆斯林女孩在北印遭輪暴和謀殺，當地的印度人民黨領袖一同上街聲援被指控的兇手，而他們都是印度教。總理本人很晚才對事件發表意見，令人起疑。為了回應這次事件，四十九名退休公務人員寫了一封公開信給莫迪，指控他挑起「仇恨、恐懼和惡意的氛圍」，並加上一句「這是印度獨立後最黑暗的時刻」。[13]

但是德里自由派的絕望似乎成為印度人民黨支持者以及擁護莫迪的知識分子間茶餘飯後的話題，如同川普在華盛頓的支持者一樣，莫迪的支持者認為他們自己代表著勤奮的一般大眾，而不是首都裡憂心忡忡的自由派菁英。印度外交部長蘇傑生（S. Jaishankar）自己就是印度菁英——他的父親設計了印度的核武計畫，但他對我說海內外批評莫迪的人必須要搞清楚總理跟德里以外印度地區的關係。[14]

其他人對於西方自由價值的鄙視態度更加直接與張揚，具有哈佛經濟學博士學位的史瓦米甚至直接呼籲印度穆斯林放棄投票權，除非他們承認自己的祖先是印度教。（印度人民黨很常主張印度穆斯林其實原本都是印度教，只是在蒙兀兒時期被迫改信伊斯蘭。）在史瓦米看來，當前國際政治局勢證明了「一旦穆斯林人口變大，就會帶來麻煩。」[15]莫迪自己很少如此直白，但是他很常讓自己黨內的高官和成員大肆發表這類言論。一位德里記者跟我說：「莫迪自己不會把最難聽的話說出口。他只是會和說這些話的人自拍。」

但是莫迪自己是否會採取最糟的手段呢？二〇一八年我離開德里時並沒有明確的答案。莫迪顯然深受人民喜愛。他帶來經濟成長，而且推動重要社會改革，例如為缺乏基礎衛生設施的數億印度人蓋廁所。但是他的一些經濟改革也凸顯了他恣意妄為且戲劇化的一面。二〇一六年他突然廢除了全國八成的貨幣。政府主張這個政策能夠打擊貪腐，讓家裡堆滿不法所得現金的腐敗富人受到衝擊。但事實上，印度貧窮階級更仰賴現金，大部分超級富翁則多擁有海外銀行帳戶。廢除貨幣是常見的民粹手段，而且會造成經濟衝擊，但是對莫迪的支持度卻沒有造成長期的影響。

不幸的是，強人領袖在位時間一長，通常會漸漸變得專制而且霸道。[16]普丁和厄多安在第二和第三任期便漸漸走向極端，而莫迪在第二任期出現同樣的跡象。二〇一九年的大選，莫迪面對的是國民大會黨以及印度各地方政黨的挑戰。但是與巴基斯坦的軍事衝突讓大選風向轉而對莫迪有利，自從獨立後，巴基斯坦與印度已經經歷過三次印巴戰爭。二〇一九年二月十四日，一場巴基斯坦伊斯蘭組織聲稱犯案的自殺炸彈攻擊造成四十名印度警員命喪喀什米爾（Kashmir）。二〇〇八年，印度最大城市孟買遭到在巴基斯坦受訓的恐怖分子攻擊，造成一百六十六人死亡，但辛格政府極力避免向擁有核武的巴基斯坦進行報復攻擊。不過莫迪政府態度更為強硬大膽，在二月二十六日授權朝疑似巴基斯坦恐怖分子基地的地點進行空襲。印度政府聲稱該項任務擊斃了數百名巴基斯坦激進組織「穆罕默德軍」（Jaish-e-Mohammed）訓練營的恐怖分子，但巴基斯坦政府對此消息嗤之以鼻。

不論空襲情況究竟如何，印度多數媒體對這次事件十分興奮。攻擊發生於印度大選前約兩個月，是加強莫迪強人形象的完美時機。在一場選前造勢活動中，總理張揚地說：「當你投給蓮花（印度人民黨的選舉標誌），你不只是按下機器按鈕，而是朝恐怖分子的胸膛扣下扳機……你認為這是好的解決辦法嗎？你開心嗎？你們不會驕傲地抬起頭嗎？你們不會驕傲地挺起胸膛嗎？」[17]這個手段奏效了。四月十一日選舉開始，印度人民黨的國會席次大幅提升，獲得席次達五成五，總得票率約為三成七，高於二〇一四年的三成一，巴拉科特空襲就是重要轉捩點。

狂熱印度教民族主義者常將國內的穆斯林形容為「第五縱隊」*，而任何一絲反巴基斯坦情節都很可能引發印度國內對穆斯林少數族群的敵意。印度人民黨再度勝選後的短短幾個月內，他們的印度教民族主義運動確實轉為更加明確且激烈。二〇一九年八月，莫迪政府廢除憲法賦予

* 譯註：泛稱通敵者，典故源自前挪威政客維德孔·吉斯林（Vidkun Quisling）在二戰的賣國行徑。

加穆及喀什米爾州（Jammu and Kashmir）的自治地位，此區是全印度唯一一個以穆斯林為主要人口的州。緊接著莫迪政府更進一步鎮壓公民權利，包含未經審判就拘留喀什米爾的重要政治人物。駐德里的外國記者以及在野黨政治人物被禁止進入該地區。印度政府其實有邀請我前往「了解情況」，但是我回絕了，因為《金融時報》的駐德里記者當時依然無法前往喀什米爾。不過有一群人接受了莫迪政府的邀約，在政府的招待下前往喀什米爾，這些人是歐洲議會成員，共計近三十名，大多為來自法國、波蘭與英國的極右派。[18]

莫迪政府主張廢除喀什米爾特殊地位是為了修正憲法的異常，他們說廢除後所有印度人才會獲得平等待遇。但事實上穆斯林被孤立，遭到更差勁的對待。阿薩姆邦（Assam）緊鄰以穆斯林為主要人口的孟加拉，而印度政府公佈了一份公民名單，導致阿薩姆邦兩百萬居民被認定為非法移民，無權居住在印度，其中大多為穆斯林。

莫迪政府緊接著在全印度展開公民登記，上百萬人面臨失去公民身分的威脅，除非他們能出示文件，證明自己有權居住在印度。印度普遍識字率低，缺乏紙本紀錄，法律制度也不完整，因此這項政策帶來極大威脅。印度各地開始興建拘留營，外界開始擔心莫迪可能效仿習近平監禁上百萬名穆斯林。穆斯林被當成二等公民的情況隨著公民身份法修正案（Citizenship Amendment Act）的頒布而更加惡化。二〇一九年十二月印度通過此項法案，歡迎海外所有因為迫害而流亡的印度教人士成為印度公民，但是穆斯林無法獲得同等對待。（印度人民黨的說法是世界上只有一個國家能接納印度教難民，但有許多以穆斯林人口為主的國家可以庇護穆斯林。）

傳統上，獨立司法機關、自由媒體以及活躍的非政府組織是民主政體中公民自由的守門員。但是在莫迪統治下，上述體制都逐漸受到威脅。政府對媒體經營者以及編輯施壓，透過停止投放廣告、解聘特定人士以及社群媒體騷擾等手段，導致批評政府的自由大幅受限。諾貝爾獎得主經濟學家沈恩（Amartya Sen）如今居住在美國，他提到他在印度的朋友不願在電話中批評政府，並且補充：「大家都心懷恐懼，這是我過去沒有見過的景象。」[19]

在德里或孟買與印度知識分子對談常喚起我在土耳其伊斯坦堡或俄羅斯莫斯科的經驗，依然有些勇敢且道德感強烈的人願意強烈抨擊政府，但是也愈來愈多人擔心這樣的批評會讓職涯或甚至是個人自由與安全陷入危險。有多位知名編輯和新聞主播因為抨擊印度人民黨而丟了工作，印度重要學者梅塔（Pratap Bhanu Mehta）常公開抨擊政府，他在二〇一九年寫道：「印度所有獨立機構都開始綁手綁腳。」[20]接著發生的事情似乎驗證了這番言論，同年梅塔就突然辭去私立的阿育王大學（Ashoka University）副校長一職，而二〇二一年他更是直接辭去在學校的工作，導致一百五十名學者連署抗議「政治壓力」導致他辭職。

二〇二一年國際特赦組織（Amnesty International）被迫關閉印度的分部，他們的銀行帳戶因為非法從海外獲得資金而遭關閉，他們認為被針對的背後原因很可能是因為他們對穆斯林以及喀什米爾事件的關注，[21]俄羅斯和中國也很常因為懷疑外國勢力介入而攻擊非政府組織。

二〇一四年，法官羅亞（Brijgopal Loya）在審理莫迪重要政治盟友夏哈（Amit Shah）的案件時卻神秘死亡。法官的家人表示他們接回的是沾滿鮮血的屍體，他們要求展開官方調查卻遭拒絕。新法官很快駁回夏哈的案件，如今夏哈擔任內政部長[22]，常常鼓吹使用暴力。二〇二〇年印度大學爆發示威遊行，抵制莫迪具歧視性的新公民法，夏哈則表示參與的學生應該「被教訓和懲罰」。不久之後，尼赫魯大學（Jawaharlal Nehru University）的學生遭到持有武器的暴民攻擊，德里的警察卻袖手旁觀。

在這樣的環境下，部分知名的印度人開始意有所指地隱晦批評。印度知名的退休外交官梅農（Shivshankar Menon）曾經擔任國家安全最高顧問，他在評論馮客著作《獨裁者養成之路》（*How to Be a Dictator*）時似乎傳遞了他的真實想法。他提到馮客研究的二十世紀獨裁者「全部都將領袖與民族混為一體，利用極端民族主義、排外主義……民族和種族來判斷敵人，例如猶太人或穆斯林，並且將自己國家的領袖呈現為淳樸、斯巴達式而且勤奮的人。」梅農並沒有指名道姓，他在評論最後點出這本書「在當代引起共鳴，如今我們的政治充斥著仇恨、極端民族主義以及個人崇拜……這對我們所有人都是一則警訊。」[23]

對莫迪的政府而言——就如同對美國川普政府而言——退休官員和大學教授提出的批評通常一律被看作國家知識分子腐敗的證據，印度大學被視為可疑的機構，充滿對外宣揚自己道德崇高的自由派，他們全都不可信。[24]劍橋大學歷史學家卡匹拉（Shruti Kapila）認為如今全球排斥傳統菁英、媒體和知識分子，而莫迪正處在這股潮流的中心，同時民主政體正在專制民粹主義下轉型。[25]

美國非政府組織自由之家二〇二一年發佈的《世界自由度報告》（*Freedom in the World*）點出印度的轉變，一九九七年以來，印度首次從自由國家降級為「部分自由」國家。自由之家的理由是印度「多年」來削弱了多項自由，並且對「莫迪和他的政黨悲劇性地帶領印度走向威權」表達遺憾。印度佔全球約兩成人口，因此印度發生的改變將會讓全球目前的平衡從民主走向專制。

川普和莫迪有個人交情，政治理念也相近，同時也受到民眾支持，而當美國與印度的兩位領袖在印度與美國現身時，群眾的狂熱說明了一切。二〇一九年九月，莫迪在德州（Texas）休士頓（Houston）與一大群印度僑民會面，當時大眾一片狂歡，該場活動很快被稱作「哈囉，莫迪」（Howdy Modi）。幾個月後，川普出訪印度，在莫迪故鄉古吉拉特邦對十二萬五千人談話。兩位政治人物都將抵抗伊斯蘭恐怖主義作為選舉籌碼，川普二〇一六年就任後立即試圖推動「伊斯蘭禁令」，讓多個穆斯林國家的公民無法進入美國。莫迪第二任期限制了穆斯林取得印度公民身分的權力，這與川普的政策相近。對於二〇二〇年川普的印度之行，耶魯大學政治哲學家傑森·史丹利（Jason Stanley）提出他的觀察，他主張川普與莫迪對族裔民族主義有同樣的觀點，兩位都涉及法西斯主義的議題。在史丹利看來：「法西斯主義核心概念是透過修改公民法來優待單一種族……川普意氣風發的印度行證明了族裔民族主義已經全球化。」[26]

但川普與莫迪並不一定排斥自由派學者對他們提出的法西斯指控，兩位領袖都仰賴他們國內政策所帶來的政治分化來提升自己的支持度。二〇二〇年二月，德里舉辦川普與莫迪的面談時，印度教與伊斯蘭教也同時因為印度的新公民法在德里發生致命衝突。德里警察被指控對少數族群使用暴力，而同年稍晚美國也上演同樣戲碼。

然而相較於川普，二〇二〇年莫迪的國內地位更加安穩，印度的國會制度讓這位印度強人得以仰賴三分之一的選民支持鞏固自己的地位。與川普不同的是，莫迪交由其他政治代言人發表爭議言論，他便藉此將自己塑造成為人民打拚的無私英雄，遠離政治紛爭。莫迪面對的印度媒體和法院也比川普所面對的來的溫和，印度最高法院形式上完全獨立於政府，但令人擔憂的是部分法官與莫迪走得很近，其中一位法官形容總理是「國際認證有遠見的人」，另一位則稱呼他為「我們最受歡迎與景仰、充滿活力和遠見的領袖」。[27]

相比於川普的經驗，防疫失敗對莫迪來說影響比較小。像印度這樣貧窮且人口密度高的國家，實施封城或保持社交距離極度困難。不過莫迪確實搞砸了印度的防疫，而且不只一次。二〇二〇年三月，他無能做出妥當封城決策，最後在封城四小時前才發出通知，此舉引發反效果，導致失去工作的勞工從印度各大城市湧進鄉村，因此導致疫情迅速擴散至全國各地。不久世界即證明封城對經濟和社會造成嚴重衝擊，而印度也成為全球最受疫情影響的國家之一。

莫迪個人支持度看似沒有受到這次困境影響，二〇二〇年六月中疫情持續延燒，這位印度領袖的支持度依然高達七成四。阿育王大學的政治科學家維尼爾斯（Gilles Verniers）表示：「大家相信總理想把事情做好。他們相信總理會做出勇敢強硬的決策，而他們不會因為決策實際帶來的後果而譴責他。」[28]

二〇二一年三月，印度人民黨歡慶莫迪成功帶領印度撐過疫情難關。執政黨通過一項動議，意氣風發地說：「我們可以驕傲地說，印度……戰勝了疫情，靠的是總理莫迪有能力、明智、堅定而且有遠見的領導……印度人民黨可以肯定地說，在黨的帶領下印度成為成功打敗疫情的國家。」[29]為了強調這一切都歸功於莫迪，施打完疫苗的印度人還會拿到印有總理頭像的證明。

但不幸的是，事實證明這場慶祝來得過早。二〇二一年春天，印度遭到第二波疫情襲擊，更雪上加霜的是，莫迪政府依然允許印度西孟加拉邦（West Bengal）的大型造勢活動進行，總理本人甚至親自出席。印度教祭典大壺節（Kumbh Mela）*也照常舉辦，數百萬名朝聖者因此湧進同一個村落。第二波疫情襲來時，全印度的氧氣和病床都用罄，甚至必須在公園或停車場火化屍體。悲慘的景象透過電視放送到全球，讓印度成為防疫失敗的代表。即使如此，莫迪的支持度幾乎不為所動。二〇二一年夏天，第二波疫情持續延燒，莫迪的支持度依然高達六成四。有些批評

＊譯註：全球規模最龐大的人類集會活動，參與朝聖者會在聖河中浸泡或清洗身體，大約每十二年舉行四次，輪流在印度四個地點舉辦，活動日期長達數周。

者提到總理改變了風格，開始留深受印度教苦行者喜愛的大鬍子，他們推測莫迪可能試圖把自己打造成靈性領袖，顯示自己治理的重點不在一般行政以及防疫管理等瑣事。[30]

對於莫迪來說，貼近民族驕傲的形象，或是提升自己靈性的權威，都有助於鞏固他的政治影響力，這點在他的政府面臨農民示威時特別明顯。農民示威的起火點是二〇二〇年九月通過的三項法案，其目的是解放農業。莫迪政府希望廢除既有的體制，不再由政府用固定價格收購農產品，取而代之的是農民可以自由透過民間管道銷售農產品。這種自由化改革深受世界銀行的經濟學家和技術官僚專家喜愛，但是過去不斷強調自己貼近「真實印度」的印度人民黨沒有預料到會引起民怨。

大約一半的印度人依然靠務農維生，許多人很擔心保證收購價遭取消，超過五十萬名示威遊行者湧進德里並且露宿在城市外圍，一連串的協商與延後修改法規的承諾依然無法阻止示威遊行。莫迪政府顯然開始擔憂，並且聲稱示威遊行是受到「反民族主義」和外國勢力鼓舞。二十二歲的氣候變遷社運人士拉維（Disha Ravi）甚至被逮捕，只因為分享了如何支持示威農民的懶人包，拉維被控跟瑞典的氣候變遷倡議者桑伯格（Greta Thunberg）有所牽連。其他外國人也被指控干涉印度內政，包含歌星蕾哈娜（Rihanna），因為她在推特上說她擔心農民的安危。這些印度人民黨支持者的言論常讓國際社會覺得困惑或鄙視，但是在印度國內，民族主義是很有效的手段，可以為莫迪提升支持度，並且威嚇莫迪的批評者。

西方的印度評論者通常被指控擺脫不了殖民主義，但是西方不再對印度造成威脅。相較之下，印度和中國在二〇二〇年夏天的激烈衝突震驚了德里當局以及印度的輿論。莫迪緊急與在野黨領袖召開會議，印度政治的分裂暫時被擱置一旁。印度政府希望減少與中國的貿易往來，因此下令禁止使用中國的熱門手機軟體。印度的戰略顧問也開始加強與美國、日本和澳洲的軍事和外交合作。

隨著美國對中國敵意提升，而且第二次冷戰的可能性也提高，華盛頓因此更加把印度當成能夠阻止中國擴張的重要民主新盟友。這是合理的策略。但是只要了解莫迪以及他的政黨的意識形態如何飄忽不定，就會知道西方政治人物的觀點可能過於簡化，他們以為民主的印度可以作為一道意識形態之牆來防堵專制的中國。但其實印度自己迅速陷入不自由的體制，正是世界走向專制的原因。

但是對西方來說，他們不想談這類節外生枝的細節。華盛頓全心全力與北京對立，因此莫迪看起來像不可或缺的盟友。在倫敦，印度再次被視為「皇冠上的寶石」，但是這次不是英國帝國這麼認為，而是脫歐後「全球化英國」的新政策。而且即使在歐盟內部，也有深具影響力的勢力跟莫迪一樣對伊斯蘭抱著高度懷疑。事實上，歐盟的強人政治正因對穆斯林以及移民的恐懼而迅速崛起。

第五章 奧班與卡臣斯基——不自由歐洲的崛起

「獨裁者你好。」這句話通常很少用來向歐盟成員國的領袖打招呼，但在二〇一五年五月一場歐洲高峰會上，歐盟執委會（European Commission）主席容克（Jean-Claude Juncker）對匈牙利總理奧班說出了這句話，這句玩笑話用意是要化解現場緊張的氛圍。

歐盟應該是由自由民主政體組成的社群，東歐與中歐國家過去長年受蘇聯統治，而歐盟驕傲地誇耀他們保障了這些國家的政治自由，匈牙利、波蘭和羅馬尼亞等新國家若想要加入歐盟，必須簽署《哥本哈根標準》（Copenhagen criteria），而民主是這套政治標準的核心。但是到了二〇一五年夏天，奧班所帶領的匈牙利已經走向完全不同的方向。奧班所屬的青年民主黨（Fidesz）握有三分之二的國會席次，讓他得以逐漸侵蝕匈牙利的獨立機構，例如法院、媒體、公職、大學以及文化相關機構。奧班日漸專制，而試圖抵抗的非政府組織將面臨查稅或被迫解散。同時，總理的親信卻一個一個獲得官位以及高額的政府標案。這是強人政治的經典手段，但奧班同時也是理論家。奧班總是迫不及待地提供其他意識形態的論述，以對抗布魯塞爾與華盛頓所提供的自由派理論。在多次演講以及政治場合中，他不斷提及「不自由主義」（illiberalism）。奧班將自由主義醜化為受「全球主義者」菁英喜愛的意識形態，目的是抹滅國界以及文化。容克對奧班說出那句不尋常的招呼前一年，奧班在布魯塞爾的演說就已經引發眾人警覺，當時他誓言「在歐盟內建立一個以不自由與民族為基礎的新國家。」[1]

容克帶刺的招呼語或許是試圖以隱晦的方式警告這位匈牙利領袖，若是如此，那麼容克並未成功。事實上奧班的計畫正準備展開，仰賴的就是二〇一五年夏天席捲歐洲的難民危機，以及當年多次衝擊歐洲的伊斯蘭恐怖攻擊。

二〇一五年一月法國諷刺漫畫出版社《查理週刊》（*Charlie Hebdo*）遭恐怖攻擊，奧班藉機讓自己成為歐洲最願意發聲的人，極力警告穆斯林移民帶來的威脅。奧班與多位世界領袖一起在巴黎街頭遊行，以聲援法國人。但是他還更進一步表態，宣稱「對移民零容忍……我們不希望看到我們之中有任何少數族群來自與我們不同的文化背景。我們希望把匈牙利留給匈牙利人。」[2]

某種程度來說，奧班如此極力反對移民相當奇怪。匈牙利只有不到百分之五的人口在海外出生，而且這些人大部分都是從羅馬尼亞搬來的匈牙利裔。[3]（相比之下，法國與美國有百分之十二的人口在海外出生，在英國則佔百分之十四。）雖然文化同質性高，匈牙利人口僅一千萬，而且奧班能以歷史為藉口，高喊匈牙利的文化即將消失。奧班在他的政治生涯中不斷主張一九二〇年的《特里阿農條約》（Treaty of Trianon）是極大的錯誤，這項條約導致一戰後身為戰敗國的匈牙利失去三分之二的領土。

對奧班而言，布魯塞爾主導的自由主義最大的缺陷就是沒有重視民族國家的重要性。他認為歐盟若堅持打開邊境，將讓匈牙利再一次經歷特里阿農事件，這次不同在於「不是像百年前在特里阿農一樣用筆實現，現在他們希望我們在數十年內心甘情願地獻上我們的領土……給來自其他大陸、不會說我們語言的外國人。」[4]

二〇一五年起奧班就不斷公開反對來自非匈牙利文化的移民，也因此在歐洲難民危機爆發時奧班的支持度大幅提升。敘利亞內戰長達四年，阿富汗與伊拉克衝突爆發超過十年，歐洲邊界因此出現數百萬名難民。大部分流離失所的敘利亞人湧進土耳其，但是二〇一五年時土耳其放鬆邊境管制，許多敘利亞人以及來自阿富汗、伊拉克或其他地區的可憐難民開始越過巴爾幹半島往西前進西歐。

匈牙利就位在他們的路途上，雖然幾乎沒有難民表達出想留在匈牙利的意願，奧班政府卻不斷騷擾這些難民。布達佩斯火車站周圍混亂的場景中，敘利亞人以及其他難民並未受到同情，而且無法獲得食物或庇護，匈牙利政府也迅速在塞爾維亞邊界以及克羅埃西亞邊界建造長達一百七十五公里長的鐵絲網圍籬。

德國總理梅克爾開放邊境讓百萬名難民進入德國，此舉有很大一部分是因為看到匈牙利所發生的可怕景象。被催趕的難民家庭逃離戰爭擠上擁擠的火車，這樣的場景對經歷過大屠殺的德國人來說難以承受。

對自由派來說奧班是極為兇殘的惡人，但是在新興的民粹右翼眼中他是英雄，害怕歐盟失去邊境控管能力的傳統保守派也視他為英雄。二〇一五年九月，奧班特別受邀到德國的巴伐利亞基督教社會聯盟黨會（Christian Social Union in Bavaria, CSU）發表演說，這個組織是梅克爾所屬政黨基督教民主聯盟（Christian Democratic Union of Germany, CDU）的姐妹政黨。兩個組織名中都有「基督教」一詞，奧班便對在場的德國保守派表示：「難民危機給了基督教民族意識形態一個機會，得以在匈牙利乃至於整個歐洲重拾優勢地位……自由派的胡言亂語即將走到盡頭，一個時代即將畫下句點。」[5]

波蘭同年出現歷史性的政治轉變，再次讓人感覺未來歐洲將會落入民族主義民粹手中。五月時，法律與正義黨（Law and Justice Party，波蘭文簡稱PiS）候選人杜達（Andrzej Duda）贏得波蘭總統大選。二〇一五年十月，難民危機持續發酵，卡臣斯基（Jaroslaw Kaczynski）帶領的法律與正義黨因為利用大眾對穆斯林移民的恐慌而提升了自己的支持度，最後贏得國會大選，鞏固了他們在波蘭的勢力。法律與正義黨代表的是小鎮與偏鄉，他們大肆抨擊貪腐的菁英，聲稱這些人賣國，以此包裝他們帶有民族主義與反對進步意味的政策，他們也採取了天主教最保守的一面。

奧班與卡臣斯基的政策共同點就是強力鼓吹保守社會價值以抵抗西方自由主義，如同伊凡．克雷斯戴（Ivan Krastev）和史蒂芬．福爾摩斯（Stephen Holmes）所說，這兩位領袖的特點是「反西方、反菁英，擁有濃厚地方背景」，他們的支持「來自與全球緊密連結的大都會中心以外的地方」。[6]奧班與卡臣斯基都將自己的政治形容為「反革命」並且強調他們堅守傳統價值，以對抗無法容忍反對聲音的新極權主義——自由主義。

歐洲的這些事件受到美國右翼民族主義人士高度關注，出現在布萊巴特新聞（Breitbart）與德拉吉（Drudge）等網站。同時美國出現一位特立獨行的候選人，正全力準備參加一場幾乎不可能獲勝的選戰，並且承諾「全面禁止」穆斯林進入美國。[7]巴農在二〇一六年時擔任川普的選舉首席策士，當時他形容奧班為「英雄」，是「當前局勢中最重要的傢伙。」[8]

川普支持者對謹慎且保護移民的梅克爾不屑一顧，他們認同的是由奧班與卡臣斯基帶領的歐洲大陸。卡臣斯基同樣認同奧班提倡的不自由主義，以及他所代表的民族主義和反對進步的社會價值。波蘭是歐盟的六大國家之一，身為波蘭實際掌權者的卡臣斯基比奧班擁有更大的舞台可以發揮。

卡臣斯基是執政黨的重要人物，地位甚至比總統杜達還要崇高。但他同時也喜歡隱居，不擅長說英文，而且比較喜歡待在家陪貓和閱讀，而不是昂首闊步地走在世界舞台上。他在二〇〇六年七月到二〇〇七年十一月之間短暫擔任波蘭總理，當時卡臣斯基放棄政府官邸，選擇與母親同住，並且將兩成的薪水捐給貓咪慈善團體。[9]

重新掌權後，卡臣斯基喜歡將自己形容為奧班的學徒，在二〇一六年對這位匈牙利領袖說：「維克多．奧班證明了歐洲可以有所成就。你成為大家的典範，我們正向你學習。」[10]這些謙虛的話語掩蓋了令人擔憂的現實，卡臣斯基跟奧班一樣從第一任期獲得經驗，兩位領袖都認為如果要對政治與文化造成長期的影響，他們需要掌握國家的機構，特別是法院、媒體和學校。不過疑心重且有謀略的奧班卻覺得他神秘的波蘭同伴相當古怪，二〇一六年一月，這兩位領袖在波蘭與斯洛伐克國界上進行長達一天的會晤，結束後據說奧班向一位密友透露：「我跟一個瘋子度過了一天。」*

卡臣斯基對於經營他在海外的形象毫無興趣，奧班因此便成了歐盟內不自由強人政治的代表。二〇一五年難民危機時奧班累積的國際形象並沒有隨著時間淡去，四年後，他出現在美國政治人物最愛讀的《外交事務》（*Foreign Affairs*）封面上，標題是〈獨裁統治降臨〉（Autocracy Now），奧班與普丁、習近平、厄多安和杜特蒂一同出現在封面上，對於人口僅一千萬的國家領袖來說這是相當驚人的成就。

對於奧班來說，獲得國際關注以及得以在未來政治的議題上向富裕的西歐人說教是相當令人享受的經驗，自從柏林圍牆倒塌以後，數十年來後蘇聯國家一直被當作學生和有求於人的國家，因為他們被歐盟教導如何重構他們的經濟與政治體系，現在輪到他們來教人了。二〇二〇年初奧班發表的國情咨文中聲明：「過去我們把歐洲視為我們的未來；如今我們成了歐洲的未來。」[11]但是這位匈牙利首領用歐洲民粹專制領袖的形象獲得世界關注，其實是一趟諷刺的政治旅途，這趟旅程始於一九八九年共產統治在匈牙利畫下句點的那刻。

一九六三年時，奧班出生在一座小村莊，距離匈牙利首都布達佩斯（Budapest）約五十公里。他出身貧窮家庭，家中甚至沒有自來水，他還曾分享十五歲時第一次使用現代馬桶的「難忘經驗」。[12]雖然他家務農，但奧班的父親其實擁有大學學歷，奧班自己也是聰明的學生，成功進入一間錄取率極低的學校就讀，後來也成功進入大學就讀。成為政治領袖後，奧班與他的故鄉保持緊密關係，也持續熱愛他年輕時期就開始踢的足球，因此在他的故鄉費爾丘特（Felcsút）建造了巨大的新足球場。在布達佩斯就讀法學院時，奧班因為他盛氣凌人且充滿魅力的個性而受到矚目，他融入了一群團結的自由派學生，並且獲得匈牙利出生的猶太裔慈善家索羅斯（George Soros）提供的實習、補助和獎學金。

一九八九年夏天，奧班的生活與職涯出現劇變，當時蘇聯對中歐的控制開始動搖。六月十六日，匈牙利反對黨在布達佩斯英雄廣場（Budapest's Heroes Square）組織了示威遊行，聚集了超過二十萬人。演說透過電視轉播，而一位留著鬍子、年僅二十六歲的年輕運動人士把握了機會。

---

* 這則故事由奧班的朋友向我轉述。我手邊沒有證據，但是因為覺得很有趣所以寫了出來。

奧班是最後一位上台的人，他長達七分鐘的演說讓他獲得盛名。他說：「如果我們相信自己的力量，我們就能夠讓共產專制畫下句點。如果我們夠勇敢，我們就能夠逼迫執政黨接受自由選舉的考驗。」

這番話反映出多年來對於民主的想望，並且成為歷史的里程碑。這番話也讓奧班在脫離共產後的匈牙利獲得重要政治地位，一九九一年，民意調查顯示奧班已經成為全國人氣排名第三的政治人物。[13]兩年後，他成為青年民主黨領袖，這個自由派政黨以年輕領導階層、不古板以及非正式的風格聞名，與早期資深忠誠的共產黨員形成強烈對比。

但是一九九四年的匈牙利選舉讓青年民主黨大失所望，他們一敗塗地，這成為奧班的轉捩點。他開始與布達佩斯年長的都市自由派劃清界線（這些人大多是猶太裔），轉而支持在小鎮與偏鄉受歡迎的保守與民族主義政治。這個新的策略翻轉了青年民主黨的命運：一九九八年青年民主黨贏得選戰，奧班當上總理，開始四年的任期。國際社會當時還沒完全意識到奧班的右傾，我在二十一世紀初首次拜訪匈牙利，當時我準備報導匈牙利加入歐盟的申請，抵達匈牙利時我以為奧班還是一九八九年的自由派英雄，但很快就發現情況跟我想的不同。

二〇一〇年奧班才正式成功，失去統治長達八年的青年民主黨命運再度改變，這次是因為掌權的社會主義派爆出貪污醜聞，再加上二〇〇八年的金融危機影響，青年民主黨在二〇一〇年的選舉中大獲全勝，最重要的是他們獲得三分之二的國會席次，讓奧班得以推動修憲。

接下來的發展跟其他強人領袖如出一徹，這位匈牙利領袖利用選民給他的權力侵害民主體制，並且利用他的法律權力破壞法治。二〇一一年新的憲法在國會通過，讓國會最大黨得以指派憲法法庭的法官。慢慢地，憲法法庭充斥著支持奧班的法官，逐漸失去審理的權力。青年民主黨受信賴的黨員主掌了官方媒體，奧班的朋友和企業界親信開始買下其他私人媒體。

在匈牙利媒體工作的朋友向我透露許多假新聞和幫政府宣傳的可怕故事，有些朋友最終流亡海外。匈牙利最受景仰的媒體工作者阿提拉・孟格（Attila Mong）在二〇一〇年時為了對新媒體法規表達抗議，在他的節目上靜默了一分鐘。他因此被開除，最終遠走他鄉。

但其他前自由派找到與政府的相處之道，並且學會從中獲利。二〇一〇年奧班重新掌權後，我再訪布達佩斯，與我在冷戰時期認識的夏夫林（Gyorgy Schopflin）共進晚餐，我認識他時他正在倫敦流亡。夏夫林是倫敦政治經濟學院（London School of Economics and Political Science, LSE）的學者，當時常出現在《英國廣播公司國際頻道》（BBC World Service）節目上，他也堅決反對共產黨治理匈牙利。但如今他擔任歐洲議會中青年民主黨的代表，我們在布達佩斯高級餐廳用餐時，他從容不迫地為奧班的政策辯護，說這是保衛匈牙利民族的必要手段。

奧班在位時間愈長他愈有自信，用來保護他理想中的匈牙利以及自己政治地位的手段也愈發極端。奧班在難民危機後決定將他過去的贊助人索羅斯妖魔化。二〇一七年拚連任時，他強力譴責「索羅斯計畫」，聲稱這個計畫試圖讓匈牙利充斥穆斯林，同時他的選舉團隊在全匈牙利街頭貼滿印有索羅斯笑臉的海報。這項計畫根本不存在，事實是在二〇一五年難民危機即將爆發時，索羅斯曾經發表社論主張歐盟需要重新定義難民政策，並且每年接納至少一百萬難民，讓歐盟成員共同分擔，[14]索羅斯同時也大力贊助難民相關慈善組織。二〇一七年大選時，根本沒有參選的索羅斯卻被拿來作為攻擊對象，被描繪為試圖讓穆斯林湧進匈牙利的國際陰謀主導人。

一年後奧班發表了一八四八年歐洲革命的紀念演說，他的演說讓反索羅斯運動的惡意更加明顯。奧班在談話中影射索羅斯，並且採取了經典的反猶手段，宣稱匈牙利面對的是一位「不同於我們的敵人」：「他們的臉隱藏起來，不在視線範圍中……他們不在國內出沒，而是活躍於國際。他們不推崇工作，但是會投機賺錢。他們沒有自己的家鄉，但是把全世界視為自己的家。」[15]

奧班成功連任後，這場積怨持續延燒。索羅斯對出生地匈牙利最慷慨的舉動，就是於一九九一年時在布達佩斯成立了中歐大學（Central European University, CEU）。往後數十年間，中歐大學建立了良好國際名譽，吸引全球各地優秀學生與講師，例如為以撒．柏林（Isaiah Berlin）撰寫傳記的麥可．伊格納季耶夫（Michael Ignatieff），以及為了中歐大學而放棄劍橋哲學院院長一職的提姆．克蘭（Tim Crane）。但是這所大學對全球開放的態度以及與索羅斯的連結導致奧班決定拿他們開刀，二〇一九年時立法通過，強迫中歐大學從布達佩斯遷校至維也納。

奧班在位時間愈長，對國家以及公民社會的箝制愈強，二〇一九年匈牙利媒體工作者保羅．

倫德瓦（Paul Lendvai）已經發現「每一家媒體都受到政府控制」。

毫不意外地，獨立媒體及司法機構遭打壓後，貪腐行為就暢行無阻了，奧班多位老友因此在商界致富。二〇一八年，國際透明組織（Transparency International）預估匈牙利四成的標案通常只有一家競標後得標。[16]二〇一七年歐盟反貪的官方監察機構歐盟反詐欺局（European Anti-Fraud Office, OLAF）經調查後認為奧班女婿伊斯特萬・蒂伯茲（István Tiborcz）應當被起訴，因為他名下數家公司在歐盟路燈標案中騙走數千萬歐元。毫不意外地，匈牙利忽視這項建議，而歐盟反詐欺局也無能為力。[17]蒂伯茲目前名列匈牙利百大富豪之一，匈牙利排名第二的富豪則為奧班的兒時玩伴梅薩羅斯（Lorinc Meszaros）。

匈牙利領袖身邊的貪污跡象並沒有阻止他扮演哲學家國王，在學時，他寫過一篇關於義大利馬克思主義哲學家安東尼奧・葛蘭西（Antonio Gramsci）的論文，內容提到政治權力通常源自對重要文化機構的控制。擔任總理時，他開啟了葛蘭西學派的社會改革。他聲稱計畫的目標是創造「新的文化時代」，連匈牙利幼稚園的課程都開始宣傳「民族認同、基督教文化價值以及愛國主義」。[18]

奧班也持續在國外推廣他的「不自由」民主理念，並且大力稱讚普丁這類的強人領袖，二〇一六年他是第一位公開支持川普的歐盟領袖。他常常稱讚習近平治理的中國，並且與以色列納坦雅胡保持密切關係。納坦雅胡已經準備忽視奧班在國內的種種反猶政宣，以換取一名重要歐盟盟友。在歐盟，奧班反對制裁俄羅斯，並且呼籲歐盟必須認知到「普丁成功讓他的國家再次偉大。」[19]跟普丁、習近平和厄多安一樣，奧班並不打算於短期內退位。二〇一六年他宣布：「我會持續掌權十五至二十年。」[20]二〇二一年九月，梅克爾卸任德國領袖一職後，奧班成為歐盟二十七個會員國中在位最久的總理。

強人領袖在歐盟境內出現對歐盟造成極大挑戰，有個令人難堪的公開秘密：德國政府容忍奧班是因為他對德國有所用處。奧班與梅克爾同時掌權的期間，青年民主黨在歐洲議會的票幫助歐洲人民黨（European People's Party, EPP）保有最高席次，該黨由梅克爾所屬的基督教民主黨主導。因此基督教民主黨對匈牙利政府殘害民主體制的所作所為視而不見，以免跟奧班攤牌後導致歐洲人民黨失去歐洲議會的絕對多數。難民危機後在布魯塞爾的一場活動中，我徵詢歐洲議會主席兼巴伐利亞基督教社會聯盟成員韋柏（Manfred Weber）的意見，我問他為什麼他的政黨持續與青年民主黨合作，韋柏面露不安地告訴我奧班還沒越界。

二〇一九年出現了轉捩點，奧班攻擊容克，指控這位執委會主席與令人厭惡的索羅斯共謀把難民趕往匈牙利。容克在歐洲議會十分受人景仰，因此奧班這次終於越界了。到了二〇二一年，青年民主黨很可能被歐洲人民黨趕出黨團，奧班決定自行退出。[21]

不過身為中間偏右的歐洲人民黨黨團成員，並非奧班與青年民主黨唯一的防護罩。歐盟內部的行政程序也導致其他歐盟民主政體難以壓制匈牙利的強人領袖，歐盟法下最直接的制裁方式就是中止匈牙利的投票權，或是中斷歐盟流向匈牙利的資金，正是這些資金讓奧班得以用標案壯大他的親信。受制於歐盟複雜的法規，若要達成如此影響深遠的決議，必須獲得所有成員的共識。然而在二〇一六年選舉後，奧班獲得重要盟友——波蘭的法律與正義黨。歐盟出現非正式的軸心同盟：波蘭與匈牙利互相護航，歐洲自由派只能在一旁乾瞪眼。

波蘭的法律與正義黨迅速將獨立機構一網打盡，新政府將目標鎖定憲法法庭，這個做法跟奧班統治下的匈牙利一樣，甚至川普統治的美國也緊接著上演同樣情形。二〇一五年贏得大選後，法律與正義黨拒絕接受即將卸任的公民論壇黨（Civic Platform Party, PO）所指派的新法官人選，換上了五位偏袒政府的法官。法律與正義黨也修法讓法庭難以駁回政府的決策，卡臣斯基毫不掩飾自己的動機，他說一旦沒有了這些新的法規，「我們所有舉動都會受到質疑。」莫拉維茨基（Kornel Morawiecki）是親政府的議員，他的一場國會演說讓法律與正義黨成員起立鼓掌，演說中他提到：「民族的健全凌駕於法律之上。」[22]法律與正義黨認為「民族的健全」靠的是將波蘭不可逆地推向民族主義與文化保守路線，必須拒絕布魯塞爾強調同志人權以及國際主義的大都會式自由主義。

二〇一五年末，波蘭國會通過新法條，讓政府得以開除官方媒體的重要公務人員與員工。這一次，親政府的議員對自己的動機也毫不掩飾。法律與正義黨議員庫克（Elz˙bieta Kruk）提到：「這些媒體工作者不但沒有打造保護波蘭民族利益的媒體防護罩，反而與批評波蘭的人站同一陣線。」[23]官方媒體素質下降的速度與程度令人震驚，二〇一七年末我拜訪波蘭，一位重要學者跟我說他認為現在的官媒比一九七〇年代共產黨時期還要奴化。雖然他如此評論，不過其實獨立報章與其他媒體持續運作且照常批評政府。但是在大城市以外的地方，政府的核心選民還是透過大電視台獲得新聞資訊。

有些人曾相信波蘭是一黨制典範，因為他們成功轉型為自由民主國家，但是當前的發展卻讓人感到灰心。回頭看來，其實過去曾出現一些警訊，二〇一三年前往克拉科夫（Kraków）時，我開始意識到波蘭政治檯面下的波動，當時距離法律與正義黨重新執政與掌握國會還有兩年。

晚餐時有人向我透露斯摩棱斯克（Smolensk）空難陰謀論的盛行，斯摩棱斯克空難發生於二〇一〇年，當時這台總統專機載著時任波蘭總統列赫．卡臣斯基（Lech Kaczynski），也就是現任卡臣斯基總統的雙胞胎弟弟。飛機經過俄羅斯時墜毀，造成總統與其他重要政府官員當場喪命，包含中央銀行主席、軍事將領以及十八名議員。該場空難歷經多次調查，波蘭政府也自行展開調查，結果發現這場悲劇性的空難起因為濃霧與駕駛失當。

不曉得是出於悲傷還是發現能從中獲取政治聲望，現任總統卡臣斯基拒絕相信殺死他弟弟的空難只是單純意外。他和他的親信不斷聲稱俄羅斯是殺害波蘭菁英的幕後黑手，而且波蘭政府刻意掩蓋了證據。有時候卡臣斯基甚至指稱他在波蘭的政敵必須為弟弟的死負責，並且曾經在議會的長椅上高喊：「你們毀了他，你們殺了他。」[24]

波蘭長期受到俄羅斯侵擾，再加上一九四〇年蘇聯對波蘭菁英進行的卡廷大屠殺*（Katyn massacre），或許可以理解為什麼許多波蘭人懷疑俄羅斯領土上發生的空難是為了清除波蘭政府的成員。但是多次調查結果都顯示空難並無外力介入，也沒有任何波蘭與俄羅斯之間串通合作的證據。然而到了二〇一三年，我依然在克拉科夫得知這則毫無證據的陰謀論正在影響波蘭政治，大約三分之一的波蘭人相信斯摩棱斯克是場被掩蓋的大型謀殺。

當時這個民調結果的重要性很容易遭忽略，或許這個結果反映的是一個不成熟的民主：畢竟波蘭距離長達數十年的一黨制不過一個世代。事實上後來許多事件也證明，不只是波蘭容易受到右派與不負責任領袖提出的陰謀論所影響。在法律與正義黨透過斯摩棱斯克陰謀論而贏得波蘭大選的同時，川普也開始他的總統選戰，他鼓吹出生地懷疑派（birther），也就是認為歐巴馬不是出生在美國因此無資格競選美國總統的陰謀論。幾年過後，川普與共和黨員成功說服七成支持者，也就是大約三分之一的美國選民，二〇二〇年的總統大選被偷走了。同年波蘭民調顯示百分之四十五的人口相信「外國勢力刻意讓疫情蔓延。」[25]對卡臣斯基和川普來說陰謀論的發生都不是偶然：這些陰謀論是他們政治手段的核心。一位波蘭總統的密友說過：「在他的政治理念中，沒有所謂的意外……如果發生了什麼事，一定都是外來者的詭計。」陰謀論是他最喜歡用的詞。[26]

---

* 一九四〇年蘇聯於波蘭的卡廷等地槍決兩萬多名知識分子與軍官。

卡臣斯基跟川普和奧班不同，他傾向待在幕後。法律與正義黨的門面是杜達，他分別在二〇一五年與二〇二〇年當選總統。他給人的印象是和藹可親而且略為平淡，二〇二〇年我與他在會議上相遇兩次，一次是達沃斯，一次是在愛沙尼亞（Estonia）的塔林（Tallinn），他每次都相當親切。在達沃斯時他在會議前花了好長一段時間調整領帶以及對鏡中的自己微笑，因此我沒有時間跟他多談。在愛沙尼亞時他充滿自信地推銷波蘭（而且也用英文發言），以吸引外資進入，在後續的餐會上他熱切地與我握手。（幾天後我發現他染疫，心裡緊張了一下，不過幸好我沒有遭到感染。）杜達在國外呈現的是保守派的一面，但他在國內和他的黨員致力推動全面的文化戰爭，並且推動極為反動的政策。法律與正義黨常被控反猶，但在二〇二〇年的大選，他們選擇的目標敵人是同性戀。在一場造勢活動上，杜達說爭取性少數權益是「比共產主義還糟」的意識形態。跟過去一樣，這個官方立場受到公立電視台大力支持，他們的新聞內容寫著「性少數意識形態正摧毀家庭。」[27] 獲選連任後，法律與正義黨推出禁止墮胎的新法，此舉讓數十萬人走上華沙街頭抗議。[28]

二〇一五年時奧班與卡臣斯基獲得政治勢力，但是當時匈牙利與波蘭政治氛圍轉變對全球的影響並不顯著。回頭來看，這些事件是對西方民主的警訊，強人政治已經不再僅限於亞洲或是俄羅斯與土耳其等歐洲邊緣國家，現在已經侵門踏戶進入歐盟。隔年，民粹強人政治會在兩個被認為是全球最穩定的自由民主政體中崛起：英國與美國。

第六章 強生與脫歐後的英國

二〇〇二年，我在一場英國鄉村婚禮上第一次遇見鮑里斯．強生（Boris Johnson），當時已經成為政治與媒體名人的他帶有一股危險與醜聞的氣息。大家都以鮑里斯稱呼他，前一年他獲選為國會議員，同時擔任《觀察者》（*Spectator*）刊物編輯，這個小型刊物在英國保守黨（Tory）內大受歡迎。他也深受右派歐洲懷疑主義者（Euroscepticism）的支持，從一九八九年至一九九四年他擔任《每日電訊報》（*Daily Telegraph*）駐布魯塞爾記者時期就開始累積了許多追隨者，強生的報導充滿幽默、文采與想像，成功激起保守派對於歐盟計畫打造歐盟超級國家的憤慨，因為這個計畫很可能危及英國悠久的自由與獨立。

二〇〇二年我同樣在布魯塞爾工作，擔任《經濟學人》的駐外記者，因此我跟強生的初次談話內容是關於我們在歐盟首都的共同友人。在我們碰面的幾個月前，我為《遠見》雜誌（*Prospect*）撰文，主張英國不應該加入歐盟推出的單一貨幣，也就是歐元。此時我跟強生站在婚禮帳篷下對談，當時他端著一杯香檳，對我說他讀過我的文章，而且認同我的看法。[1]我向他道謝並且說到：「不過其實很多你在布魯塞爾的朋友以為你私底下其實是親歐盟的。」強生望了我一眼，臉上帶著輕微受傷的表情。他驚呼：「我當然挺歐盟。怎麼可能不挺？」

現在回想起來，他這句話似乎格外諷刺。二〇一六年，距該場對話十四年後，強生代表公投獲勝的脫歐陣營，負責帶領英國脫離歐盟，造成歐盟自一九五〇年代成立以來最大的衝擊。

強生的首要任務就是成功脫歐，這也表示他在歷史上將永遠與川普以及二〇一六年橫掃英美的民粹動盪並列。很巧的是，六月二十三日脫歐公投當天川普人正好在英國，他在坦伯利（Turnberry）的川普私人渡假村打高爾夫。公投結果一出爐，他立刻預測美國在十一月的總統大選也會迎來屬於美國的「脫歐時刻」，[2]川普首席策士巴農後來也說他在脫歐陣營勝出時「就知道」川普會贏得總統大選。在巴農看來，川普勝選以及強生帶領的脫歐陣營勝選，都是民粹主義抵抗「全球主義」的一環。

川普本人與英國獨立黨（Independence Party）黨魁法拉吉（Nigel Farage）相當熟稔，法拉吉是促成英國脫歐公投的重要推手，早在強生加入脫歐陣營前幾年就努力推動脫歐。在川普奇蹟般當選後，法拉吉甚至是第一位拜訪川普的外國政要。然而當強生當上首相並且成為脫歐旗手，川普立刻把強生視為自己人，甚至稱他為「英國版川普」。美國左派抱持同樣觀點，很常將強生與他們的敵人相提並論。喬・拜登（Joe Biden）指出兩位領袖甚至外貌神似，而他們的私生活也相去不遠，川普的第三任妻子梅蘭妮（Melania）比川普小二十四歲，強生的第三任妻子凱莉（Carrie）比他小二十三歲。

確實，這幾年不論我到德里、北京還是莫斯科，各地政治分析家常常將川普與脫歐相提並論。但是對於強生的死忠支持者來說，將他們的英雄與川普相提並論並不公允，更別提普丁或習近平了。在他們看來，在強生身上貼上「強人」標籤是來自留歐派對他不公平的攻擊，因為他們不服輸。對強生的粉絲來說，強生是徹頭徹尾的民主派，而他所帶領的脫歐正是確保了一般大眾的意念比菁英的意念更獲得重視。

許多強生的死敵也不會同意他是強人，不過是出於完全不同的理由。他們認為強生不果斷，而且無法負荷政治人物的工作，這項批評在英國面臨第一波新冠疫情危機時更顯得有其道理。疫情期間強生一點都不強硬或果斷，在批評者看來，強生太過軟弱，無法掌握情況。

這些針對強生是否為「強人領袖」的質疑都有其道理，但是強生和川普之間不論是主打的議題或是執政手段都有清楚的共通點。兩位都被視為保護大眾不受菁英欺壓的守護者，兩位領袖都譴責菁英主義的政治人物將外國人的利益放在國人之前。川普的口號是「美國優先」，強生在打脫歐選戰時，搭乘巴士到英國各地宣傳，要求英國政府停止每週支付三億五千萬英鎊給歐盟（這個數字飽受爭議），他說：「把錢留給健保吧。」外交上，兩位領袖都把傳統盟友視為攻擊目標，強生最重要的政策就是讓英國離開歐盟，川普清楚表示他認為北約有損美國利益，而且威脅要退出這個西方聯盟。過去數代英美領袖建立的「自由國際秩序」，在脫歐與川普的雙重影響下遭到嚴重打擊。

川普與強生都靠著對移民的敵意獲得支持，對強生來說，這樣的立場是一大轉變。二〇〇八年至二〇一六年間擔任倫敦市長的他對於治理擁有多元文化的城市懷抱熱忱，當時倫敦有三分之一的市民出生於海外。二〇〇八年我跟隨強生進行市長選戰，我看到他參加為倫敦新市民舉辦的「市民典禮」，結束後他對我說他深受感動，顯然他認為這是對來自對移民友善報紙的記者該說的話，但是雖然他偶爾會講一些不正經的種族歧視笑話，我相信他確實抱持對移民友善的立場。我們同樣搬到倫敦居住，而在自由派倫敦社交圈裡對移民友善是標準觀點。

但強生的脫歐選戰卻故意利用對移民的敵意換取支持，脫歐口號「奪回控制」被用來指稱要奪回英國邊境的控制。英國身為歐盟成員最具爭議的一點就是歐盟成員的公民可以自由進入英國，二〇〇四年波蘭及其他相對較貧窮的中歐國家加入歐盟後，超過兩百萬名歐洲人搬至英國，這樣的情況引發民怨，大家擔心英國會遭移民淹沒。

英國脫歐陣營由康明茲（Dominic Cummings）主導，他的角色與巴農相似，負責提出選舉策略，他選擇刻意點燃社會對移民的恐懼，聲稱穆斯林大國土耳其將加入歐盟。許多競選海報寫著大字：「土耳其（七千六百萬人口）即將加入歐盟。」脫歐陣營「票投脫歐」主張：「土耳其出生率極高，我們可以預期未來八年內將有一百萬人從土耳其搬到英國。」[3]但是實際上土耳其距離加入歐盟還很遙遠，二〇〇四年雖然開啟了土耳其加入歐盟的協商，但是申請流程早已擱置。在選舉前幾週，「票投脫歐」持續炒熱土耳其及移民議題，前一年德國迎來了一百萬名敘利亞難民，因此脫歐陣營的這種威嚇手段此時特別有效。

強生願意使用這種手段，也證明了他不計一切代價想要攀升至權力頂峰。在其他場合，他曾經提過他以自己的土耳其血統為傲。他的曾祖父阿里・凱末爾（Ali Kemal）過去是土耳其自由派記者，也曾經短暫出任部長。根據脫歐陣營的內部消息，強生私下曾經對攻擊土耳其的選戰手法表達不安，甚至「大發脾氣」。[4]但是他在公開場合從未對此表達疑慮，他願意不計一切代價換取勝利，就算要說謊或是煽動種族仇恨也在所不惜。

脫歐陣營煽動對移民的恐懼是精明的手段，留歐陣營全力主打英國留在歐盟帶來的經濟優勢，但是後來的民調顯示脫歐陣營主要並不是受到經濟因素影響。羅傑・伊特威爾（Roger Eatwell）和馬修・古德溫（Matthew Goodwin）在公投後的分析提到：「留歐派不斷提到經濟風險，但是脫歐派擔心的卻是他們的認同以及民族族群可能受到威脅。」每十位脫歐選民中有六位表示脫歐帶來的嚴重經濟衝擊是「值得付出的代價」。[5]

脫歐公投之後，許多人都關注票投脫歐的「經濟落後」地區，特別是因為去工業化而嚴重受到衝擊的北英格蘭。但是英國的脫歐陣營跟投給川普的美國「鐵鏽帶」選民一樣，並不僅僅是因為經濟困窘而心懷不滿。脫歐陣營成功鎖定因為移民和社會變動而產生不滿的人，這些人通常將經濟衰退和不安全感與移民議題連結。六成四的脫歐選民認為移民對經濟造成負面影響，另外更有高達七成二的人認為移民破壞了英國文化。許多脫歐選民平常已經放棄投票，但是脫歐公投時卻選擇投票，將之視為改變「體制」的機會。這次公投的投票率高達百分之七十二，比過去二十五年來任何一場選舉都來得高，[6]脫歐陣營打翻留歐派如意算盤的其中一點，就是讓新的選民願意出門投票。

擔任倫敦市長時，強生稱讚倫敦充滿活力與多元性，但是倫敦絕大多數的選民都選擇留歐。強生能夠讓脫歐陣營獲勝，靠的是煽動非大都會區選民的不滿。強生選擇支持脫歐時拋棄了許多過去的信念，轉而支持英國「落後地區」只是其中一點。強生與其他英國政要有所不同，他自己的一生與布魯塞爾以及歐盟息息相關。強生的父親史丹利（Stanley Johnson）為歐盟工作，因此年輕時期的強生在布魯塞爾的歐洲學校（European School）就讀了兩年，這個教育機構專門為歐盟官員的小孩提供教育。歐洲學校位於于克勒（Uccle）郊區，在這裡就讀的期間強生認識了未來的第二任妻子瑪麗納（Marina Wheeler），他們兩人的婚姻維持了二十五年。強生大部分的家人都是忠實的親歐派，強生的弟弟喬．強生（Jo Johnson）就讀的是布魯日（Bruges）的歐洲學院（College of Europe），這是歐盟菁英專屬的訓練學校，後來喬也辭去強生政府的工作，以此抗議哥哥的脫歐政策。強生的妹妹瑞秋（Rachel Johnson）不斷激烈抵抗脫歐，並且加入英國最親歐盟的自由民主黨（Liberal Democrats）。

布魯塞爾雖然是強生成長的地方，但是真正對他產生影響的還是他所就讀的英國傳統菁英教育機構。他在伊頓中學（Eton College）接受中等教育，在強生之前有十九名伊頓校友當上英國首相。鮑里斯的同學都記得他是一位擅長社交而且十分聰穎的明星學生，比他的同學大衛・卡麥隆（David Cameron）來得令人印象深刻。但是強生的老師也觀察到他的缺點，伊頓中學老師馬丁・哈蒙德（Martin Hammond）曾經寫信告訴強生的家長說：「鮑里斯似乎在面對不負責任的指控時感到受辱……他似乎因為我們沒有給他特殊待遇而認為我們冒犯到他，他認為他不需要跟別人一樣盡到責任義務。」[7]

這個觀察非常精闢，強生似乎認為偉大的人與名人不需要像其他人一樣遵守規則。在二〇〇三年一篇刊登於《觀察者》的文章中，強生對義大利總理貝魯斯柯尼（Silvio Berlusconi）表示支持，這位半路殺出的億萬富豪在政壇以民粹主義者之姿崛起，預示了川普後來的勝選。貝魯斯柯尼被指控貪污和濫權，接著因為逃稅被定罪和判刑，但是強生覺得這個人魅力十足，勝過布魯塞爾「頤指氣使」的官僚，強生直接表示「貝魯斯柯尼比那群該死的傢伙好太多了。」[8]

伊頓中學畢業後，強生到牛津大學貝里歐學院（Balliol College）就讀，並且成為牛津大學辯論社（Oxford Union）社長，多位英國前首相同樣誕生於這個社團，包含希思（Edward Heath）、阿斯奎斯（H. H. Asquith）和格萊斯頓（William Ewart Gladstone）。強生在牛津大學最知名的照片中，他身穿最正式的大禮服與布靈頓俱樂部（Bullingdon Club）成員一同留影，其中包含伊頓的同學以及未來英國首相卡麥隆。布靈頓俱樂部以上流社會酒醉鬧事的流氓行徑聞名。其中一名成員向我描述強生帶頭的入會儀式：「他們衝進我房間亂砸東西。」接著鮑里斯轉過身來握了他的手然後說：「歡迎，老兄，你入會了。」

隨著強生的記者與政治生涯漸有起色，他利用個人魅力以及幽默感重新塑造自己的形象，從上流社會的不良少年轉型成開朗且親民的人物。強生跟川普一樣，透過熱門電視節目經營自己的公眾形象，強生利用的是《新聞問答》（*Have I Got News for You*）這個節目。《誰是接班人》（*The Apprentice*）將川普刻畫為冷酷又果決的人物，強生則在《新聞問答》把自己形塑成糊塗又搞笑的角色。藉由逗笑觀眾，他給人留下不同於一般政治人物光鮮亮麗的印象。他的一頭亂捲金髮識別度極高，而且大家紛紛開始用名字而不是姓氏稱呼他，這是政治人物夢寐以求的榮耀。不過鮑里斯其實是他的中間名，他真正的名字是亞歷山大（Alexander），而他的一些家人依然稱呼他為艾爾（Al）。

強生與一般政治人物相去甚遠的形象讓他在爆發醜聞時得以安然下莊，其他政治人物若遇到類似的事情通常政治生涯勢必畫下句點。強生跟另一位右翼萬人迷美國總統雷根（Ronald Reagan）很像，兩人似乎都有「鐵氟龍般」扳不倒的氣勢。二〇〇四年，強生爆發婚外情醜聞，他卻對保守黨黨魁霍華（Michael Howard）謊稱絕無此事，最終因為謊言被迫辭去內閣。二〇一二年，強生在倫敦奧運時當眾表演滑高空鋼索，卻被卡在半空中，只能手足無措地揮舞著英國國旗，等人救他下來。時任英國首相卡麥隆對此透露出關愛又惱怒的複雜情緒，他表示對於其他政治人物來說，這都可能演變成公關災難，但是強生卻有辦法讓這件事為他加分。事實上，這件事成為強生的一大招牌事件，協助將他塑造為討人喜歡又富有愛國心的風趣人物。

二〇一六年卡麥隆舉行脫歐公投，強生受歡迎的程度以及他打選戰的能力讓他成為公投的重要人物。但是投票日前幾個月，大家甚至不知道他要支持哪一邊。我徵詢過我們共同好友克里斯多福・洛克伍德（Christopher Lockwood）的意見，我就是在他的婚禮上與強生第一次會面。強生在《每日電訊報》的布魯塞爾分部工作時，洛克伍德曾經擔任他的副手。當時我問他鮑里斯對歐洲真正的看法是什麼？他聽到我的提問時聳了聳肩說：「我覺得他在這個議題上呈現人格分裂。」這個分裂的人格在強生被迫做決定的時刻也開始顯現，強生無法決定他要挺哪一邊，因此在《每日電訊報》上發表了兩篇專欄文章，一篇支持脫歐，一篇反對脫歐。謠傳他比較喜歡支持脫歐的那篇，而接下來事情的發展大家有目共睹。

不過強生其實經過仔細考量才下決定，邱吉爾（Winston Churchill）是強生的政治英雄，強生也為他寫過傳記，而這本傳記中透露出強生的立場。強生在書中寫到：「某種程度上來說政治人物都是賭徒，他們預測未來會發生的事，再來選邊站。」強生甚至以這種犬儒主義的語調來解析邱吉爾抵抗納粹的原因，他寫到一九三〇年代初期邱吉爾運氣不佳時，「他將賭注下在名為反納粹陣營的馬，而結果驚為天人。」二〇一六年二月強生宣布加入脫歐陣營時，我想起了這段話，因此在一篇文章中寫到：「強生先生將賭注下在名為歐洲懷疑主義的馬。」他顯然期待能夠出現驚為天人的結果，而且就像邱吉爾一樣，就此一路前進唐寧街十號*。[9]

強生的選戰確實為「票投脫歐」帶來意料之外的勝利，脫歐陣營以百分之五十一點八九的得票率擊敗留歐陣營的百分之四十八點一一。不過隔天一早強生出現在倫敦住家外時，他非但沒有狂喜，反而面露驚嚇與擔憂。迎接他的是一群年輕留歐派的憤慨喧鬧，強生過去習慣受人擁戴，因此這個場面顯然令他緊張，而且他一直都預期——甚至可能希望——脫歐陣營會以極小的票數差輸給留歐陣營。卡麥隆後來透露當強生跟他說要替脫歐陣營打選戰時，還迅速補上一句預測：「脫歐陣營會被輾壓，就像耙下面的蟾蜍一樣。」卡麥隆的結論是強生真心認為脫歐派不會獲勝，「但是他不想放棄這個機會站在浪漫、愛國又民族主義的一邊。」[10]

脫歐陣營出乎意料的勝利影響了這兩位人物的未來，卡麥隆在當天早上辭去英國首相一職，而強生立刻被捧為下一任接班人，強生從小期待踏入唐寧街十號成為世界之王，如今大門在他面前敞開。

但是他的禮物在最後一刻被奪走了，跟強生一起擔任脫歐陣營代言人的戈夫（Michael Gove）表示跟強生密切往來後，發現他不適合接下國家最高領導職位。戈夫重新尋找最佳人選，最後選到了他自己。被最親近的同事質疑，強生的反應跟想像中的「天選之人」或是強人領袖不太一樣，他退讓了，並沒有為自己爭取。保守黨內部不再支持他後，強生很快計算了保守黨的選票，決定放棄參加下一任黨魁的選舉。但是戈夫這種背刺的行為對自己也相當不利，最後由相對較無個人特色而且當初選擇留歐的梅伊（Theresa May）獲選為保守黨黨魁，並且成為下一任首相。

梅伊深知如果想要保住黨內對她的支持，就必須帶領英國成功脫歐，而且說服保守黨內的脫歐派相信她是他們的一分子。所以她立即任命強生擔任新內閣的外交大臣，這樣的妥協一開始看起來很聰明，但是最後卻兩敗俱傷。強生被認為是失敗的外交大臣，而梅伊則是手足無措的首相。毫不意外地，梅伊無法跟歐盟談妥脫歐協議，因為脫歐陣營當初提出不可能實現的目標，那就是不受任何歐盟限制、暢行無阻的無摩擦貿易（frictionless trade）。在保守黨內，大家檢討的不是脫歐陣營所提出毫不實際的訴求。這些不悅的脫歐派反而指控梅伊並非真心想要脫歐，因此在英國文官體制內的留歐派帶領下做出災難性的妥協。

對梅伊的不滿讓強生再次獲得擔任黨魁的機會，二〇一八年夏天，他辭去外交大臣一職，在此將自己定位為真正的保守黨疑歐派擁護者。強生表示梅伊跟歐洲以及英國的留歐派交手時態度太過軟弱，他才是有能力成功帶領英國脫歐的人。在辭去外交大臣前不久，強生對一群保守黨議員說：「我愈來愈欣賞川普……要是川普來帶領英國脫歐，他一定硬幹……大概會出現各種崩潰和混亂，大家都會覺得他瘋了，但是這樣才會真的有進展。這是非常非常好的想法。」[11]

＊ 譯註：英國首相官邸。

辭去內閣後，強生開始模仿川普式的陰謀論，他說如果無法成功脫歐，「大家會覺得遭到背叛，我猜他們會覺得英國受到深層政府操控，這些真正統治這個國家的人想要推翻公投的結果。」他也暗示街上可能會暴動，並且說那些試圖阻撓脫歐的人是在「玩火」而且可能會「惡有惡報」。[12]

二〇一九年五月，保守黨對梅伊極度不滿，最後她被迫辭去首相一職。這次強生有更充裕的時間準備選戰，身邊的人也更有野心，最後強生終於達到他的目標：五十五歲的強生成為保守黨黨魁以及大不列顛暨北愛爾蘭聯合王國首相。

強生搬入唐寧街十號並且和康明茲重逢，開始成為他所承諾的強大冷酷領袖。梅伊之所以無法在國會推動她的脫歐協議是因為保守黨內太多跟強生同一派的「硬脫歐派」，這些人不斷投票否決梅伊的提案，他們認為梅伊的提案會讓英國依然與歐盟抱持緊密連結。強生遇到完全相反的情況，他如果強硬推動脫歐或是威脅要無條件脫歐，他就會失去國會的支持，因為保守黨內許多之前選擇留歐的人不會挺他。在康明茲慫恿之下，強生使出強人領袖常用的手段：他在二〇一九年八月底強制休會，這表示英國下議院的開會時間遭中斷，以此阻止他們阻撓脫歐。雖然黨內幾位重要成員出面勸阻，強生卻強硬地決定開除二十一名保守黨議員的黨籍，被開除黨籍的人包括邱吉爾曾孫索梅斯爵士（Sir Nicholas Soames）和肯尼斯．克拉克（Kenneth Clarke），後者是柴契爾時代的老議員，也是下議院任期最久的議員。[13]

憤怒的留歐派挑戰強生休會的正當性，並且成功讓英國最高法院駁回休會決定。法院判決公布的同一天，美國眾議院宣布彈劾川普，這兩件事落在同一天再次點出強生與川普如此雷同，也顯示大西洋的兩端都出現法治危機。

康明茲公開鄙視一般政府受到的法律限制，二〇一九年三月他發表了一篇部落格文章，內文充斥著大寫單字以及雜亂的文獻資料，他在文中建議脫歐人士忽略梅伊對歐盟的承諾，他寫道：「一個正經的政府，也就是不受官員或是狗屁法律建議威脅的政府，會省去這些承諾以及任何強加於他們身上的國內法。」[14]

強生為了脫歐不惜違法的舉動遭到最高法院駁回，此舉也激怒了英國自由派，但是他的作法卻深得民心。二〇一九年的民調顯示五成四的人認為「英國需要強硬且願意打破常規的領袖」；只有百分之二十三的人對這點表示反對。[15]大眾容忍甚至渴望某種形式的強人領袖，這點與英國菁英推崇的包容又守法的民族相去甚遠，但是這就是全球趨勢。

當年的保守黨全國代表大會緊跟在最高法院的判決出爐之後，大會上強生受到英雄式的歡迎。在曼徹斯特的會議中心走廊上，我遇到一位保守黨議員兼脫歐派，他在離開地區代表大會時十分震驚。他說：「剛剛簡直是一場他媽的紐倫堡黨代表大會*（Nuremberg rally）。」他說強生

---

* 紐倫堡黨代會為一九三三至一九三八年間納粹黨在德國每年一度舉行的集會，自一九三三年納粹黨奪權後，黨代會成為了納粹進行政治宣傳的重要途徑。

開口剛講兩句話，群眾就高喊「鮑里斯、鮑里斯」，現場呼聲雷動，強生的發言完全被打斷。強人領袖的重要元素出現了，那就是個人崇拜。

表面上看來最高法院的判決讓強生嚴重受挫，但是從大局來看，這次判決是康明茲下的一步棋，他希望強迫英國舉辦一次普選，讓他重演二〇一六年脫歐陣營主打的「大眾對抗菁英」成功戲碼。他的計畫是把脫歐協議難以通過國會以及法院的困境，包裝成菁英刻意阻撓大眾意志的結果。但是結果出乎他們意料而且對他們造成極大衝擊：在野的工黨與自由民主黨決定順從強生，答應在二〇一九年十二月舉辦一次罕見的冬季選舉。擅長設計選舉口號的康明茲這次想出：「落實脫歐」（Get Brexit Done）。對強生來說相當幸運的是，工黨當時的黨魁是年長的極左運動人士柯賓（Jeremy Corbyn），他深陷反猶主義的指控。

十二月十二日的大選讓強生獲得至今最大的政治勝利，他帶領保守黨在下議院重新獲得高達八十席的議會席次。為了獲得權力所做出的種種政治與道德妥協，以及過去種種挫折與羞辱，如今都被拋到腦後。再次獲得選民授權後，這位大獲全勝的首相提出新的「硬脫歐」協議，讓英國同時脫離歐洲單一市場及關稅同盟。

而實際上強生的協議也涉及關於北愛爾蘭的重大妥協，為了避免北愛爾蘭和愛爾蘭共和國之間再次出現「硬邊界」而危及《耶穌受難日協議》（The Good Friday Agreement），英國同意從英國其他地區進入北愛爾蘭的部分貨物必須通關查驗，這表示英國國內將出現位於愛爾蘭海的內部邊界，這極度削弱了英國國內領土控制，任何在乎主權的民族主義者對此一定都會極為反感，梅伊也說過不可能會有任何一位英國首相答應這樣的條件。但是強生拒絕承認他的協議之中隱藏的真正影響，否認北愛爾蘭跟英國其他地區之間流通的貨物需要任何通關檢查。就像他人生其他時刻一樣，強生逃過一劫，至少暫時如此，大家忙著慶祝國會休會以及選舉，協議裡不合理的細節被嚴重忽略。

二〇二〇年一月底，英國終於脫歐，強生完成他「落實脫歐」的承諾。如今握有國會多數席次，而且有康明茲在側，強生似乎準備好迎接五年任期，重新打造英國以及重塑英國的國際地位。

但是二〇二〇年一月三十一日，也就是脫歐正式生效的那天，英國公布第一例新冠肺炎確診案例。強生主張的是反對政府控制的自由主義派，這個論調在對抗歐盟時很管用，但是對付疫情時卻完全不適用。歐洲與亞洲的許多國家開始封城，強生卻反應遲緩，一面擔心不要影響經濟，還要擔心如何阻止英國人踏入酒吧。疫情很快變成全球問題，此時強生卻忙著離婚，而且即將成為他第三任妻子的女人懷孕了，他因此焦頭爛額，連續錯過了五場「眼鏡蛇會議」，這個會議由政府的委員會召開，負責處理國家緊急事務。三月初義大利遭受疫情襲擊時，強生還炫耀他去醫院「跟每個人握手」。英國下議院人擠人的議會照常進行，政治人物跟過去一樣緊貼著彼此開會。強生終於逼不得已宣布封城時，義大利、西班牙、法國和德國早就採取行動了。

強生政府慢半拍的反應造成英國死亡人數飆升，成為西歐疫情最慘烈的國家。不同於川普或波索納洛的是，強生一決定封城，表面上立即乖乖遵從科學建議，只是偶爾私底下會偷抱怨。＊

但是整個國家以及強生自己都因為他前期的大意付出嚴峻代價，二〇二〇年四月初，強生成為全球第一位確診住院的世界領袖。不久後他被送進加護病房，陷入命危長達數天。強生狂熱支持者的反應遠超過一般的震驚與同情，也顯示英國確實陷入領袖個人崇拜。著名專欄作家皮爾森（Allison Pearson）在《每日郵報》寫道：「大家愛鮑里斯，大家真的愛他，大都會的人絕對不會了解大家愛他的程度……毫無疑問，鮑里斯．強生的健康就是政治的健康，也就是國家的健康。」[16]

強生出院時，他的支持者（以及全國上下）都希望他的康復能夠為英國的抗疫注入他招牌的樂觀以及活力。但是首相一開始看起來相當消沈，他依然病懨懨、充滿不確定而且缺乏精力與方向。康明茲的岳父韋克菲爾德爵士（Sir Humphrey Wakefield）火上加油地將強生比喻為殘廢的馬，他說：「如果你太早讓一匹馬復工，牠就永遠無法康復了。」

不過倒是康明茲自己第一個提早告別政治生涯，二〇二〇年五月，他自己違反了政府的封城規範。康明茲在受到感染的情況下，選擇開車載著妻小一路往北開了三百多公里到他父母位於杜倫（County Durham）的農場休養。康明茲撐過了這波醜聞，但是在數次與同事爭執過後，最終在二〇二〇年末被迫搬離唐寧街十號。他立即開始強力抨擊強生，稱他完全不適任首相。

脫歐既然完成，康明茲也離去，強生大可在此時拋棄強人風格，轉而變成更符合傳統風格的首相。英國早期防疫雖然處理失當，後來疫苗的施打卻相較其他國家成功，強生個人支持度因此回升。英國迅速讓國內人口施打疫苗，反之歐盟的疫苗施打卻困難重重，強生藉此表示這可以證明脫歐是正確選擇。

但是強生還不打算放棄強人統治。他遇到的最大問題是，當初他提出的脫歐協議中的矛盾與限制開始浮現。雖然強生強烈抗議，但是脫歐還是為英國出口帶來大量的繁瑣流程與非關稅壁壘。二〇二一年一月，新貿易條例落實的第一個月，英國至歐盟的出口下降了百分之四十一。部分原因可以歸咎於疫情的影響。但是大部分出口下降的原因其實出自脫歐本身。北愛爾蘭情況更為嚴峻，新的通關手續讓超市物流中斷。強生政府的反應是找敵人來卸責，並且威脅要違反國際法。強生的脫歐大臣佛羅斯特（David Frost）辯稱問題根源是歐盟不願接受英國用選票決定脫歐的結果，英國也單方面中止北愛爾蘭協議的部分規定，這表示英國政府違反了首相自己協商的國際協定。

強生在國內也持續賣弄強人政治，特別是攻擊一些限制首相權力的獨立機構。強生政府不滿英國最高法院判定休會違法，因此立了新法試圖縮減司法駁回政府決策的權力。就連保守派的

---

* 他的幕僚康明茲後來透露強生私底下極力反對封城，而且還把幾千條白白失去的人命怪在康明茲頭上。

律師都被激怒了，愛德華．卡尼爾（Edward Garnier）曾擔任卡麥隆政府的檢察總長，他抗議說到：「這個政府似乎忘記了，他們跟我們所有人一樣，都必須遵守法治。這是個法治國家，不是獨裁國家。」[17]

強生依然維持和藹可親的個人風格，他避免像普丁一樣透露冷酷的威脅或是像厄多安一樣偏執且愛咆哮。但是他以相當英國人的方式，將強人政治的重要特色引入英國。他不惜破壞國內與國際法律，並將政敵醜化為打壓人民的菁英，他的政治盟友以同樣方式形容法院，而且不斷質疑其他國家機構是否中立，例如英國文官制度以及英國廣播公司。強生在脫歐選戰中扭曲事實，已經超乎一般政治的唇槍舌戰。他還在所屬的保守黨內建立個人崇拜，逼迫許多議員必須放棄原則以求自保。

不過強生破壞規矩又散播謊言，也就是他從就讀伊頓中學就透露出的惡習，終於替他帶來後果。疫情期間唐寧街十號舉辦一連串違反防疫規定的派對，直接違反強生政府自己訂下的嚴格封城規定。事情漸漸曝光後，強生冒著可能被指控在英國下議院說謊的風險，在國會裡刻意模糊焦點。政治環境逐漸惡化，一連串醜聞爆發，其中許多涉及保守黨議員，強生支持度因此大受打擊。

二〇二二年六月保守黨經歷兩次慘敗的議員補選，顯示鮑里斯的選舉魔力不再，也導致強生的內閣紛紛辭職。隨著強生的內閣瓦解，他再次使出強人政治的手段，堅稱保守黨議員無權棄他於不顧，因為二〇一九年時社會希望他成為國家領袖，所以當時保守黨是靠他個人吸票能力才得以贏得選戰。強生千方百計想保住自己的地位卻失敗，最後他也端出強人領袖最愛的陰謀論，警告說一旦他離開，「深層政府」可能會試圖推翻脫歐。

英國遵循的是議會制度，首相執政仰賴黨內的信任，因此強生最終遭罷黜。以此看來，英國的體制讓國家不受個人崇拜以及威權的威脅。但從其他角度看來，英國特別容易受到強人政治侵擾。英國不成文的憲法仰賴的是歷史學家彼得．軒尼詩（Peter Hennessy）所謂「好人治理模式」（'good chap' model of governance），也就是相信所有政治人物都會自我克制而且尊重歷史悠久的傳統。表面看來，強生看起來很像好人的典範，但實際上，就像他的伊頓老師曾經敏銳觀察到的，他覺得自己可以不用受到「其他人遵循的規範」所限制。

英國是世界上最古老的民主政體，一位民粹、不遵守法治的英國首相崛起又衰敗，顯示歐洲以及世界的政局出現重要變動。拜登政府中國事務主任杜如松（Rush Doshi）認為習近平與他身邊的人都十分重視脫歐公投結果，他們認為有三件事情打擊西方主導的世界秩序，那就是英國脫歐、川普勝選以及西方在疫情初期措手不及的反應。[18]

強生擔任首相時，他和他的支持者不斷辯稱英國決定脫歐是基於自由民主的本質，為的是支持自由貿易與以民族為本的民主，因此他們認為英國脫歐被視為核心自由價值的展現。但是當我跟英國以外的分析師分享這個觀點時，不論是在莫斯科、華盛頓或北京，幾乎每個聽到的人都表示不解或嘲弄。在英國以外的地方，大家對英國脫歐的認知相當真切：脫歐嚴重打擊西方影響力以及一致性，也打擊了西方聯盟過去推崇的自由民主價值。

不過英國畢竟不是影響力最大的國家，單靠英國脫歐無法將國際局勢搞得天翻地覆。美國才是世界最強大的國家，而當他們出現強人政治，全球政治也正式迎來了新的變局。

第七章 美國強人川普

二〇一五年十一月，也就是川普當選前一年，我為了瞭解即將到來的大選選情拜訪華府，但是我最後一頭霧水地離開。民調顯示川普是二〇一六年共和黨總統候選人的頭號人選，而民主黨已經主掌白宮八年，因此可以合理判斷這次總統大選會由共和黨勝出，然而右翼智庫當中我找不到任何一個人相信川普會獲得提名，更別說當選總統。我認識的共和黨成員沒有一個人登記為川普打選戰，而華府可是充滿野心勃勃的人，因此可見真的沒有人看好川普。從後來廣為流傳的一段電視節目畫面可看出，大家普遍認為川普不值得一談：節目主持人史蒂法諾普洛（George Stephanopoulos）和他的來賓在提到川普可能勝選時笑到不能自已。[1]

即使在當時這樣的氛圍下，我還是認為如此輕視的態度或許過於草率。當年十一月我撰寫了一篇關於西方極端政治興起的專欄文章，其中我認為不將川普放在眼裡的作法可能過於自滿，並提到「許多民主黨的人幸災樂禍，覺得共和黨瘋了才會提名川普先生，並且認為他會在大選中被希拉蕊・柯林頓輾壓。但是其實這不一定會發生。最近全國民調顯示如果要從川普和希拉蕊中選擇，川普先生的支持度比希拉蕊高五個百分點。」[2]其實不難找出讓川普這種候選人崛起的原因，其中包含「大家對傳統政治菁英失去信念」，加上「缺乏經濟安全感、移民引發反彈、對恐怖攻擊的恐懼以及傳統媒體的式微。」[3]

這些在川普當選前一年都歷歷在目，所以回頭來看，或許我們可以問：為什麼美國當時的當權者不願承認一場全新的政治現象正在上演？我想背後的原因就是他們認為美國政治和社會可以免於經歷其他國家不幸的政治紛擾，也就是所謂美國例外主義。一九三五年有部小說名為《不會在這裡發生（暫譯）》（*It Can't Happen Here*），內容描述一位獨裁者在美國崛起，小說標題現在看來相當諷刺，而川普獲選後許多人也開始閱讀這本著作。

這種例外主義並不是美國獨有，我在英國當權者身上也發現類似的自滿。英國人就跟美國人一樣，對於他們歷史悠久又穩定的民主感到驕傲，政治極端主義以及容易受獨裁侵害的情形只會發生在歐洲大陸，跟英國無關。但若對於自己國家優良的政治過度自信，反而可能因此更容易受到不良政治風氣影響。出現雷朋（Marine Le Pen）這樣的候選人時，法國人立刻聯想到納粹統治下的維琪法國，德國也對於任何帶有納粹意涵的事情永遠抱持警戒。但是許多美國專家看到川普唯一的反應就是忍俊不禁，這個男人是個笑話，是個搞笑藝人，「不會在這裡發生」。

然而美國也可清楚觀察到在其他國家造成強人崛起的政治和社會因素，白宮俄羅斯事務顧問希爾（Fiona Hill）*後來提到：「我們太過自負，以為發生在烏克蘭和摩爾多瓦（Moldova）的事情不會在美國上演。」[4]希爾指的是俄羅斯干涉選舉的手段。不過她也提到，俄羅斯的經驗還有其他地方值得西方學習，例如經濟混亂引發的痛苦讓眾人期盼強人領袖出現，希望有人能讓俄羅斯再次偉大。

美國跟一九九〇年代的俄羅斯一樣出現「絕望死」比例上升的景象，這是早在川普當選前許多年就出現的趨勢，許多美國菁英卻忽略了。二〇一五年十一月，在我四處拜訪華府智庫的同一個月，安格斯・迪頓（Angus Deaton）與安・凱思（Anne Case）這兩位經濟學家發現白人勞工階級的死亡率成長幅度驚人。他們發現一九九九年到二〇一四年間，未受高等教育的白人死亡率成長了百分之二十二，同一段期間內，家長最高教育程度為高中的家庭中，其經通膨調整後的家庭收入掉了百分之十九。[5]重要的是，受過大學教育的白人預期壽命並未一起下降。迪頓與凱思發現白人勞工階級死亡率上升是因為「自殺行為以及物質濫用影響，如酗酒、肝病、海洛因及處方鴉片類藥物過量」。[6]

迪頓與凱思稱這類死亡為「絕望死」，而受影響最深的族群在二〇一六年為川普提供了極高的得票數。看著這些數據，我不禁認為當專家們（包含我自己）不斷抱怨川普滿口謊言時，似乎

---

* 後來希爾在川普的彈劾聽證會扮演舉足輕重的角色。

都搞錯重點了。對川普最忠誠的支持者來說，川普提供了真相：美國情況很糟，甚至還會更糟，而且美國腐敗的菁英自顧追逐私利。

二〇一六年我跟著川普的競選行程並沿途訪問川普支持者，許多人針對這個議題提供了不同的觀點。一月在新罕布夏州（New Hampshire）的朴茨茅斯（Portsmouth）造勢大會上，我第一次見證川普胡言亂語、毫無邏輯的演說風格，川普在他的競選行程上不用麥克風就可以開講。事後我跟其中一位支持者聊了起來，他從密西根（Michigan）一路開到這裡來聽他的英雄演講。我試著提到川普滿口謊言，他的回應是：「他是唯一毫不遮掩的人。」同年稍晚，我在脫歐公投前夕從英國一位脫歐派支持者口中聽到類似的話。當我說離開歐盟會衝擊英國經濟，得到的回覆是：「對我來說已經不能再更糟了。現況必須改變，或許這就是改變的機會。」經濟落後族群所感受到的絕望是川普與世界其他地方民粹主義及強人政治崛起的共同點，但是另一個更強而有力的因素就是不同族裔與種族的緊張關係。

印度、以色列與匈牙利強人崛起都跟優勢族群的不安息息相關，那些傳統上具備優勢地位的族群現在因為人口結構改變以及移民而感受到威脅，莫迪的死忠追隨者認為印度的印度教文化被國內穆斯林少數族群破壞；以色列的納坦雅胡支持將以色列定調為猶太國家，此舉正是因為社會對國內阿拉伯裔族群的成長感到恐懼；匈牙利的奧班常常提到穆斯林移民威脅到匈牙利民族的生存。納坦雅胡與奧班皆蓋了實體的牆來保護他們的國界不受侵擾，此舉呼應了川普二〇一六年提出要在美墨邊界「蓋一道牆」的政策。

不論是在匈牙利、以色列還是印度，匈牙利民族、猶太人以及印度教的優勢地位都沒有真的遭受威脅。匈牙利裔在匈牙利總人口中佔八成五，猶太人在以色列人口中的比例只略低於七成五，印度教則佔了八成印度人口。目前預估到了二〇四〇年代中期，白人將佔美國不到五成的人口，不過他們依然會是人口數最多的單一族群。[7]在最年輕族群的當中——也就是年紀低於十八歲的族群，白人人口已經低於一半。美國人口最多的單一少數族裔是拉美裔，預計到了二〇四五年將會佔美國人口百分之二十四點六，白人則佔百分之四十九點七，黑人百分之十三點一，亞洲人百分之七點九。

二〇一六年社會對人口結構變動以及移民的恐懼成為川普獲得支持的主因，這樣的恐懼體現在一篇名為〈聯航九三大選〉*（Flight 93 election）的文章中，這篇文章作者是後來被指派為川普國家安全會議幕僚的麥克·安東（Michael Anton）。安東嚴厲譴責「不斷把第三世界外國人引入國內」的行為，他盛讚川普是唯一一個願意中止移民潮的候選人，接著說：「我希望我的國家活下去，我希望我的同胞活下去，我希望終結亂象。」[8]川普呼籲在美墨邊界蓋一道牆，以及要

---

* 這個標題指的是九一一事件中遭到劫機的聯航九三，劫機者原本計畫駕駛班機衝撞華府的白宮或國會大廈，但是這架班機的乘客從劫機者手中搶回班機，最終班機墜毀在鄉間，機上無人生還。

求「完全禁止」穆斯林移民進入美國，對於認同安東觀點的人來說，這些證明了川普就是美國「終結亂象」所需要的強人。二〇一六年與二〇二〇年大選中，川普都獲得最多白人選票。二〇一六年大選後不久，皮尤研究中心（Pew Research Center）即發現川普在未受大學教育的白人族群中獲得的得票率比一九八〇年以來任何候選人都還高。四年後，川普依然輕鬆贏得白人選票，不過得票數稍微下降，這很可能就是他二〇二〇年敗選的原因。[9]

川普獲得白人選票並不能完全證明對其他種族的恐懼以及敵意是他獲得支持的原因，但是社會科學研究結果確實透露這個現象。《身分危機》（*Identity Crisis*）是關於二〇一六年大選的一份深度研究報告，報告中指出對族裔與種族的態度最能透露一個人是否會投給川普。[10]對於經濟或社會缺乏安全感的白人選民將川普視為他們的守護者，這些人也將自己的困境怪罪於少數族裔。這份研究的三位作者約翰・塞德（John Sides）、麥可・特斯勒（Michael Tesler）以及林・瓦瑞克（Lynn Vavreck）發現共和黨選民當中「比起擔心失去工作的人，擔心白人工作被少數族群搶走的人更傾向投給川普。」[11]

川普競選時，這樣的恐懼早就深植共和黨選民心中，有三分之二的人表示「歧視白人的問題已經跟歧視黑人一樣嚴重」，[12]相信美國本質深受威脅而且認為白人受到不當對待的人將川普視為他們的守護者。經濟壓力只是其中一塊拼圖，除了經濟受威脅，許多川普選民也擔心失去社會地位。加州大學柏克萊商學院社會心理學教授安德森（Cameron Anderson）指出：「個人與群體很難接受自己失去地位與權力……這些威脅會造成他們出現壓力、焦慮、憤怒情緒，甚至暴力行為。」[13]

強烈抵抗民主思想以及渴望強人領袖的這兩個現象，反映出社會害怕白人失去對美國的控制。范德堡大學（Vanderbilt University）的政治科學家巴特爾斯（Larry Bartels）對共和黨選民進行研究，發現百分之五十點七的受訪者同意「傳統美式生活消失得太快，我們可能必須用強硬的方式來挽回。」而且百分之四十七點三的人認為：「強人領袖有時候必須打破規則才能完成任務。」這項研究結果預示了共和黨選民願意接受川普打擊民主的手段，其中最經典的就是川普試圖推翻二〇二〇年大選結果以及號召選民在二〇二一年攻進國會大廈（Capitol）。他們願意接受川普對選舉舞弊的不實指控，反映出他們相信川普正為更崇高的目標奮鬥，也就是保存傳統美式生活，他們認為這象徵了以白人為優勢族群的國家。[14]因此到了二〇一六年，有一大部分美國選民已經準備好迎接「強人領袖」，川普就是他們要找的人。

川普的政治思想過去數十年來昭然若揭，一九九〇年《花花公子》（Playboy）雜誌的一場訪談完整呈現了他的想法，當時他只是炫富的商人，以蓋賭場、外遇、在電視上大發議論聞名。所有在川普執政時期前往美國的外交人員以及駐外記者一定都看過這篇訪談，就像過去試圖要了解中國或蘇聯的人一定會讀《毛澤東語錄》（或稱小紅書）以及列寧的《怎麼辦》（*What Is To Be Done?*）。

一九九〇年時就可以清楚看出川普的威權跡象，當時蘇聯領袖戈巴契夫是許多美國人的英雄，因為他終結冷戰而且為蘇聯帶來改革開放，但是川普鄙視戈巴契夫，他批評道：「他暴露了很大的弱點。他會毀掉蘇聯。」[15]川普成功預言了一九九一年底蘇聯的解體。與戈巴契夫相比，川普比較欣賞中國共產黨，因為他們壓制了國內剛起步的民主運動。川普受訪前九個月爆發了天安門事件，他在《花花公子》的訪談中表示出對美國名人來說相當罕見的觀點，當時他說：「他們很邪惡，他們很可怕，但是他們展現力量來壓制。他們讓人看見力量。我們國家現在看起來很軟弱。」[16]

一九九〇年的這場訪談也透露出後來川普擔任總統時的其他經典特色，例如自怨自艾的偏執想法：「全世界都在笑我們。」以及保護主義：「我會在所有進口到美國的賓士車以及日本產品上加稅。」川普對自己政治潛力的欣賞也相當精闢：「我知道賣點是什麼，我也知道大眾想要什麼。」

他在二〇一六年證明了他確實知道「賣點是什麼」以及「大眾想要什麼」。川普一再說出冒犯主流政治的言論，每次都讓人以為他的政治生涯完蛋了，例如他說歐巴馬並非出生於美國，馬侃（**John McCain**）不是戰爭英雄，「抓女人私處」只是「更衣室閒聊」。然而這些言論都沒有傷害到川普，事實上他們甚至提升了他的支持度，有一大群人相信美國需要改變方向，而且他們想要一名強人領袖來「打破規矩完成任務」，而川普打破禁忌的發言顯然證明了他就是大眾想要的人選。

某些社會與經濟因素導致其他國家的強人興起，這些因素在二〇一六年的美國也清晰可見。美國出現了一位政治人物，懂得利用意識形態與政治手段滿足大眾對強人的渴望，藉此獲得權力，這個人就是川普。不過美國相當幸運，他們擁有在民主政治下發展了數百年的體制和政治傳統。美國的法律、制度以及先例形成了民主約束力，並與強人政治拉扯，這就是川普的總統之路。

從競選開始一直到擔任總統的四年期間，川普並非以民選總統的方式執政，而是憑著專制強人的本能執政。他的政策以個人崇拜為手段，二〇一六年川普在共和黨大會上發表勝選感言時譴責美國體制的腐敗並且聲明：「我一個人就能夠導正風氣。」到了二〇二〇年，共和黨對他如痴如狂，甚至放棄過往發布詳細政策綱領的傳統，直接宣布：「共和黨會持續熱切支持總統的美國優先政策。」

當上總統後，川普很快表明他任命的官員必須對他忠誠，而不是對法律忠誠。聯邦調查局長詹姆斯・科米（James Comey）曾受邀與新總統單獨用餐，川普當時不斷要求他「宣誓效忠」。科米拒絕了，而他短短幾個月後即遭開除。[17]當時的通知信是由一位懂得對總統表示衷心的人送到科米手中，這個人就是川普前保鑣席勒（Keith Schiller）。在川普的第一次全體內閣會議中，他設法讓內閣成員在攝影機前宣誓效忠，場面十分尷尬。副總統彭斯（Mike Pence）用低三下四的語調開了個頭：「能為一位信守對美國人民諾言的總統當副總統，是我畢生最大的榮幸。」川普的幕僚長蒲博思（Reince Priebus）向總統致謝，並且表示「能夠為您的政治議程服務是一大喜事」。檢察總長賽辛斯（Jeff Sessions）表示：「能夠為您服務是莫大的榮幸。」[18]

這些人很快就發現他們的忠誠不會有回報，也發現在川普面前卑躬屈膝不代表就能保住工作。蒲博思一個月後遭到開除。賽辛斯是第一位表態支持川普的共和黨參議員，但是他迴避「俄羅斯調查」的舉動激怒了上司，此案要調查的是大選期間川普陣營是否與克里姆林宮私通。二〇一八年十一月，賽辛斯遭到開除。彭斯撐到了最後，但是最終他因為沒有支持總統推翻二〇二〇年大選結果而被指控背叛，當川普的支持者衝進國會大廈高喊著「吊死麥克·彭斯」時，彭斯被迫找個安全的地方躲避。

彭斯最後終於與總統戲劇性的決裂，當時他拒絕跟川普一起謊稱大選出現舞弊。但是彭斯清楚了解謊言從最一開始就是川普政治生涯的基石，這也是新時代強人領袖的特點。普丁和他的宣傳團隊發明了「謊言連珠炮」作為重要政治武器，他們的作法是不斷丟出不同的陰謀論以及「另類事實」——這個詞出自川普副手凱莉安·康威（Kellyanne Conway）——直到最後真相只是不同說法中的其中一種。[19]

對強人領袖來說，「謊言連珠炮」的重要功能是能夠輕鬆推卸責任。許多證據顯示新冠疫情源自中國，以及俄羅斯的飛彈射下了馬航ＭＨ17，但是中國與俄羅斯的發言人都會隨意丟出數種其他說法來掩蓋事件真相。建立虛假的論述確實是這個時代強人領袖的重要手段：奧班堅稱索羅斯計畫讓匈牙利充滿難民；卡臣斯基堅持斯摩稜斯克空難是俄羅斯的陰謀；厄多安堅稱「利率遊說」試圖陷害土耳其；強生則暗示「深層政府」試圖推翻脫歐公投結果。由於死忠支持者只相信領袖或國家好的一面，因此永遠會有人相信這些理論。心理學家稱這個現象為「動機性推理」：這種思維讓人們選擇最讓他們感到滿足的結論，而不是透過證據來推理。

川普本能地了解這種痴心妄想帶來的力量，或許因為他自己就住在幻想中的世界，他相信所有他碰過的東西都會變黃金，而且就算有幾次破產紀錄，他依然是「贏家」。因此那些無法接受自己國家出現黑人總統的美國人，在聽到歐巴馬並非在美國出生因此不是合法的總統時，他們的情緒因為這個謊言獲得滿足。效忠川普的人無法接受二〇二〇年川普選輸的事實，所以選擇相信他們的英雄其實是選舉舞弊的受害者。參議員克魯茲（Ted Cruz）曾經精確地將川普形容為「喪心病狂的騙子」，最後他卻在參議院幫川普撒了最大且後果最嚴重的謊：選舉舞弊。

如果說川普的總統生涯是以謊言作結，一開始其實也是以謊言開啟：他大言不慚地聲稱華府破紀錄的群眾是為了聆聽他的就職演說才來。在他的任期中，川普持續明目張膽地撒謊，或是支持謊言論調和轉推陰謀論，例如宣傳賓拉登（Osama bin Laden）還活著的假消息。他同時將「匿名者Q」陰謀論（QAnon）的幕後黑手稱為「愛國人士」，這些人相信總統正在對抗戀童癖菁英以及性工作者，他們也積極參與了二〇二一年的國會大廈暴動。對於川普來說顯然沒有太瘋狂或太低級的陰謀論，二〇一五年十二月，川普上了美國知名右翼陰謀論者瓊斯（Alex Jones）的脫口秀，瓊斯不斷聲稱二〇一二年造成二十位六、七歲孩童死亡的桑迪胡克小學（Sandy Hook）槍擊案是場騙局。川普對瓊斯說：「你很出名。我不會讓你失望。」[20]《華盛頓郵報》（*Washington Post*）將川普的謊言與不實論述以表格統計，在他擔任總統的四年間總計大約有兩萬兩千則。[21]

真正的獨裁者可以強迫整個社會對他的謊言照單全收，川普大都是透過掌控全國的體制做到這一點。川普不斷開除不夠服從的內閣成員或政府官員，試圖以效忠他的人替補，以達成他掌握全國體制的目的。但是最終美國最重要的體制沒有屈服，川普陣營丟出「謊言連珠炮」試圖證明二〇二〇年的大選出現舞弊，但是法院一再駁回，司法機構依然重視證據與事實。令人感到可恥且危險的是，美國眾議院共和黨議員連同參議院十一名參議員跟著川普二〇二〇年大選舞弊的謊言起舞。

川普任職期間顯然很羨慕其他強人領袖，他們是真正的獨裁者，可以將政敵關入牢中，而且讓國家制度服從他們的意念。川普時常無情地批評民主領袖，他稱加拿大總理杜魯道（Justin Trudeau）「不老實又軟弱」，也毫不隱藏他對德國總理梅克爾的厭惡。相較之下，即使他的行政團隊正與中國展開貿易戰，他依然稱呼習近平為「偉大的領袖」以及「很棒的人」。

波頓（John Bolton）在二〇一八到二〇一九年間擔任川普的國家安全事務顧問，希爾則在二〇一七年到二〇一九年間擔任白宮俄羅斯事務顧問，兩位顧問在回憶錄中都提到川普與習近平、普丁及厄多安等專制獨裁者保持友好，且川普十分欣賞他們。近身觀察川普的經驗讓希爾相信川普深陷「羨慕獨裁者」的情節，她提到川普暱稱厄多安為「蘇丹」[22]，而且「川普常開玩笑地對厄多安說很羨慕他在國內想做什麼就做什麼」。[23]二〇一九年五月匈牙利總統奧班到白宮拜訪川普，兩人的親近令波頓感到不適。川普任內的美國駐匈牙利外交官科恩斯坦（David Cornstein）同時是川普的老友，他也曾說：「川普很想擁有奧班的權力，但是他沒有。」[24]傳統上美國往往以人權問題向中國施壓，但川普一如往常偏好獨裁，因此不但拋下了這些指控，反而鼓勵習近平侵犯人權。波頓提到在一場二十大工業國會議中，「習近平向川普解釋為什麼他在新疆打造集中營。根據我們口譯員的說法，川普說習近平應該繼續建造這些營區，因為他覺得這是正確的作法。」[25]白宮曾經擬了一份聲明紀念天安門事件三十週年，但是川普卻親自擋下了。[26]

川普與普丁也發生過類似的情況，川普阻止了一份批評俄羅斯入侵喬治亞的十週年聲明。當俄羅斯在英國使用生化武器試圖殺害前俄羅斯探員斯克里帕爾（Sergei Skripal）時，川普一開始也反對對俄羅斯進行制裁。在所有川普跟外國領袖的關係中，他與普丁的關係受到最嚴格的檢視。俄羅斯介入二〇一六年美國總統大選的證據確鑿，因此開啟一連串調查以檢視莫斯科當局與川普陣營是否勾結，川普將這些調查稱為「俄羅斯騙局」。川普的官員偶爾也承認他們不知道俄羅斯總統和美國總統之間真正的關係，波頓語帶神秘地提到川普「對俄羅斯領袖的個人看法依然是個謎。」[27]一位曾參與川普會議的英國官員跟我說：「絕對事有蹊蹺，對於普丁或俄羅斯的話題他總是閃爍其詞。」[28]

或許川普與普丁之間的關係還有尚未曝光的一面，但是事實上川普的恣意妄為無需解釋。川普的言行舉止透露出他崇拜強人領袖的威權，而且比起優柔寡斷的自由派，川普比較欣賞強人的手段，也比較喜歡跟這些強人相處。他跟記者伍德華（Bob Woodward）說過：「他們愈兇狠，我跟他們愈處得來。」[29]

事實上，川普不只跟強人領袖處得來，他也羨慕他們可以不用像美國總統一樣受法律與制度拘束。土耳其國營人民銀行（Halkbank）涉嫌違反伊朗制裁，當時紐約的檢察官對此展開調查，波頓提到川普曾向厄多安保證他可以終止這場調查，波頓說：「簡直就像川普試圖證明他可以跟厄多安一樣為所欲為。」[30]川普對外交的想像就是強人互相做人情，這麼做的同時，他們也在展現自己的權力和氣度。《新聞頭條》（Newsmax）負責人拉迪（Chris Ruddy）是總統好友，他向我透露川普特別喜歡一場與習近平的對話，當時他請習近平釋放三名在中國闖禍而遭逮捕的美國籃球選手，「習近平說沒問題，川普最欣賞這種態度。」[31]希爾總結說川普希望成為超級富豪獨裁者的其中一員，「極度富裕、權力極高而且聲名遠播，他們是自成一派的菁英」，而且他「希望像他們一樣統治國家，他喜歡粗獷的權力，不喜歡有太多制約與平衡機制」。[32]

川普崇拜的不僅是習近平、普丁、厄多安等人為所欲為的權力，他也羨慕他們可以在位數十年。二〇一八年跟習近平會面時，川普謊稱美國也打算取消兩屆總統任期的限制，這樣他就可以在位數十年。習近平顯然很會滿足川普的虛榮心，後來在一通電話中回覆說中國希望美國能修憲成功。[33]這些私下對話呼應了川普在公開場合的發言，他曾經說過想學中國廢除任期限制，當習近平任期延長時他說：「我覺得很棒……或許我們改天也來試試。」這句話被川普的辯護者當作玩笑話。[34]但是他跟習近平的對話，以及他在二〇二〇年試圖推翻選舉結果的作為，顯示川普真的希望能夠終身執政。希爾不認為川普提到習近平終身執政時只是在開玩笑，她說：「他老是把這件事掛在嘴邊就顯示了他的意圖，他沒有在開玩笑。」[35]

在川普的任期期間，特別是最後毀滅性的高潮時，川普總是強調力量。二〇二一年一月六日他發表了演說，鼓吹他的支持者衝進國會大廈，當時他說：「靠軟弱是奪不回我們國家的，你們必須展現力量，你們必須強壯。」[36]這場演說顯示出川普特色的強人政治中許多特質，首先是漫天大謊：「我們贏了這場選舉，而且我們大獲全勝。」接著是關於「假新聞」的陰謀論，然後是經典手段：利用白人支持者被其他種族引發的恐懼與不滿。他說：「你們才是真正的人民。你們才是打造這個國家的人。你們不是摧毀這個國家的人。」[3]川普指控他的政敵摧毀了這個國家，其實他才是真正摧毀美國民主的人。而他的追隨者高喊「不要再偷了」，反而讓川普自己可以偷走選舉。

幸好二〇二一年一月二十日拜登成功就職，打翻了川普的如意算盤。川普雖然沒有成功動搖美國民主與體制，但是成功動搖了許多美國人的內心，讓一大群美國選民走上陰謀論與專制獨裁的道路，例如國會大廈事件後的民調顯示大多數共和黨選民認同暴民入侵美國民主的殿堂。

因此二〇二〇年川普總統任期結束時，美國並沒有擺脫強人政治。川普帶進美國政治的專制風格在川普任期結束後會繼續存在，例如深信美國體制敗壞，需要「願意打破規矩」的強人才能做好事情。許多白人選民的恐懼與憎恨成為川普主義的養分，而川普的失敗會讓這些情緒升溫，特別是這場失敗剛好遇上了提升非裔美國人待遇的訴求，這個訴求與「黑人的命也是命」（Black Lives Matter）運動有關。問題不在於川普主義是否能在二〇二一年後持續存在，而是川普是否能夠持續主導這場運動，或是會由他的家人以及其他野心勃勃的共和黨員來持續推動。

川普在世界最大民主政體引發的危機對中國、俄羅斯以及其他強人領袖非常有利。畢竟當美國的民主受到如此嚴重的衝擊，又要如何對抗其他強人專制政權呢？美國軍事、政治與文化實力強大，因此在美國發生的事勢必影響全球的政治局勢。美國並不是第一個陷入強人政治圈套的國家，我們已經知道俄羅斯、土耳其、中國、印度和歐洲某些國家都先淪陷了。但是二〇一六年美國選出一位強人領袖還是讓全球民粹專制主義擁護者為之振奮，從巴西利亞（Brasilia）、利雅德（Riyadh）到馬尼拉（Manila），未來的川普們都學到了一課。

第八章 杜特蒂與東南亞的民主衰退

「我想跟你道聲恭喜，我聽說了你解決毒品問題的壯舉……很多國家有這個問題，我們也是。但你做得真好，我打來就是為了跟你說這件事。」[1]

川普在二〇一七年四月給杜特蒂（Rodrigo Duterte）的賀詞示範了他與世界強人領袖閒聊的方式，他說金正恩「非常開放、棒極了」，習近平則是「強壯的傢伙」。[2][3] 但是到了杜特蒂，川普卻選擇稱讚這位菲律賓總統最惡名昭彰且殘酷無情的政策：任意處決被指控使用或交易毒品的人。

二〇一六年五月，杜特蒂當選菲律賓總統，緊接著六個月後川普就當選美國總統。二〇一六年六月，這位七十一歲的菲律賓領袖宣誓就職，行刑隊幾乎立刻出動。就職演說中，杜特蒂向聽眾保證他絕對會遵守法律，但就在幾天後，他鼓吹馬尼拉民眾進行私法正義：「如果你認識毒蟲，直接親手殺了他們。」[4] 根據國際特赦組織統計，杜特蒂的「反毒戰爭」在他掌權後的前六個月造成超過七千人死亡。[5]

大量的報導以及人權報告詳細描述了過程：杜特蒂公開宣布數百名嫌犯的姓名[6][7][8]，接著他們就一個個死去。有些嫌犯因為「拒捕」而遭警察槍殺，有時則是騎著摩托車的蒙面義勇人士將他們綁架並殺害。受害者遇害時可能在街上或與家人在家中，甚至有人是第一次遇害時活了下來，送醫後卻在醫護人員驚恐地見證下於病床上遭殺害。數十位孩童因被波及而喪命，杜特蒂說這僅是「附帶損害」。[9]「反毒戰爭」造成的死亡人數至今飽受爭議：二〇二〇年七月官方公布死亡人數為六千人，但是菲律賓人權委員會認為高達兩萬七千人。[10][11]數十萬嫌疑犯擔心自己的性命安全，因此向政府屈服投降，這也表示目前菲律賓擁有全球最擁擠的監獄。[12]杜特蒂就職演說所開啟的一波攻擊結束後，死亡人數開始下降，但是這項由國家發出的殺人制裁從未正式廢除。

所有在強人時代崛起的領袖當中，杜特蒂表現得最為兇殘。川普曾經戲稱他就算在第五大道射殺一個人，民調也不會受影響，杜特蒂則親自驗證這點。他公開炫耀自己殺過人：在海灘酒醉鬧事中刺殺一個人、槍殺謀殺嫌疑犯，或是把一名殺人犯從直升機拋下。[13][14][15]這些炫耀內容不只沒有讓他失去選民，還成為他的賣點。杜特蒂很喜歡大家稱他「硬漢杜特蒂哈利」，這名稱來自克林伊斯威特（Clint Eastwood）主演的《緊急追捕令》等骯髒哈利系列電影，其中克林伊斯威特扮演義勇警察。

杜特蒂在競選期間毫不掩飾他打算使用行刑隊的意圖，這反而成為他的競選承諾：「你們這些吸毒的人，狗娘養的，我真的會殺了你們。我可沒有耐心。」[16]兇殘的領袖比比皆是，但是有三個特點讓杜特蒂成為強人時代裡重要的國際人物。首先，他改良甚至開創了許多民粹統治手段，後來的川普及其他強人領袖也紛紛效法，例如攻擊菁英、社群上出奇招、執意說謊，以及將政治過分簡化。其次，贏得選舉後，杜特蒂展現民粹強人領袖鞏固權力以及打擊民主的手段，包含鼓吹個人崇拜、有計劃地威脅與監禁政敵，以及破壞媒體與司法獨立。這些手段在俄羅斯、匈牙利和印度也出現過，而川普在美國也試圖使用。杜特蒂對於強人時代格外重要的第三個原因是，過去四十年來菲律賓與整個東南亞在全球威權與民主的對抗中扮演關鍵角色。東南亞是中國的「後花園」，也是這個地區的民主領頭羊，這點在未來幾年也會益發重要。

對大多數歐洲人與美國人來說，一九八九年柏林圍牆倒塌象徵民主終於戰勝威權，因此該年被視為「奇蹟之年」。大型的示威活動讓東德、捷克斯洛伐克以及羅馬尼亞的一黨政治垮台，後來被稱為「人民力量革命」。但是「人民力量」一詞最早其實源自一九八六年菲律賓的大型示威運動，當時的抗爭成功拉下軍事專制領袖馬可仕（Ferdinand Marcos）以及他愛好收藏鞋子的妻子伊美黛（Imelda）。

馬可仕掌權二十年後，因為選舉舞弊以及最大政敵艾奎諾（Benigno Aquino）的暗殺事件讓人民起身反抗，導致馬可仕權力開始動搖。連一向支持馬可仕的美國也不再擁護他，最終馬可仕逃亡海外，由艾奎諾的寡婦柯拉蓉（Corazon Aquino）接任總統。菲律賓的「人民力量革命」開啟了東亞民主轉型浪潮，緊接著民主化的是南韓（一九八七）、臺灣（一九八七至一九九六）、印尼（一九九八）。這三個國家跟菲律賓一樣，專制統治的全盛時期都有一位獨裁者：南韓的朴正熙（Park Chung-hee）、臺灣的蔣中正，以及印尼的蘇哈托（Suharto）。

如今菲律賓卻成為東亞最極端的例子，展現一個國家如何在政治上開倒車。杜特蒂擔任總統後的第一步極具象徵意義：讓獨裁者馬可仕下葬英雄公墓。馬可仕家族從國庫竊走數十億美元，但杜特蒂即位後就將負責調查與追討的團隊解散。杜特蒂顯然正在將菲律賓帶回專制時代，而他的政策獲得菲律賓大多數人支持。二〇一九年柯羅內爾（Sheila Coronel）提到，杜特蒂總統的任期中執政滿意度一度接近百分之八十。[17]杜特蒂一部分的支持度來自他各項灑錢的計畫，例如替公職人員加薪以及為國立大學免除學費，但是「反毒戰爭」以及強人蔑視法治的態度也大獲好評。

確實該擔心獨裁回歸是東亞未來的趨勢，一九九〇年代初期我在泰國擔任《經濟學人》的駐東南亞記者，當時泰國剛經歷一九九一年的政變，正在重建民主，十年內民主逐漸成形，但是二〇一四年的政變讓泰國重新回到軍政府統治。二〇一〇年，起步稍晚的鄰國緬甸（Burma，又稱Myanmar）隨著翁山蘇姬的釋放而邁向民主，但在二〇二一年，翁山蘇姬再度被捕，緬甸又落入軍政府手中。*

印尼是東南亞最大國以及全球人口第四大的國家，自一九六〇年代起受殘暴軍政領袖蘇哈托統治數十年，但目前由低調的平民總統佐科．維多多（Joko Widodo）帶領，大家都稱呼他為佐科威（Jokowi）。二〇一六年我在倫敦第一次跟佐科威見面，他跟帝王般的蘇哈托形成強烈對比。佐科威是我接觸過的世界領袖當中最謙遜的，大多時候讓他的貿易部長倫旺（Tom Lembong）與人交涉，偶爾遇到關於軍隊歷史上違反人權的刁鑽問題時，佐科威才會默默出面回應。佐科威對外謙遜的態度以及他平凡的出身讓他獲得親民的形象，他主要的政策多關乎印尼一般大眾的生活品質。但是隨著時間過去，就連佐科威也逐漸專制。他為了提高政治地位，開始支持激進伊斯蘭教分子以及蘇哈托時期的軍事將領。佐科威當然無法與杜特蒂相提並論，但是早期大家振奮地稱佐科威為「印尼版歐巴馬」，果然還是太天真了。[18]

杜特蒂跟保持低調的佐科威不同，成為了全球備受矚目的人物，部分是因為他刻意塑造的狂人形象。不過除了荒謬的演出，還有其他原因讓國際社會開始關注這位菲律賓總統。杜特蒂是第一位被菁英認為完全不可能擔任國家領袖卻成功掌權的強人，他開創了獨樹一格的民粹政治。

二〇一六年杜特蒂成功的選戰顯示能夠打動選民的大謊言非常有用，因為這個謊言聽起來非常真實，杜特蒂的謊言就是菲律賓即將成為「毒品大國」。專家對此都嗤之以鼻。菲律賓確實有

---

* 二〇一〇年被釋放後，翁山蘇姬共謀迫害緬甸羅興亞族群也讓國際社會對她大失所望。但緬甸依然保持民主制度。二〇二〇年軍隊對選舉結果不滿，跟川普一樣提出選舉舞弊控訴，最後導致二〇二一年的政變。

毒品問題，特別是甲基安非他命，或稱「沙霧」，這在貧困地區是一大問題。但是根據聯合國統計，菲律賓的藥物濫用情形遠低於世界平均，二〇一六年的數據顯示只有百分之一的人口使用甲安。[19]

就像川普謊稱移民當中很多人是罪犯一樣，杜特蒂提出的毒品問題也變成大家焦慮與缺乏安全感的來源。杜特蒂跟川普一樣擅長使用駭人的言論讓大家持續關注他，也因此讓他的對手顯得過於無趣和謹慎。

杜特蒂跟川普的另一個共通點就是透過選舉制度技巧性獲勝，兩位領袖都沒有贏得絕對多數，二〇一六年川普是靠選舉人制度險勝，杜特蒂則是靠菲律賓一輪定勝負的選制，只要票比較多就能夠當選總統。二〇一六年五月九日，杜特蒂打敗其他四名候選人，得票率百分之三十九，第二名則是羅哈斯（Mar Roxas），得票率百分之二十三點四五。

這樣的票數就可以決定誰獲得人民授權，在民粹民族主義時代愈來愈常見到自由派國際主義人士對選舉結果摸不著頭緒，菲律賓選舉結果也是如此，對於旁觀者來說，菲律賓在艾奎諾統治時期達到巔峰。根據《經濟學人》說法，菲律賓變得「無趣而成功」，平均每年經濟成長率為百分之六。[20]

但是杜特蒂在不穩定的中產階級找到他的受眾，這群人對治安感到焦慮而且不滿當權者無力處理治安問題。就像莫迪和川普，杜特蒂利用了大眾對政治人物的不信任以及對貪腐的厭惡。四分之三的菲律賓國會議員來自傳統政治王朝，大多數人認為他們腐敗而且對人民漠不關心，某些人確實如此。[21]雅羅育（Gloria Macapagal-Arroyo）在二〇〇一年至二〇一〇年間擔任總統，她被控挪用彩金，而她的接班人兼前影星埃斯特拉達（Joseph 'Erap' Estrada）因為侵佔公款遭定罪。（他同時也酗酒，是我訪談經驗中唯一一位在受訪時睡著的政治人物。）

杜特蒂透過抵制由腐敗菁英組成的「馬尼拉帝國」獲得權力，他自稱討厭跟這些菁英打交道，因為他自己來自鄉下而且講話還有地方口音。在馬尼拉讀法學院時，他聲稱射傷了一名目中無人的學生，因為對方模仿他說話方式。[22]（這件事並沒有害他畢不了業。）他依然每週回到故鄉達沃，他曾在此擔任市長數十年，而且喜歡大家繼續稱他「市長」而不是「總統」。

杜特蒂結合了平民與粗魯的形象。他的演說內容毫無邏輯可言，充斥粗鄙的言論，交雜著宿霧語、他加祿語和破碎的英文。跟川普與波索納洛一樣，這種粗鄙的形象讓他跟彬彬有禮的當權者有所區別。杜特蒂雖然知道這個形象是他的政治資產，但這些其實不是裝出來的。一九九八年七月杜特蒂因為離婚的關係必須接受心理分析，當時發現他「有強烈羞辱他人的傾向」，而且有自戀型人格問題。[23]他易怒、厭女以及憤恨的人物設定很真實，因為他就是這種人。而許多人跟他一樣憤怒，因為這個國家的政治階級奸詐，菁英階級又不知民間疾苦。

雖然杜特蒂以抵抗當權者作為賣點，但是當他一就任，毫不令人意外地立刻為馬尼拉菁英階級服務，杜特蒂與獨裁者馬可仕的兒子小馬可仕非常友好（Bongbong Marcos）；前總統雅羅育的受賄指控最終不成立，在杜特蒂執政的前幾個月，雅羅育公開感謝新總統「提供了適當的環境」，讓她得以免罪，[24]二〇二〇年十一月，杜特蒂任命雅羅育為總統顧問。

杜特蒂接納馬可仕與雅羅育等人毫不令人意外，因為他自己跟他們一樣其實也出身菲律賓政治世家。杜特蒂極力為自己建立平民形象，但是他的父親文森特（**Vicente**）其實是地方首長，後來也加入獨裁者馬可仕的內閣。杜特蒂在校成績不佳，而且被多所學校退學。但是一九八六年馬可仕政權垮台後不久，杜特蒂透過他母親的人脈當上菲律賓第三大城市達沃的副市長，兩年後他獲選市長，並且多次擔任市長長達二十多年。[25]

跟普丁與厄多安一樣，杜特蒂先投入大城市的政治圈，這是培養權力的重要基地，也是在小舞台學習政治手腕的好機會。一九八〇年代的達沃深陷戰爭泥淖，菲律賓共產黨的游擊組織新人民軍在南方的民答那峨島上刺殺警官，民間義勇軍自發追緝左派分子，摩洛人當中的穆斯林獨立主義人士發起恐怖主義攻擊，最糟的是，毒品集團引發了犯罪潮。為了奪回控制，杜特蒂採用分而治之的策略。他歡迎前共產黨員加入他的團隊，例如前新人民軍成員瓦斯科（**Leoncio Evasco Jr**）就成為他的競選經理與幕僚長。他也指派一位副市長來照顧摩洛族群權益，並且向獨立主義分子保證只要放下武器就會獲得特赦。但是一旦有人不服從杜特蒂的新命令就會面臨殘酷懲罰，特別是涉及毒品的人。

二〇〇九年，菲律賓人權委員會派遣一組人前往達沃市近郊一座廢棄的採石場，他們在這裡發現上千具人骨遺骸，這些是達沃行刑隊的受害者，這個私刑組織在杜特蒂擔任市長期間殺害了超過一千四百名毒品使用者與毒販。[26]這場調查由長期批評杜特蒂的萊拉・德利瑪（Leila de Lima）主導，但是很快地調查就被菲律賓司法部長兼杜特蒂法學院同學阿基瑞（Vitaliano Aguirre II）勒令停止。

二〇一六年九月，杜特蒂當選後不久，此時已經是參議員的德利瑪再度對達沃行刑隊展開調查，這次大有斬獲。行刑隊前成員向參議院人權委員會作證杜特蒂親自監督他們的行動，而且杜特蒂也曾經親自處決嫌疑犯，他們說組織資金用的是根本不存在的市府員工的薪資。杜特蒂對參議員德利瑪展開迅速且兇殘的報復，在總統施壓下，她被迫離開參議院人權委員會。二〇一七年二月，她因為不實的販毒罪名遭逮捕，作證的是警官與監獄囚犯，這些罪行都不得保釋。二〇二一年她依然在獄中等待審判，但是她宣佈會參選二〇二二年五月的參議院補選。

杜特蒂雖然否認參議院人權委員會的所有指控，並且試圖破壞調查的可信度，但是他跟達沃行刑隊在檯面上的關係十分複雜。他常常稱讚行刑隊的行動，並且自誇親手殺過毒販。過去他擔任市長時主持星期天早晨的電視節目，他曾看似自首：「他們說我是行刑隊？沒錯，確實。」後來他聲稱這只是玩笑話，但是他的動機很明顯，他想將達沃行刑隊的成果攬在自己身上，又不明確說明自己在行刑隊的角色。他在一場造勢大會上說：「我是你們最後一張牌。我保證我願意弄髒手以完成任務。」[27]這是經典的強人論述：體制失敗，只有他才能重建秩序，因為他敢使出其他人不敢用的手段。杜特蒂用達沃以及達沃行刑隊證明自己，他稱之為「一號展示品」。杜特蒂承諾用達沃的手段來統治菲律賓，但是諷刺的是，達沃至今依然無法好好運作，依然是菲律賓謀殺率最高的城市。[28]如果目前的達沃比一九八〇年代更加安全富裕，那是因為整個菲律賓都進步了。

杜特蒂對自己在達沃政績的誇大不實，只是他在競選期間散播的大量假訊息的其中一環。杜特蒂的競選資金不及其他對手，因此他的社群團隊知道不能仰賴付費宣傳，必須開發新方式。他們很快就鎖定臉書。杜特蒂狂妄的言論不論如何虛假，都很適合吸引分享數、讚數以及留言，讓訊息迅速流傳。在一毛不花的情況下，選舉團隊成功觸及菲律賓七千萬臉書使用者（菲律賓的總人口為一億八百萬）。但是選舉團隊確實花了額外的資金進行社群宣傳，總計投入二十萬美金設立假帳號和聘雇酸民，以替杜特蒂散播假訊息。其中包含英國皇室或教宗盛讚杜特蒂，或是政敵的假性愛影片，以及謠傳犯罪的可怕畫面，例如有張照片是一位菲律賓母親因為孩子遭黑幫殺害而痛哭，後來發現照片拍攝於巴西。[29]

菲律賓成為假新聞泛濫的重要起始點，一位臉書高層稱之為「零號病人」。[30]儘管如此，臉書在二〇一六年五月的選舉前沒有採取任何行動。當年八月杜特蒂確定當選後，知名記者兼獨立新聞網站《拉普勒》（Rappler）創辦人瑞薩（Maria Ressa）試圖警告臉書事態嚴重。她提供了大量散播杜特蒂假訊息的假帳號名單給臉書高層，並且警告：十一月的美國大選可能會面臨同樣威脅，很快事實證明她是對的。

美國大選過後，臉書終於採取行動，關閉瑞薩發現的杜特蒂陣營假帳號，但是情勢已經無法挽回。杜特蒂成功利用社群達到他在菲律賓勝選的目的。也為全球的強人示範了如何利用假訊息達成政治目的，瑞薩說到：「他們在測試如何從國內操控美國。成功的話，他們就『外銷』到世界各地。」[31]

杜特蒂當然對這些試圖推翻他可信度的勢力感到不滿，二〇二〇年九月他威脅要禁臉書，因為臉書關閉了一批與菲律賓軍警有關聯的假新聞帳號。杜特蒂反過來指控發現這些假帳號的《拉普勒》接受中情局贊助，而且還說這些放肆的記者「很可能遭刺殺」。菲律賓新聞秘書辦公室斥責記者不懂總統獨特的幽默感，建議記者要「認真對待總統的發言，但不要取字面之意」（這句話源自那些替川普辯護的人）。然而杜特蒂的威脅並不只是唬人，他真的冷酷地對在媒體上批評他的人出手，瑞薩就因為一些荒謬的罪行而收到十封拘捕令，罪名大多為毀謗或逃稅，而且可能面臨數年刑期。[32]

杜特蒂也鎖定菲律賓傳統媒體集團ABS-CBN，因為杜特蒂對他們關於反毒戰爭的報導極度不滿。集團的營業執照於二〇二〇年五月到期後即被迫停止經營，菲律賓眾議院受到杜特蒂陣營的人掌控，投票決議不更新營業執照，而接著ABS-CBN在失去大量廣告收入後也被迫關閉地方頻道。這是經典的強人手段：二〇一九年波索納洛威脅要取消巴西最大電視台的執照，另外我們也看到匈牙利媒體已經受到奧班嚴厲控管。

杜特蒂打壓異己的行為也擴及司法機關，菲律賓層級最高的反受賄官員莫拉萊斯（Conchita Carpio-Morales）對杜特蒂個人財務展開調查，杜特蒂因此威脅要罷免她，並且命令她將副手卡蘭丹（Arthur Carandang）停職。莫拉萊斯拒絕了，但是在她任期結束後，杜特蒂以效忠他的人取代她的職位，卡蘭丹也隨之遭開除。最高法院的首席大法官賽瑞諾（Maria Lourdes Sereno）公開質疑杜特蒂發動反毒戰爭以及在民答那峨島宣佈戒嚴的合法性，最後她因令人難以理解的原因遭踢出法院。她被控未依法申報財產——杜特蒂可從來沒做過這件事。現在杜特蒂手下有一群服從的司法人員，因此他從未因為反毒戰爭中迫害人權的罪行遭起訴，他在民答那峨島宣佈戒嚴導致人權在「恐怖主義戰爭」下遭迫害，但同樣未被起訴。

杜特蒂與奧班、普丁和習近平等強人不同的是他缺乏意識形態。他有的是不完善的民族主義以及對「喋喋不休的教育階級」心懷不滿。但是他並未試圖為他的行為提供合理的解釋，或是像其他專制領袖一樣提出反自由派的計畫。這點使得杜特蒂和川普與波索納洛很像。就跟這兩位領袖一樣，杜特蒂靠的是本能與人脈，他依照效忠程度與個人情誼決定任命的對象，他的童年好友杜明奎（Carlos Dominguez III）擔任財政部長，另一名同學梅迪亞德雅（Bingbong Medialdea）則擔任文官長，這是總統府最高階的位置。杜特蒂其他過去的同學受任命為外交部長與司法部長，他的女兒薩拉（Sara）現在是達沃市的市長，常代表父親出席國際場合，而他的兒子巴奧洛

（Paolo）則擔任副市長，杜特蒂還說過薩拉可能成為他的接班人。

這位菲律賓總統依靠本能、毫無章法的統治方式也反映在外交政策上，在杜特蒂剛就任時，曾經因為拜訪北京造成華盛頓錯愕，當時他宣佈菲律賓將與美國這位傳統盟友「分道揚鑣」。在人民大會堂熱切的聽眾面前，這位菲律賓總統表示：「我依照中國調整了我的意識形態，或許我也會去俄羅斯拜訪普丁，跟他說現在中國、菲律賓和俄羅斯三個一起對抗世界，這是未來唯一的方向。」杜特蒂的發言有一部分反映了他對歐巴馬總統的怨氣，因為歐巴馬政府批評了杜特蒂的人權紀錄。杜特蒂的回應是稱歐巴馬為「妓女的兒子」，並且叫他「下地獄去」。[33]

杜特蒂長期耕耘菲律賓的反美情結，這在菲律賓相當罕見，而杜特蒂這麼做背後有個人及政治因素。

二〇〇二年杜特蒂計畫到美國探訪女友阿旺塞納（Honeylet Avancena）時，美國因為對他與行刑隊的關係有疑慮而拒發簽證。早在他與歐巴馬交惡之前，他就曾經羞辱過美國大使，稱他為「妓女的同性戀兒子」，因為對方批評杜特蒂在競選時期的爭議發言，當時杜特蒂在評論一九八九年達沃市逃獄事件時說很可惜他沒能一起輪暴傳教士。歐巴馬事件後，杜特蒂暫時取消與美國在南海的共同軍演，而南海正是中國積極佔領的地區。

但是對於任何菲律賓總統來說，反美立場難以長久維持。國際調查指出菲律賓是世界上最親美的國家之一。菲律賓在一八九八年至一九四六年間為美國殖民地，因此菲律賓對美國文化感到親切，這樣的背景下很難一直對美國抱持怨恨。超過半數菲律賓人會說英文，也有很多定居在菲律賓的美國人社群，而且籃球是菲律賓最受歡迎的運動。美國的太平洋艦隊在菲律賓有基地，而且兩國海軍常有共同軍演，而杜特蒂自己在就職演說中也引用了富蘭克林・羅斯福（Franklin Roosevelt）與亞伯拉罕・林肯（Abraham Lincoln）兩位美國總統的話語。

南海是全球三分之一海運的必經之地，因此成為重要策略海域，而菲律賓和中國長年在此地區有著領土爭議。這個議題似乎困擾著杜特蒂，因為他在被記者問到相關問題時很罕見地推薦了一本非常嚴肅的書，是由羅柏・卡普蘭（Robert D. Kaplan）所撰寫的《南中國海：下一世紀的亞洲是誰的？》（*Asia's Cauldron*），杜特蒂也偶爾會因為這個議題採取反中或是民族主義的立場。在競選總統期間，他以挑釁的語氣說他會騎著水上摩托車到中國在爭議水域建造的人造島上插菲律賓國旗。

杜特蒂也面對菲律賓軍隊的壓力，而軍方一直以來都跟美方密切合作，因此是忠實的親美派。菲律賓大眾同時對於自己國家的海域也採取較為鷹派的保護立場，因此杜特蒂對北京的態度轉為強硬。中國大概是被杜特蒂早期順從的態度誤導，因此也玩過了火。二〇一九年四月，杜特蒂對於中國在中業島（Thitu）附近持續擴張勢力的行為大發雷霆，宣稱中國如果不撤退就會下令「自殺攻擊」。二〇二〇年在聯合國安全理事會上，杜特蒂強調國際南海仲裁案的結果支持菲律賓的訴求。隔月，他下令在爭議水域恢復開採石油天然氣。

但是在杜特蒂第一屆任期的四年內，他與習近平進行了六次面談，跟川普卻只會面過一次。即使川普表明他個人並不打算干涉人權議題，他並沒有辦法完全控制美國外交政策。杜特蒂的隨行成員很可能因為人權爭議無法入境美國，因此杜特蒂從不接受川普的邀請前往白宮。

但是當他們兩位終於碰面時，全球都看到他們相處十分融洽。二〇一七年十一月在東南亞國協（Association of South East Asian Nations）的馬尼拉高峰會上，杜特蒂獻唱一首菲律賓熱門歌曲給川普，他唱道：「你是我的光，你是我心的一半。」

這樣的場景在強人領袖間很常見，兩人在公開場合以庸俗的方式互相吹捧，在檯面下則使用暴力與非法手段。另一位強人也以公開華麗的盛宴以及私底下殘暴的一面著名，他才是真正跟川普政府擁有特殊情誼的強人領袖，這個人就是沙烏地阿拉伯的穆罕默德・本・沙爾曼（Mohammed bin Salman, MBS）。

第九章 沙爾曼王子崛起與納坦雅胡現象

川普於二〇一七年一月宣誓就職時，歐洲籠罩著一股不祥的氣息，但是以色列與沙烏地阿拉伯這兩個美國在中東最親近的盟友卻欣喜若狂。以色列總理納坦雅胡以及沙烏地阿拉伯沙爾曼王子都認為歐巴馬政權的中東政策天真到危險的地步，川普進了白宮之後，他們再次迎來一位將區域穩定擺在民主之前並且願意對伊朗採取強硬政策的美國總統。

納坦雅胡與沙爾曼王子是強人時代的關鍵人物，比比（Bibi）與MBS分別是這兩位領袖的暱稱。兩位都在國內徹底進行一人治理，二〇一九年七月，納坦雅胡在位滿十三年，取代以色列國父大衛・本古里安（David Ben-Gurion）成為以色列在位最久的總理。

沙爾曼王子很晚才登上政治舞台：他於二〇一五年進入政府，二〇一七年才正式受封王儲。但他也是推動轉型的人物，當代的沙烏地阿拉伯未曾由一位如此深具個人魅力的人主導，這位新的沙國強人領袖拋棄原本的集體式皇室領導，不再以年齡與共識作為考量，也不再將權力分配給不同王儲。為沙爾曼王子寫傳記的胡巴（Ben Hubbard）說明，到了二〇一八年，「沙爾曼王子已經破壞了（傳統）體制，掌握軍事、油業、情報機關、警察以及國家衛隊。」[1]

權力集中以及在海外與國內都讓領袖作為國家代表，這些就是強人時代的特色。比比與沙爾曼王子都是帶有強烈民族主義色彩的領袖，並且對外界都抱有偏執的想法。二〇一六年至二〇二〇年間他們改造了中東地緣政治，因為他們同樣對伊朗反感，並且渴望跟川普政府合作。

雖然他們的策略目標和性格相近，但沙烏地阿拉伯領袖和以色列領袖面臨完全不同的政治環境，甚至連生活環境也截然不同。沙國皇室生活之奢華，無人能及。沙爾曼王子買的巴黎近郊城堡要價三億美元，而這只是他的眾多收藏之一。[2]前往利雅德拜訪王子的客人總是被環繞著他們的莊嚴輝煌景象給震懾住，而這正是主人的目的。

相比之下，位於耶路撒冷的以色列總理辦公區相當具有斯巴達風格。二〇一三年我前往拜訪納坦雅胡時，他的辦公室所在地區毫不起眼，但是受到嚴密保護，要爬上一段石階才能抵達。以色列總理的辦公室並不特別寬廣或華麗，納坦雅胡坐在沙發上對國際政治滔滔不絕時所享用的粗雪茄，是唯一透露上流生活氣息的線索。

一場遲來的貪污審判中，納坦雅胡對雪茄與粉紅香檳的喜好成為焦點，而這場審判幾乎要終結他的政治生涯並且將他送入獄。相較之下，沙爾曼王子完全不用擔心法律後果，甚至反過來用法律監禁甚至殺害政敵。

不過比比與沙爾曼王子的共通點是他們有共同的敵人以及共同的好友，他們的共同敵人就是伊朗，共同朋友則是川普女婿傑瑞德．庫許納。

過去二十年納坦雅胡不斷警告世界關於伊朗核武所造成的威脅，而沙爾曼王子對伊朗威脅的恐懼讓他決定帶領沙烏地阿拉伯跟葉門開戰，並且封鎖鄰國卡達。

川普一就任總統立即讓家人成為最受信任的顧問，特別是女兒伊凡卡（Ivanka）以及她的丈夫傑瑞德。這種家庭王朝式的治理方式讓許多華府的人感到怪異且不恰當，但是對沙國皇室來說再自然不過了。庫許納和沙爾曼王子雖然擁有不同背景，但同是太子：兩位都是腰纏萬貫的三十多歲男子，靠著家人爬到今天的地位。川普執政早期，他們在川普的生意夥伴引薦下認識，兩位一拍即合。[3] 沙爾曼王子和庫許納透過手機軟體（WhatsApp）互傳訊息與表情符號，讓美國情報機關大開眼界又同時感到擔憂。

跟沙爾曼王子相比，納坦雅胡跟庫許納的交情較為不同。庫許納的父親是美國著名房地產商查爾斯．庫許納（Charles Kushner），同時也是以色列總理的好友。一九八〇年代，納坦雅胡曾經到紐澤西（New Jersey）拜訪庫許納一家，當時年輕的傑瑞德．庫許納還把床讓給這位即將崛起的以色列政治家。[4]

庫許納是一位正統派猶太教徒，並對以色列相當忠誠，因此自然會對中東感興趣。二〇二〇年夏天，他利用沙國及以色列對伊朗共同的恐懼，促成一項歷史性的外交成就：讓阿拉伯聯合大公國（United Arab Emirates）與以色列建交。阿聯是個小巧富裕的聯邦，並且跟沙烏地阿拉伯緊密結盟。在沙爾曼王子特許下，以色列班機獲准飛過沙烏地阿拉伯上空，因此阿拉伯聯合大公國的杜拜（Dubai）、阿布達比（Abu Dhabi）與以色列的特拉維夫（Tel Aviv）首次出現直航班機。以色列期待薩爾曼國王過世後會由沙爾曼王子繼位，然後沙烏地阿拉伯就會跟以色列建交，終結自一九四八年以色列建國以來阿拉伯世界對以色列的抵制。

與阿聯建交是納坦雅胡迫切需要的政治勝利，二〇二〇年時，歷經接連三次難分難解的選舉讓納坦雅胡的政權已經搖搖欲墜，同時他也面臨貪污審判以及詐欺控訴。現在他有新的和平協定可以拿來吹噓，因為這能夠為以色列帶來新旅客和商務人士。另外，「兩國方案」一直以來被認為是以巴衝突的最終解決方案，然而納坦雅胡在與阿聯討論協議時，雙方卻決議納坦雅胡不需推動兩國方案，這對巴勒斯坦人來說是莫大打擊。過去數十年來巴勒斯坦議題一直是阿拉伯世界以及國際政治的核心，如今卻被晾在一旁。和平協議簽署過後，納坦雅胡的傳記作者安謝爾・帕菲佛爾（Anshel Pfeffer）向我推斷巴勒斯坦人很可能會面臨藏人的命運——他們受到欺壓，土地遭侵佔，但是外界逐漸將他們拋到腦後。[5]

這個結果對巴勒斯坦人看來可能是場悲劇，但是對納坦雅胡卻是一大勝利，因為過去他頑強抵抗國際壓力，拒絕承認巴勒斯坦是個國家。歐巴馬執政期間，比比認可兩國方案。二〇一三年我與納坦雅胡在他的辦公室會面，當時我問他答應支持兩國方案是不是只是在應付歐巴馬，納坦雅胡笑著回答：「很顯然沒錯。」但接著這位以色列總理再次聲明為什麼以色列需要同意巴勒斯坦建國，他強調如果以色列將西岸的兩百七十萬巴勒斯坦人納入以色列國內，政府將被迫在猶太國家與民主國家之間選擇，因為猶太人非常可能會失去他們在以色列的優勢地位。*

當時我就發現納坦雅胡對兩國方案的看法相當老套，他顯然心不在此。而納坦雅胡在政治生涯中不斷抵抗過去自由派對以色列如何保障未來所提出的建議：自由派呼籲以色列應該先與巴勒斯坦人達成和平協議，才能讓國際承認以色列以及鞏固以色列與阿拉伯鄰國的和平關係，過去多位自由派人士以不同方式鼓吹這個方案，其中包含美國前總統比爾・柯林頓（Bill Clinton）、英國前首相布萊爾（Tony Blair）以及以色列前總理埃胡德・巴拉克（Ehud Barak）和西蒙・裴瑞斯（Shimon Peres）等人。

納坦雅胡從來沒有真正接受這個說法，事實上他以及所屬的聯合黨（Likud Party）與以色列強大的定居者運動結盟，這項運動認為西岸未來並不會成為巴勒斯坦國家領土，而是以色列重要的領土，有一天將納入以色列。但究竟在這樣的情境下巴勒斯坦人何去何從，從來沒有人解釋清楚。不過部分以色列極右派極端分子希望將巴勒斯坦人趕往鄰近的約旦等阿拉伯國家，其他人則幻想讓巴勒斯坦人在土地面積只比地方市議會稍大一些的地區擁有自治權，這個方案常被拿來與

* 根據二〇二〇年統計，以色列人口大約八百八十萬人，其中兩成人口為阿拉伯裔以色列人。

南非的種族隔離政策比較，當時南非政府試圖讓南非黑人在毫無政治勢力的國中之國「班圖斯坦（Bantustan）」擁有投票權。

納坦雅胡不願將所謂「由內而外」的兩國方案作為區域和諧的方針，反而爭取「由外而內」的方案，也就是以色列先與鄰近阿拉伯國家達成和平協議，藉此讓以色列更為強大，再來解決巴勒斯坦議題。

因為家族歷史的關係，這位以色列總理緊守嚴厲的猶太復國主義，也稱為錫安主義。一九四九年納坦雅胡出生於特拉維夫，父親本齊安・納坦雅胡（Benzion Netanyahu）是名以色列右翼知識分子，出生於華沙（Warsaw），一九二四年搬至受英國掌管的巴勒斯坦。根據納坦雅胡傳記作者帕菲佛爾的說法，年輕時的本齊安・納坦雅胡「就已經屬於拒絕讓阿拉伯人獲得領土的錫安分支」。[6]納坦雅胡家族擁護的是修正錫安主義，這個派別從澤夫・雅勃廷斯基（Ze'ev Jabotinsky）的政治思想出發。雅勃廷斯基完全否定以色列國父本古里安的社會主義，並且推崇更軍事化的民族主義，同時認為與阿拉伯人的衝突不可避免。本古里安指控雅勃廷斯基為法西斯分子，而以色列自一九四八年建國後由本古里安所屬的工黨治理長達三十年。一九七七年雅勃廷斯基追隨者所率領的聯合黨才終於首次獲得執政權，納坦雅胡也在後來成為聯合黨黨魁。[7]

工黨與聯合黨不僅僅是意識形態不同，兩個黨的階級與背景也相去甚遠。工黨的帶領者為流亡自東歐的阿什肯納茲猶太人，他們是左派，而且被視為以色列新國度的知識分子與社會菁英。

相較之下，聯合黨的支持大多來自塞法迪猶太人，他們有些是被阿拉伯國家驅逐，有些是單純遷徙而來，後期加入的人則多是在蘇聯垮台後由俄羅斯遷入。因此這是一場外來者與自滿的自由派菁英間的對抗。以此來看，聯合黨與納坦雅胡早在數十年前就預先上演川普與英國脫歐的民粹政治。

納坦雅胡拒絕接受以色列國父的核心思想，這點呼應了印度莫迪和土耳其厄多安的政治思想。納坦雅胡的背景讓他拒絕接受以色列國父本古里安較為自由派的思想，偏好更強硬、更右翼民粹的民族主義，而莫迪和厄多安同樣抵抗印度建國先賢尼赫魯以及土耳其國父凱末爾的思想。

但是美國才是影響納坦雅胡最深的文化，他的父親本齊安．納坦雅胡當初無法在以色列謀得教職，因此舉家搬到美國。比比八到十歲時住在紐約，青少年時期則住在費城（Philadelphia）。他從美國麻省理工學院獲得建築學士和管理碩士學位，接著在波士頓顧問公司擔任管理顧問。納坦雅胡因此浸淫在美國文化之中，對美國政治瞭若指掌，而且在美國過得如魚得水。許多納坦雅胡的重要幕僚都是英文母語者，例如戈爾德（Dore Gold）和哈佐尼（Yoram Hazony），而且納坦雅胡的幕僚會議常以英文進行。

不過納坦雅胡家族原本沒沒無名，是因為一場家庭悲劇讓他們一夕之間聞名全國。那場悲劇與比比的哥哥強納森（Jonathan，又稱約尼〔Yoni〕）有關。一九七六年約尼率領一支突擊隊前往烏干達（Uganda）恩德培機場，拯救遭巴勒斯坦及德國武裝分子挾持的猶太人質，約尼在任務中殉職。這場「恩德培行動」被翻拍成三部長片，逝世的約尼因此成為國家英雄。在以色列軍隊也服役過且能言善道的弟弟比比很快變得相當搶手，以色列政要都找上了門，其中包含未來將在選戰中被他打敗的裴瑞斯。

納坦雅胡用英文為以色列發聲的才賦，讓他在一九八四至一九八八年間被任命為備受矚目的聯合國大使。回到以色列的納坦雅胡選擇加入右翼的聯合黨，一九九三年他成為黨魁，一九九六年，四十六歲的納坦雅胡成為以色列最年輕的總理，一九九九年納坦雅胡下台，但是十年後他再度勝選，在二〇〇九年重新執政。

此後他又打贏一系列選戰，然而當中大多都是險勝，必須經歷層層阻礙組成聯合政府才得以繼續執政。納坦雅胡在位的時間愈久，愈能扮演以色列受人尊敬的政治家以及國際門面的角色。二〇二〇年聯合黨的競選海報當中，納坦雅胡站在莫迪、川普與普丁身邊，下面寫著「異軍突起」的口號。

二〇二一年納坦雅胡終於在另一場難分難解的選戰中落敗，但是他的政治生涯依然比多數他認為對巴勒斯坦議題太過天真的西方領袖都長，例如柯林頓、歐巴馬以及卡麥隆。在歐巴馬下台後的幾年，納坦雅胡把握了新崛起的民族主義民粹領袖；從華府到德里，從布達佩斯到巴西利亞——這些人都極度崇拜以色列這個猶太國家，國際政治氛圍的改變讓長久以來害怕國際孤立與貿易抵制的以色列得以喘一口氣。

對以色列人來說最大的轉機就是二〇一六年川普勝選，新任美國總統仰賴的是白人福音基督徒的選票，這個族群比美國猶太人口更龐大，而且通常更熱切支持以色列。（美國猶太人大多數依然投給民主黨。）當上總統後，川普達成了許多對以色列來講夢寐以求的目標。二〇一八年，川普將特拉維夫美國大使館遷至耶路撒冷，並且退出歐巴馬的伊朗核武協議。隔年美國承認戈蘭高地為以色列領土，這片土地在一九六七年的六日戰爭（Six Day War）中遭敘利亞奪取，納坦雅胡收到這份白宮禮物的時候簡直不可置信。

川普與納坦雅胡間的連結靠的不只是外交與家族關係，他們的意識形態也相近。川普的顧問必須想方設法把上司隨機的發言與推文轉成前後連貫的想法，而他們常常求救的對象就是納坦雅胡的御用哲學家哈佐尼（Yoram Hazony）。哈佐尼是納坦雅胡的前幕僚兼知己，在二〇一八年發表了《民族主義的美德》（*The Virtue of Nationalism*）這本書，獲得知識分子好評。[8]負責國家安全事務的川普白宮官員對我說哈佐尼對他們有深遠的影響，美國國務院歐洲事務助理國務卿威斯・米契爾（Wes Mitchell）建議想要理解川普政權的歐盟外交官都應該熟讀哈佐尼的著作。

歐盟外交官照做之後對於他們所讀的內容感到擔憂，哈佐尼毫不掩飾他對歐盟的鄙視，他指出歐盟即將變成新的德國帝國主義。對哈佐尼來說，民族就是政治秩序與人類自由的唯一基石，也就是人們使用同一種語言、擁有同一種文化和宗教。哈佐尼認為所有成功的民族國家都必須圍繞著這樣的族群：「擁有單一且不受質疑的文化，而且任何對其文化的抵抗都是無效的」。[9]

川普白人選民毫不意外地受這樣的想法吸引，因為他們擔心人口結構改變。根據預測，到了二〇四〇年，白人只佔不到一半的美國人口。十九世紀民族主義的核心概念就是民族國家必須建立在優勢種族或文化族群之上，這同樣也是匈牙利的奧班所熱切擁護的理念，奧班本人就曾與哈佐尼會面，並且將哈佐尼視為學習對象。

二〇一八年，身為「不自由民主」擁護者的匈牙利總統前往耶路撒冷，這次出訪在以色列引起了爭議，因為奧班的選戰主打反猶太主義，並且將金融家索羅斯醜化為邪惡富裕的操偶師，試圖讓難民湧進匈牙利。但是納坦雅胡同樣厭惡索羅斯，因為索羅斯支持巴勒斯坦人以及以色列人權組織。

以色列與匈牙利的兩位領袖顯然意識形態相近，[10]他們都是種族民族主義者，相信「以色列是猶太人的」以及「匈牙利是匈牙利人的」。納坦雅胡並不意外奧班的民族主義帶有反猶元素，因為納坦雅胡所信奉的錫安主義深信外界全部都反猶。川普獲選後的幾個月，以色列官員積極讓奧班與白宮搭上線。

對納坦雅胡來說，只要對以色列有利，就可以跟奧班這樣的人策略性結盟。而中歐民族主義者證明了自己對以色列大有幫助，當歐盟譴責美國將大使館遷到耶路撒冷的決定，捷克、匈牙利和羅馬尼亞都對歐盟表達抗議，羅馬尼亞總理還說他們自己的大使館甚至可能遷到耶路撒冷。近來歐洲極端右翼分子主要顧慮的是穆斯林而不是猶太人，而他們的伊斯蘭恐懼症常轉化為對以色列的支持，例如法國雷朋所帶領的民族陣線黨雖然具有反猶歷史，現在卻強力支持以色列。

印度的莫迪同樣對穆斯林有疑慮，因此他跟納坦雅胡有了密切連結。二〇一七年，莫迪成為以色列建國以來第一位拜訪以色列的印度總理，部分印度人民黨支持者認為以色列對巴勒斯坦暴力的強硬態度是印度的典範，因為印度同樣面臨巴基斯坦恐怖分子的威脅。事實上以色列已經出售給印度價值數十億美元的武器，其中一部分在二〇一九年轟炸巴基斯坦時派上用場。

很快地，以色列幾乎變成新一代強人領袖的必訪之地，他們也將之視為抵抗自由派意見的機會。二〇一八年九月菲律賓領袖杜特蒂拜訪耶路撒冷時對納坦雅胡說：「我們對人類抱有同樣熱情。」[11]但杜特蒂總是大力支持派遣行刑隊，讓這句話聽起來別具意涵。

二〇一九年，波索納洛獲選巴西總統。波索納洛比起川普更加依賴福音基督徒的選票，因此熱切表達他對以色列的支持，納坦雅胡以貴賓身分出席波索納洛就職典禮，而幾個月後以色列隆重歡迎波索納洛到訪。對以色列而言，與拉丁美洲最大國成為盟友是一大突破，因為「全球南方」的開發中國家過去皆強力支持巴勒斯坦人。對波索納洛而言，支持以色列可以同時討好福音基督徒與川普政權，同時還可以讓左翼自由派的敵人恨得牙癢癢。將近十年前，波索納洛的最大政敵——巴西前左翼總統達席爾瓦（Luiz Inácio Lula da Silva），人稱「魯拉」——拜訪了約旦河西岸並宣佈：「我夢想將來能見到獨立自由的巴勒斯坦。」

以色列利用科技吸引習近平統治下的中國，二〇一八年十月，中國國家副主席王岐山出席了以色列科技展。當時美國科技公司對於和中國合作日漸謹慎，以色列因此對中國充滿吸引力。海法港由一家中國公司獲得經營權，此港口不僅是以色列海軍主要基地，也是美國第六艦隊經常停靠的港口。[12]以色列與中國日漸友好的關係，是川普政府少數對納坦雅胡政權不滿的地方。

納坦雅胡將這些新的國際關係視為政績，毫不理會自由派對於和杜特蒂、波索納洛和奧班之流交好所產生的疑慮。以色列頂尖外交官艾維．吉爾（Avi Gil）曾說過：「新世界秩序將注意力從人權與民主轉移，這將會減輕以色列的壓力。」[13]但是即使以「現實政治」的標準來看，比比的外交政策依然為以色列帶來重大風險。以色列最為人詬病的一點，就是這個猶太國家自稱民主燈塔，對待巴勒斯坦人的方式卻引發爭議。以色列跟新一代的民粹民族主義者結盟，當中甚至包含許多民主政績令人堪憂的領袖，這將使以色列自稱民主擁護者的立場更站不住腳。

但對納坦雅胡來說，與世界強人領袖交好比獲得西方進步人士的支持重要多了。奧班、杜特蒂、波索納洛、莫迪等人的到訪對他非常有利，但是最能夠幫助以色列提升安全與繁榮的是最接近以色列的強人——沙爾曼王子。

政治新人沙爾曼王子野心勃勃地想讓中東轉型，二〇一七年五月，在庫許納的鼓勵下，川普上任後第一次出訪就選擇沙烏地阿拉伯。這對於沙烏地阿拉伯來說是一大恭維，同時也對執政當局帶來實質利益。雖然二〇一六年選戰中川普曾炒作伊斯蘭議題，但對沙烏地阿拉伯來說，川普願意撕毀歐巴馬與伊朗的和平協議更為重要。川普在利雅德的演說獲得滿堂彩，演說中川普提議

「一段基於共同利益與價值的夥伴關係。」

嚴格說起來，沙爾曼王子並非沙烏地阿拉伯領袖，他的父親薩爾曼國王才是。但是二〇一七年中川普出訪時，毫無疑問這位三十一歲的穆罕默德王儲才是實際掌權者，國際領袖討論事情時都找他，建立沙烏地阿拉伯全新形象吸引國際商務人士與遊客的也是他。

他的崛起故事相當不凡，二〇一五年時，沙爾曼王子還只是沙烏地阿拉伯皇室中「數千名王子中的其中一位」。[14]他的崛起是基於一些契機以及他個人的冷酷無情，沙爾曼王子的父親薩爾曼國王是開國國王伊本紹德（King Abdulaziz, Ibn Saud）的第二十五子，沙爾曼王子則只是薩爾曼國王的第六子。為沙爾曼王子寫傳記的胡巴提到：「身為開國國王第二十五子的第六子，根本沒人認為他能夠崛起。」[15]但是沙爾曼王子兩名哥哥的死亡，再加上他自己在利雅德的傑出政績，讓他在二〇一二年受國王封為沙烏地阿拉伯王儲，沙爾曼王子因此突然向權力邁進了一大步。二〇一五年薩爾曼國王繼位時，他任命他最喜愛的兒子——沙爾曼王子——擔任國防部長。

上任短短兩個月，沙爾曼王子展現了他的冷酷無情。二〇一五年三月，沙烏地阿拉伯空軍朝鄰國葉門發動一連串空襲，試圖驅逐控制葉門首都的胡塞反叛軍，該組織與伊朗有關。此舉驚動國際社會，沙烏地阿拉伯過去大量購入軍武，但是從來沒有真的派上用場。沙爾曼王子原以為能輕鬆拿下勝利，但事實證明他高估了自己。沙國陷入苦戰，而且他們發動的無差別攻擊讓沙國遭指控戰爭罪。但沙爾曼王子逞兇鬥狠地決定與葉門開戰並沒有損及西方對他的評價，反而就如先前厄多安一樣，沙爾曼王子被譽為中東改革的希望。二〇一五年十一月，《紐約時報》專欄作家佛里曼在一篇深具影響力的專欄文章中將沙爾曼王子描述為捲起改革旋風的人，寫道：「他的任務是改革沙烏地阿拉伯的傳統治理方式。」正式拜會過沙爾曼王子後，最令佛里曼印象深刻的是這位王儲堅持要減低沙國對石油的仰賴以及進行社會改革。佛里曼熱切地說：「自從穆罕穆德出現之後，過往花兩年才能作出的決策現在兩個禮拜就解決了。」[16] 二〇一七年佛里曼再度與沙爾曼王子會面，雖然當時關於沙國侵害人權的議題正在發酵，佛里曼依然對沙爾曼王子抱有好感。他說：「當今中東最重要的改革正在沙烏地阿拉伯上演。」他也承認沙爾曼王子「確實幾週前剛逮捕了數十位沙國王儲與商人。」但他又說：「人無完人。總得有人拉沙烏地阿拉伯進入二十一世紀。」[17]

老實說，弗里曼不是唯一欽佩沙爾曼王子的人。長袖善舞的沙爾曼王子擅長與西方意見領袖打交道，他透過決心與財富打動他們，並且讓他們以為從自己這裡獲得了機密。一位華府的政治掮客偶爾會讓我看沙爾曼王子傳給他的私訊，記者之間也會互相比較沙爾曼王子給誰的招待更奢華。

同時，沙爾曼王子推出「二〇三〇願景」的經濟改革政策後，西方管理顧問湧進利雅德，試圖在優渥的標案中撈一筆。投資家對沙烏地阿拉伯石油公司的上市虎視眈眈，因為這家公司的首次公開募股規模有可能破世界紀錄，在川普白宮深具影響力的軍武商也對身為世界最大軍武進口國的沙烏地阿拉伯保持深厚興趣。

以色列的朋友很開心看到沙烏地阿拉伯的新領袖不太關心巴勒斯坦人，而是把以色列視為對抗伊朗的重要盟友。連人權運動人士都推崇沙爾曼王子的部分改革，例如終於開放女性駕車，為了推動這項改革，沙爾曼王子必須費力限制國內令人畏懼的宗教警察。

然而當時西方也有對沙爾曼王子抱持懷疑的人，一位英國高官曾對我說：「我很好奇沙爾曼王子到底比較像李光耀還是海珊（Saddam Hussein）。」他的意思是，這位沙國王子是否是一位睿智但獨裁的改革者，就像帶領新加坡現代化的李光耀一樣？還是他會像獨裁者海珊一樣失控殘暴？

這是個難解的謎題，因為在沙爾曼王子統治下，社會改革伴隨著恐怖統治發生。這位王儲真心希望替沙國青年開創未來，跟其他沙國皇室成員不同的是，他了解輿論以及社群的重要。身高超過一百八十公分的沙爾曼王子氣宇不凡，他也聘用專家來提升他在推特的形象，將他打造成現代化改革者與民族主義者。[18]沙爾曼王子自己也觀察到沙國三千四百萬人口中，三十歲以下的人口佔了三分之二，社會逐漸開放，讓年輕人更容易進行娛樂活動、創業、社交及旅遊。

但與此同時沙爾曼王子愈來愈不能容忍異己，連他的家人也不放過。他即位後不久的一則消息特別驚動各界，當時西方情報單位獲報沙爾曼王子將自己的母親軟禁在家中。（外界猜測沙爾曼王子試圖避免母親影響身為國王的父親。）一開始薩爾曼國王將自己最愛的兒子指定為第二順位繼承人，排在沙爾曼王子之前的是國王的姪子穆罕默德・納伊夫（Mohammed bin Nayef, MBN）。但在二〇一七年六月納伊夫遭監禁，他被禁止與外界接觸並且被迫放棄王儲。社群上可看到納伊夫對沙爾曼王子輸誠效忠的影片，這位前王儲後來被拔除，並且軟禁在吉達（Jeddah）的宮殿裡。[19]

批評沙爾曼王子的人也大量遭到逮捕，只有對新王儲諂媚才能保證人身安全。一位被迫逃至國外的獨立記者在《華盛頓郵報》專欄發表了文章，題為〈沙烏地阿拉伯並非一直如此暴虐，但如今變得令人難以忍受〉，他在文中批評沙爾曼王子「利用恐懼、威嚇、逮捕和公眾羞辱對付知識分子。」[20]

這位記者就是卡舒吉（Jamal Khashoggi），一年後，他在位於伊斯坦堡（Istanbul）的沙國領事館慘遭殺害。卡舒吉的屍體遭骨鋸肢解，這場駭人聽聞的謀殺重創沙爾曼王子的國際形象。沙烏地阿拉伯一開始的說法是卡舒吉神秘消失，接著說他在隨機綁架事件中意外喪命。但是真正了解沙烏地阿拉伯的人都相信這是沙爾曼王子親自下令的復仇行動，一份外洩的報告顯示美國中情局抱持同樣看法（後來拜登政府公佈了完整報告內容）。[21]

卡舒吉之死終結了西方媒體對沙爾曼王子的盛讚，但是這位王儲依然與西方企業界和政界維持良好關係。刺殺事件過後，許多重要西方企業家紛紛退出被譽為「沙漠上的達沃斯」的豪華投資論壇，但是當我問一位執行長他認為他和他的團隊什麼時候可以回到沙烏地阿拉伯時，他笑答：「等這件事離開頭版新聞的時候。」

川普總統對此的反應也同樣務實，他說：「王儲確實可能對這件悲劇知情，但也可能不知情……美國希望與沙烏地阿拉伯保持穩定的夥伴關係，以維護我國利益。」[22]川普不是唯一保持這種毫無道德觀念務實主義的人，二〇二〇年十一月，沙烏地阿拉伯榮獲二十大工業國高峰會主辦權。雖然因新冠疫情導致高峰會只能線上舉辦，然而人權組織依然要求世界領袖抵制這場活動，因為沙爾曼王子將出席。但人權組織的訴求遭無視，沙爾曼王子照常發表閉幕演說，而聽眾不乏忠實的自由派，例如德國總理梅克爾以及加拿大總理杜魯道。老實說，這場二十大工業國高峰會的與會者本來就包含其他以侵犯人權出名的領袖，像是中國國家主席習近平、土耳其總統厄多安以及俄羅斯總統普丁。

事實上沙爾曼王子並非強人時代的異類，他利用殘酷手段集中權力、鼓吹個人崇拜以及不惜謀殺異己的行為，證明他完全跟上時代的潮流。

第十章 波索納洛、歐布拉多
——捲土重來的拉丁美洲獨裁者

「巴西面臨道德與政治危機。」二〇一七年八月，費南多・恩希齊・卡多索（Fernando Henrique Cardoso）在聖保羅以冷漠的分析口吻說出這句話，幾乎聽不出卡多索正在描述他畢生心血逐漸逼近的毀滅。曾任職社會學教授的卡多索在一九九五年至二〇〇二年間擔任巴西總統，當時他鞏固了巴西的民主、改革了巴西的經濟，並且為接下來的經濟成長奠定了基礎。卡多索卸任後巴西持續過了一段前途光明的時期，二〇〇九年《經濟學人》其中一期著名的封面就是將里約熱內盧的救世基督像轉化為奔向太空的火箭，該期標題為〈巴西起飛〉（Brazil takes off），但如今八十六歲的卡多索正在目睹他的國家跌回地球表面。

巴西經濟在過去兩年內衰退了百分之八，主要受到錯誤政策以及鐵礦砂與黃豆等重要出口品價格崩盤影響。二〇一六年，巴西總統迪爾瑪・羅賽芙（Dilma Rousseff）遭彈劾下台，且大約有四成的國會議員面臨貪污調查。巴西展開史上最大規模的反貪行動，代號為「洗車行動」，許多巴西最有權有勢的企業家與政要因此被送入大牢。民調顯示僅剩一成三的巴西人對他們的民主還抱有希望。

巴西平民苦不堪言，政治階層則蒙羞，巴西儼然成為民粹與反體制政治人物的最佳舞台。我在聖保羅與卡多索會面時，一份針對二〇一八年總統大選做的民調就顯示極右派議員波索納洛支持度排名第二。波索納洛於一九九〇年就獲選議員，但長達二十五年的議員職涯中，這位前陸軍上尉的政績平淡無奇。然而在政治與經濟危機下，波索納洛突然變成家喻戶曉的名字。他在國會與犯罪率居高不下的貧民區皆矢言遏止犯罪，讓他深得人心。波索納洛跟美國川普與菲律賓杜特蒂一樣，透過社群打造個人形象，用驚世駭俗的言論吸引目光。他曾宣稱如果看到兩個男人在街上接吻，他會直接攻擊他們。他為軍方使用酷刑辯護，挑釁地宣稱大多數巴西人都同意他的觀點。二〇一六年羅賽芙總統彈劾表決中，他甚至向烏爾薩上校（Carlos Brilhante Ustra）致敬，這位上校曾在一九六五年至一九八五年巴西軍政時期指揮刑求小組。

二〇一七年八月，選舉過後一年，我遇到的巴西菁英大多數仍然不願意相信他們眼中看來粗魯、愚蠢和暴力的人，真的能一路過關斬將成功進入總統府。我後來寫道：「大多數專家認為波索納洛先生過於極端，無法獲勝。當我在內裝豪華的辦公室裡聽到這些專家的話，不禁不安地想起二〇一五年在華府的對談，當時沒有人認為川普會勝選。」[1]

我的預感成真了，二〇一八年十月二十八日，波索納洛在巴西總統大選中取得壓倒性勝利，而這也多虧巴西最具魅力的左翼政治家、前總統魯拉因為貪污指控入獄後失去競選資格。

波索納洛的勝利對拉丁美洲乃至於全球都具有重要意涵。直到一九八〇年代初期，拉丁美洲一直由專制領袖統治，一九七八年，整個拉丁美洲只有三個民主國家。拉丁美洲充滿了軍政府與獨裁者，例如智利獨裁者皮諾契特（Augusto Pinochet）與阿根廷總統魏德拉（Jorge Rafaél Videla）。但到了九〇年代初期，民主在拉丁美洲絕大部分地區取得了勝利。一九八五年巴西民主轉型成功，結束了二十多年的軍事統治，這是格外重要的時刻，因為作為拉美最大國的巴西扮演區域領導的角色。巴西人口超過兩億，以人口來看，巴西是世界第七大國，也是拉丁美洲最大的國家；每兩位南美洲人就有一位是巴西人。

在卡多索和魯拉政權期間，巴西廣受讚譽，因為他們成功擁抱全球化和民主，並擺脫了威權的黑暗歲月。卡多索與柯林頓成為知己，並在巴西複製了柯林頓結合傳統經濟學以及社會自由主義的「第三條路」政策。身為前工會領袖且出身貧寒的魯拉延續卡多索的經濟改革方向，開始透過社會改革處理巴西惡名昭彰的貧富不均問題。他推出「家庭補助金」（Bolsa Familia）計畫，低收入戶家庭只要確保孩童上學就可以獲得一筆收入，這項計畫當時獲得全球關注。卡多索是一名精通多國語言的技術官僚，與柯林頓一拍即合；同樣的，身為社會改革者以及社區組織者的魯拉與歐巴馬完美契合，歐巴馬總統也確實曾公開支持巴西總統，並宣稱：「我愛這傢伙。」

而波索納洛的當選讓巴西政治再次跟上美國的政治趨勢，波索納洛和川普一樣是重度推特使用者，並學了這位美國總統的許多口號，大力譴責「假新聞」、「全球主義」、「政治正確」和自由菁英。在巴西，對政治正確的厭煩轉化為對環保主義者和國際非政府組織的蔑視，波索納洛認為他們阻礙了巴西的發展，尤其是因為他們反對亞馬遜的開發。全球暖化問題日漸受到重視，因此環保主義者對波索納洛急迫砍伐熱帶雨林的舉動感到震驚，不過川普政府對此事漠不關心。

波索納洛與川普一樣將政治視為家族企業，波索納洛的兒子愛德華多（Eduardo Bolsonaro）立即在行政團隊中獲得重要職位，並且被派往白宮與川普女婿庫許納談論地緣政治。二〇一九年我回到巴西，當時巴西新政權剛執政不久，一位著名經濟學家對我說波索納洛「根本就是川普，只是比較笨。」由於川普總統並不以他的才智著稱，所以我對這段言論略感驚訝，但後來我想到川普至少建立並領導了一家大型企業，相比之下，波索納洛的軍銜最高也只到陸軍上尉。

甚至總統自己的行政團隊也懶得掩飾他們對上司的不屑，我在《金融時報》的同事向一名內閣部長詢問波索納洛對經濟的奇特言論，當時對方直截了當地回答：「總統滿嘴胡說八道。」

就像川普一樣，知識分子對波索納洛的蔑視並沒有勸退總統的支持者——正好相反，波索納洛與巴西小鎮和偏鄉保持融洽的關係，相較於里約這樣的大城市，這些地區的價值觀更為保守。波索納洛與川普不同的是他出身貧苦家庭，他出生於一九五五年，在埃爾多拉多保利斯塔

（Eldorado Paulista）長大，這座小鎮人口數為一萬五千人，周圍環繞著農田，距離巴西商業中心聖保羅兩百四十公里。波索納洛的父親是無照執業的牙醫，他的童年在貧困中度過，有兩個兄弟和三個姐妹。年輕的波索納洛深受警察和軍隊吸引。十五歲的時候，他所住的小鎮成為警察和左翼游擊隊槍戰的現場，這讓年輕的波索納洛激動不已，並下定決心加入執法體系。一九七三年，他通過了軍校的入學考——這並不是簡單的成就，也打破了對手堅信波索納洛是個白痴的想法。[2]

他在軍隊中為士兵爭取更高的工資和更好的條件，九〇年代踏入政壇後他便全力支持軍方，因此受到矚目。當時大多數巴西政治人物都積極擁抱民主，但他卻毫不掩飾對軍政時期的念念不忘，這讓他顯得古怪且跟不上時代。

但正如他的傳記作者理查德·萊普（Richard Lapper）所提到的，波索納洛根深蒂固的社會保守主義實際上更符合許多巴西大眾的想法，而巴西的都市菁英或許沒有意識到這一點。二〇二〇年的民意調查顯示，六成一的巴西人支持波索納洛總統開設由軍方開辦的新學校，而且大多數人反對同性婚姻和墮胎。[3]波索納洛與川普和杜特蒂一樣譴責「政治正確」、承諾簡單的解決方案和推出強硬的補救措施，藉此迅速掌握了民心。

在二〇一八年總統大選中，波索納洛組織了一個獨特的巴西民粹主義聯合政府，萊普稱之為「牛肉、聖經和子彈」。牛肉指的是強大的農業和牧場利益，因為波索納洛承諾取消讓農業發展受限的環境保護限制；聖經指的是像波索納洛一樣接受了福音派基督教的三成巴西人；子彈代表著巴西強大的槍支遊說團體。

巴西的許多中產階級是出於對犯罪的恐懼或對貪污的厭惡而把票投給波索納洛，雖然我遇到的學者通常對波索納洛不屑一顧，但我遇到的許多勞工——商家、導遊、上班族——似乎對波索納洛更加包容。對他們來說，波索納洛是勇敢挑戰腐敗體制的局外人，而且他們也十分欽佩波索納洛的勇氣。在二〇一八年的競選行程中，他背部被刺而受重傷，經歷複雜的手術才存活下來。我在二〇一九年的達沃斯第一次看到他現場演說，當時我很疑惑為什麼他沒有脫下外套再上台，他的工作人員為我解惑：總統還沒完全康復，仍然戴著腸造口袋。

與美國川普的情況一樣，巴西許多大企業都決定忍受波索納洛，因為他承諾減少繁文縟節和降低稅收。另外總統還重用了著名的自由派經濟學家，這也讓巴西企業懷抱希望。在波索納洛的政治生涯早期，他主張國家應當控制經濟——他甚至曾暗示卡多索應該被槍決，因為他出售了國有財產。但他以經濟自由主義者的身份競選總統，主張民營和減稅。他的企業界支持者替波索納洛辯稱說他口出狂言都只是為了引起關注並誇大議題，有些人和擁護川普的人一樣，認為波索納洛的話「要認真對待，但不要取字面之意」。

很快大家就發現波索納洛所組織的聯合政府運作困難，畢竟一邊是自由派經濟學家，一邊是強烈抨擊「文化馬克思」的右翼文化戰士。國際企業家和銀行家相當喜愛經濟部長葛德斯

（Paulo Guedes），這位畢業於芝加哥大學的經濟學家受命改革巴西負債累累的退休金制度並進行大規模民營化。但與葛德斯一同坐在內閣桌的是巴西外交部長艾拉烏喬（Ernesto Araujo），他認為氣候變遷是「教條」，是「全球主義者」意圖顛覆民主並為中國服務而推動的。艾拉烏喬甚至暗示新冠疫情是共產主義擴大國家控制的陰謀，他說「冠狀病毒讓我們再次面臨共產噩夢。」[4]

而連波索納洛也認為新政府中的一些文化戰士太古怪了，他的文化部長阿爾維姆（Roberto Alvim）在二〇二〇年初發表的演說中宣稱「未來十年巴西藝術將邁向英雄與民族」。不幸的是，大家發現演講內容似乎抄襲自希特勒宣傳部長戈培爾（Paul Joseph Goebbels）過去的演講內容，波索納洛因此被迫解雇他的文化部長。[5]阿爾維姆事件在某種程度上相當荒謬，但是巴西或拉丁美洲其他地方的政府官員支持法西斯主義的說法，確實勾起特別令人發寒的回憶，畢竟拉丁美洲過往數個擁護極右翼意識形態的殘暴軍事政權還歷歷在目。

一九六二年至一九六六年短短幾年間，整個拉丁美洲就發生了包括阿根廷和巴西在內的九次軍事政變，證明了政治浪潮容易在拉美各國之間蔓延。當時冷戰如火如荼進行，大多數掌權的將軍都主張必須抵制共產主義的影響——卡斯楚（Fidel Castro）在古巴的政權就是最佳範例。拉丁美洲各地軍事政權以不同程度的暴虐手段治理國家，在阿根廷和智利等最惡名昭彰的政權下，成千上萬異議人士「失蹤」，酷刑無所不在。一九七六年至一九八二年間，阿根廷的「骯髒戰爭」可能導致多達三萬人喪生，相較之下，二〇一二年巴西成立的國家真相委員會明確指出「只有」

四百三十四名異議人士「失蹤」或遭巴西軍事統治者殺害，但該委員會還表示數以千計的原住民可能遭殺害，對異議人士的暴虐酷刑也很常發生，[6]然而波索納洛認為低犯罪率和經濟發展證明了軍方的「強硬」手段是合理的。

拉丁美洲從軍事政權到民主的轉型大多在八〇年代發生，甚至早於柏林圍牆倒塌。一九八二年拉丁美洲的債務危機成為最重要的引爆點。正如麥克・里德（Michael Reid）所說，那一年，「經濟失敗引發的強烈抨擊讓獨裁統治屈服了……拉丁美洲的軍隊深怕自己遭推翻，於是他們與平民坐下來協商。」[7]在西班牙和葡萄牙重回民主懷抱之後，拉丁美洲就緊接著擺脫專制統治——並且預示了世界其他地區的未來。東歐的波蘭等蘇聯國家內部的壓力越來越大，而一九八六年時東南亞的獨裁者馬可仕被菲律賓「人民力量」革命推翻。而前一年，沙內（José Sarney）成為一九六〇年代以來巴西第一位非軍人總統，巴西因此成為拉丁美洲以及全球擺脫威權主義、邁向自由民主浪潮的代表。

隨著二〇一八年波索納洛的崛起，巴西再次成為全球政治轉變的一環——但這次是從自由國際主義轉向強人民粹主義統治。儘管總統對巴西的軍事統治時代公開表示懷念，但這次的強人政治並不是直接重演六〇年代和七〇年代的拉丁美洲威權主義。相反地，這是獨具二十一世紀風格的民粹主義，而且與川普息息相關，而不是曾經統治過巴西的將領。波索納洛與過去軍事領袖不同的是，身為民選總統的他面臨活躍的反對陣營以及獨立的媒體和法院。這位巴西總統直接從川普那裡借來許多口號，例如他不斷提到的「假新聞」和「深層政府」。波索納洛也像川普一樣熱愛陰謀論，例如經常暗示環保主義運動人士受到外國勢力操弄，因為這些外國人試圖奪走亞馬遜以竊取巴西的寶貴資源。雖然川普是波索納洛的偶像，但這位巴西領袖在歐洲和亞洲也有其他心靈相通的政治夥伴。他與菲律賓的杜特蒂使用類似的手段，都強調遏止犯罪並且利用中產階級的恐懼和不安全感，也都熟稔社群媒體操作。二〇一九年波索納洛的宣誓典禮上出現兩名外國嘉賓，分別是匈牙利總統奧班以及以色列總統納坦雅胡。

對於研究民粹主義的學生來說，拉丁美洲是一片肥沃的土地，因為民粹主義在這裡擁有悠久且起伏的歷史。里德主張民粹主義有兩個主要特徵，這兩個特徵都與當代局勢息息相關。首先，「這種政治有一位有魅力、自稱是救世主的強勢領導人，模糊了領袖、政府、政黨和國家之間的界限，並且無視約束行政權力的制衡機制。其次，民粹主義通常涉及重新分配收入或財富，但是分配的方式通常無法永續。」[8]

正如里德指出，過去對西方政治來說非常重要的「右」「左」區別，在分析民粹主義時並不一定有幫助。裴隆（Juan Perón）是從軍中脫穎而出的典型拉丁美洲民粹主義者，在一九四六年至一九七四年間連任三屆阿根廷總統，他保護納粹戰犯，顯然是受到法西斯主義的影響——但他也成為許多左派心目中的英雄，因為他自稱致力消除貧窮以及支持國家控制經濟。在當代拉丁美洲，波索納洛等右翼民粹主義者必須與左翼民粹主義者競爭，例如委內瑞拉（Venezuela）的查維斯（Hugo Chavez）、玻利維亞（Bolivia）的埃沃・莫拉萊斯（Evo Morales）和二〇一八年當選墨西哥總統的歐布拉多等人。左翼和右翼民粹主義者的主要共同點在於他們都聲稱代表人民反對菁英階級，以及他們都承諾用簡單的方法解決複雜的問題。

波索納洛與川普、奧班、納坦雅胡等右翼民粹主義者結成意識形態聯盟，同樣地，拉丁美洲的左翼強人也受到了海外仰慕者的盛讚和關注。在一九六〇和七〇年代，西方各地的政治追隨者來到古巴朝聖卡斯楚政權。到了二〇〇〇年代，委內瑞拉的查維斯政權成為激進左派的寵兒。帶領自己的黨經歷兩次慘敗的英國工黨黨魁科爾賓（Jeremy Corbyn）曾如此描述查維斯：「對我們所有抵抗撙節政策和新自由主義經濟學的人帶來莫大啟發」。[9]

查維斯於一九九二年首次試圖透過發動政變在委內瑞拉奪權，但隨後在一九九八年民主選舉中獲勝。接下來的十年他遵循強人統治的典範：在最高法院安插滿自己的人，將選舉制度改為對自己有利，在電視上以毫無章法又誇大的言論建立個人崇拜，並譴責敵對外國勢力操弄獨立的評論機構。有一段時間，委內瑞拉龐大的原油蘊藏量使經濟得以維持。古巴的卡斯楚為了獲取支持得派遣醫生至海外，甚至在一九七〇年代派兵至非洲，查維斯卻只要贈送石油給玻利維亞和紐約市等世界各地的外國朋友。二〇〇七年，社會主義派的倫敦市長肯・利文斯通（Ken Livingstone）宣布因為委內瑞拉總統查維斯提供了燃料補貼所以降低公車票價。

當時有人認為查維斯的送禮行為很不恰當，因為根據統計有三分之一的委內瑞拉家庭仍生活在貧困中。[10]但查維斯也在國內發起消除貧窮之戰——包含提供食品、贊助教育和識字計劃，並將關鍵產業國有化。這些政策提高了他的國際聲譽，讓他被視為進步派。但這些資金來自上漲的油價和舉債。此外，查維斯政權也出現貪污、任人唯親以及恐嚇媒體和政敵。

二〇一三年查維斯死於癌症後，油價開始波動，債務也到期了。繼位者馬杜洛（Nicolas Maduro）魅力不及查維斯，在他的統治下，委內瑞拉陷入貧窮和社會瓦解，政府將一切歸咎於美國的制裁，但其根源卻始於國內。[11]到了二〇一八年，超過八成的委內瑞拉家庭生活在貧困之中，數百萬人逃至他鄉。隔年我拜訪巴西北部時，經常遇到委內瑞拉難民在路邊乞討——委內瑞拉曾被視為拉丁美洲最成功的國家之一，如今卻落得如此悲慘和屈辱的命運。

委內瑞拉在查維斯和馬杜洛帶領下的經濟災難為拉丁美洲左派蒙上了陰影，波索納洛在他的競選活動中把握機會將魯拉和他的工黨與查維斯造成的災難相提並論。但另一位左翼民粹主義者並不是在巴西上台，而是在墨西哥。安德烈斯．馬努埃爾．羅培茲．歐布拉多（Andrés Manuel López Obrador）於二〇一八年十二月就任總統，比波索納洛早一個月，他以壓倒性優勢領先競爭對手三十一個百分點。就如同巴西一樣，一位具個人魅力的墨西哥民粹主義者當選被視為社會對國內統治菁英的否定。

巴西和墨西哥現在都由民粹主義領袖統治，這點不只影響拉丁美洲。巴西與墨西哥是拉丁美洲人口最多的兩個國家，他們也都是二十大工業國中的一員，而且兩國互相競爭拉丁美洲的領導地位。波索納洛的攻擊目標為「文化馬克思主義分子」，歐布拉多則選擇攻擊「新自由主義分子」。波索納洛為前陸軍上尉，歐布拉多則長年耕耘社區組織。兩人雖然看似截然不同，其實他們有一些共通點，他們兩人都靠著社會對貪污、犯罪以及暴力的不滿當選；兩位都是民粹主義者，聲稱能夠與人民直接對話；[12]兩位都是民族主義者，並且公開宣稱自己是基督徒。

兩人最大的不同是波索納洛很樂意將經濟治理外包給教授和技術官僚，歐布拉多則傾向自己主導，例如向貧窮宣戰，此舉也呼應了巴西魯拉以及委內瑞拉查維斯的政策。歐布拉多消除貧窮的手段包含提供弱勢家庭獎學金、提高基本工資、取消他認為浪費公帑又貪污腐敗的大型基礎建設計畫，歐布拉多相信必須控制公共支出這點也讓他有別於其他左翼民粹。

歐布拉多一就任後的政策展現出民粹主義者對獨立機構的不耐：一位最高法院法官遭逼退、墨西哥能源管理委員會主席也請辭，因為他認為歐布拉多任命的親友塞滿了他的組織，卻全都不適任。在沒有競標流程下得標的件數也多的驚人，令人感到不祥。[13]歐布拉多也提議舉辦一場公投來決定是否要對過去每位總統進行貪污審判，此舉融合了民粹主義以及強人領袖喜歡監禁政敵的特點。

這位墨西哥總統幾乎每天七點進行記者會。他跟卡斯楚一樣喜歡長篇大論，可以毫無章法地連續講上兩小時，大肆對令他不滿的記者、企業和環保主義者人身攻擊。雖然墨西哥知識分子對這項例行公事大翻白眼，大眾對歐布拉多的支持度仍然相當高，墨西哥大眾格外欣賞他將自己薪水砍半的決定，就任一年後，他的民調依然維持在高點。

但是歐布拉多的經濟改革成效不彰。二〇一九年時他在位滿一年，經濟成長速率為十年來最緩慢。平心而論這位墨西哥總統面對相當不利的環境，包含與美國的貿易戰以及驟降的油價，但是眼前情況也透露出不祥的預兆。

墨西哥與巴西在經濟不景氣的脆弱時刻受到新冠疫情衝擊，波索納洛與歐布拉多依照他們民粹主義本能反應，兩位以相同的態度面對疫情。波索納洛認為新冠疫情不過就是小感冒，歐布拉多則揮舞一個六葉幸運草護身符，聲稱可以替他對抗病毒。他也建議國人繼續參加派對和到餐廳用餐。歐布拉多拒絕正視疫情，因此他未積極替墨西哥脆弱的醫療系統做好準備，也沒有規劃振興經濟的預算。

這兩國很快成為疫情最慘烈的國家。到了二〇二〇年底，巴西染疫死亡人數世界第二，僅次於美國。墨西哥人口排名世界第十，染疫死亡人數卻排名全球第三。對這兩個國家來說，顯然應該將高死亡率歸咎於跟川普一樣滿不在乎的領袖身上。一開始許多專家認為慘烈的疫情正好揭露民粹主義的缺陷，藉此削弱波索納洛與歐布拉多這樣的強人領袖。二〇二〇年四月，歐亞集團顧問公司的總裁伊恩・布雷默（Ian Bremmer）寫道：「哪一個大國現在面臨最大政治混亂？哪一個國家領袖深陷泥淖？大概就是巴西和巴西總統。」[14]我自己也寫了一篇專欄，題為〈波索納洛的民粹主義帶領巴西走向災難〉[15]。二〇二〇年中，新冠疫情肆虐，外界預測波索納洛可能遭彈劾。

但是巴西與墨西哥的高死亡率並沒有立刻摧毀波索納洛或歐布拉多的政治地位，在一個大部分的人都沒有儲蓄的社會中，大眾會慶幸政府沒有封城。在巴西，波索納洛的支持度也在緊急發放現金給窮人後回升。疫情帶來的長期經濟、健康與社會影響需要多年的時間觀察，但是波索納洛與歐布拉多在疫情一開始採取相似的態度，顯示左翼和右翼民粹本質上十分類似。

兩位領袖對川普敗選也給出相同的回應，這點值得令人探討。即使很多過去支持川普的人早就接受川普選輸的現實，波索納洛卻持續對川普輸誠效忠。支持川普的暴民攻進美國國會大廈後，波索納洛隔日就對美國選舉做出批評，他的態度與川普支持者如出一徹。當時他告訴自己的支持者：「有人投了兩票、三票、四票，死人也投了票，根本是免費投個夠。沒有人可以否認這點。」[16]對於某些巴西分析師來說，這些言論不僅不明智，甚至令人感到不祥。波索納洛的支持者也常常指控巴西選舉作假，特別是黑人人口眾多的貧窮地區。波索納洛即將迎來二〇二二年的選戰，有些人擔心他準備複製川普的手段。

波索納洛感到不滿或許情有可原，畢竟川普是他的意識形態好友。歐布拉多拒絕承認川普敗選倒是令人驚訝。歐布拉多身為墨西哥人又是左派，毫無理由對川普抱有好感，畢竟川普曾將美國的墨西哥移民稱為強暴犯和罪犯，歐布拉多競選時也確實曾稱川普為新法西斯分子。但是身為墨西哥領袖的他，卻出乎意料地跟這位北方民粹主義分子建立起友誼。某種程度上來說這單純是務實主義，所有墨西哥領袖都必須想辦法與美國總統和睦相處，但是歐布拉多與川普似乎也真正欣賞對方。兩位民粹主義領袖都曾經向自己國內的主流政治與媒體宣戰，他們都曾經強烈抨擊北美自由貿易協定，顯示出右翼民粹與左翼民粹同樣對自由貿易及自由經濟抱有疑慮。二〇二〇年，兩位總統第一次在白宮會面，同時也是歐布拉多就職十九個月以來第一次出訪，這次會面雙方都視為一大成就。

歐布拉多對川普選舉失利的反應令人驚訝，也顯示兩人之間確實關係緊密。歐布拉多在務實主義及常理之下，都應該立刻承認川普的失敗，並且接受拜登已經成為下一任合法總統的事實。但是歐布拉多跟著俄羅斯及巴西總統一起拖延時間，堅持川普有權質疑選舉結果。這位墨西哥總統的反應或許與他個人政治生涯有關：歐布拉多自己在總統大選落敗過兩次。二〇〇六年，他以些微之差敗給總統卡德隆（Felipe Calderón），當時他拒絕接受現實，質疑選舉舞弊，而且在墨西哥市的中央廣場號召群眾靜坐示威，二〇〇六年與二〇一二年他對敗選的回應確實神似二〇二〇年的川普。

既然巴西與墨西哥的政治通常緊隨美國政治的發展，川普的敗選自然讓人預測拉丁美洲最大的兩個國家可能會出現同樣的意識形態轉移。美國大選過後，波索納洛在國際上確實遭到孤立。疫情奪走無數人命，巴西經濟表現一蹶不振，魯拉又重新投入選戰，波索納洛顯然已經準備在二〇二二年大選過後跟川普一樣高喊選舉無效。最危險的是巴西的體制——特別是軍方——或許不像美國一樣健全，無法守護民主與法治。

拉丁美洲其他地方的民粹主義浪潮依然可能興起，歐布拉多的任期到二〇二四年，已經有人預測他會效仿普丁與習近平透過修憲延長自己的任期。墨西哥總統的個人崇拜以及政治支配完美呈現在一本書的標題中：《一個男人的國家》（西文：El País de un solo hombre，英文：The Country of One Man），這本講述歐布拉多的書佳評不斷。[17]

同一時間，其他採取技術官僚與唯才是用的拉丁美洲領袖在疫情期間也付出慘痛政治代價。

南美洲嚴格實施封城措施的國家通常都由畢業於美國頂尖大學的總統帶領，例如畢業於哈佛的智利總統皮涅拉（Sebastián Piñera），畢業於喬治城大學的哥倫比亞總統杜克（Ivan Duque）以及畢業於賓州大學的秘魯總統薩加斯蒂（Francisco Sagasti）。但是這些封城的國家並沒有因為謹慎而獲得好成果，封城最嚴格的國家比起鬆懈的巴西遭遇更嚴重的經濟衝擊。二〇二〇年底，秘魯有半數都市人口失業。[18]在這樣的情況下，毫不意外地二〇二一年總統大選由左翼總統卡斯蒂約（Pedro Castillo）獲勝，而且他的政黨曾經讚美過查維斯。[19]拉丁美洲即將迎來多場大選，確實該擔心未來幾年會出現一批同時來自左派和右派的民粹主義領袖。

我們已經看到一九八〇年代拉丁美洲開啟了全球掃除專制政權的民主浪潮，如果其他拉丁美洲國家跟著巴西與墨西哥的腳步，選擇具個人魅力的強人領袖，這股示範效應可能不會止於中南美洲。非洲在一九九〇年代也經歷了民主浪潮，如今這塊大陸也同樣再次面臨強人統治的危險與誘惑。

第十一章　阿比・阿曼德與非洲民主幻滅

強人時代有一個固定模式：一位深具魅力的領袖從世界某處出現，西方媒體視之為自由派改革者，西方政要開始大力支持並且提供協助。隨著時間過去，一些難堪的真相浮現，這位自由改革者日漸專制，最終幻滅降臨。

二〇〇〇年起，這樣的模式重複出現在普丁、厄多安、習近平、莫迪和奧班身上，然而各地強人領袖的崛起並沒有澆熄西方世界尋找新自由派領袖的渴望。相反地，西方意見領袖反而更努力在強人威權興起的時代尋找自由民主的守護者。

二〇一八年到二〇二〇年，阿比・阿曼德（Abiy Ahmed）讓全球經歷了同樣從熱情到失落的循環。二〇一八年，阿比・阿曼德成為非洲人口第二大國衣索比亞的國家元首。在位的前一百天，阿比開始對衣索比亞政體進行自由化改革，包含解除國家緊急狀態、釋放數千名政治犯、邀請海外異議人士歸國，並且鼓勵媒體自由。他也前往鄰國厄利垂亞（Eritrea）的首都阿斯馬拉

（Asmara），迅速作出讓步以解決長久以來的土地紛爭。當時的執政黨衣索比亞人民革命民主陣線也改頭換面，成為繁榮黨。[1]

對於想在世界嶄露頭角的新國家領袖來說，達沃斯的世界經濟論壇是重要舞台。二〇一九年一月，我在短短幾步之遙看著這位衣索比亞總理在達沃斯首度亮相。四十二歲的他長得一表人才、充滿自信，而且極力為自由派價值發聲，很難不讓人留下深刻印象。當他提到衣索比亞監獄裡已經沒有任何一名記者，而且他的內閣有一半由女性組成時，觀眾爆出掌聲。

在這場達沃斯的演說中，阿比直接抨擊強人體制是國家發展必要手段的想法，他對觀眾說：「我們深信沒有自由民主的話，不可能永續成長……我們認為民主與發展緊密相連。」這就是達沃斯的聽眾最愛聽的話，接下來的提問相當溫和而且天真，論壇主持人布倫德（Borge Brende）向觀眾提到阿比就任短短幾個月後就說服人民放下自己的種族認同，轉向支持跨越種族的共同身分認同。主持人轉向阿比，語帶欽佩地問：「你是怎麼做到的？」阿比的回覆令人相當安心，他說和平很簡單：「與人民好好坐下來，把你的自尊心放到一邊。」[2]

阿比．阿曼德於同一年獲頒諾貝爾和平獎——川普一定很失望，畢竟他一直表示他認為自己值得獲得這個獎項。諾貝爾獎稱讚阿比與厄利垂亞達成和平，並且說他的民主改革「讓許多平民對改善生活懷抱希望」。

不過一開始有些長年觀察衣索比亞的人就對阿比引發的現象保持戒心，著名非洲評論家米凱拉·榮（Michela Wrong）早在二〇一八年九月就主張阿比絕非強人政治的解藥，他根本甚至有可能會成為另一個強人領袖。她寫道：「他獲得大量誇大的比喻，說他像甘地、曼德拉和戈巴契夫。但其實他比較像當代民粹主義人士，如川普、普丁和厄多安。他們利用民族主義的沙文色彩作為吸引力，以此減少甚至完全取代國內政治辯論。」[3]她注意到阿比強硬的衣索比亞民族主義，認為這可能再度帶來區域動亂。

乍看之下，阿比的背景讓他看似解決衣索比亞種族與宗教分裂的最佳人選：他的母親是基督徒與安哈拉族，他的父親則是穆斯林與奧羅莫族。他甚至會說泰格瑞語，而泰格瑞族在阿比就任前統治了衣索比亞好幾年。他公開宣傳自己身為總理的執政目標是拋棄過去的種族聯邦制，打造更強大的民族認同。

阿比掌權之前，種族間的緊張關係已維持好幾年，衣索比亞人口最大的族裔是奧羅莫，他們對由泰格瑞主導的政府不斷進行示威抗議。就任總理後，阿比將許多重要泰格瑞官員從陸軍、安全部隊與政府中驅逐。泰格瑞人民解放陣線退出政府，黨內重要人物則返回故鄉。部分奧羅莫民族主義人士依然上街抗議阿比做得不夠，沒有讓奧羅莫人獲得足夠權勢，但最終衝突真正爆發的原因是阿比挑戰了泰格瑞的傳統統治。

二〇二〇年末，阿比控訴泰格瑞領袖試圖違抗中央，因為他們未經中央許可就舉辦地方選舉。衣索比亞軍隊發動空襲與地面攻擊以鎮壓泰格瑞叛軍，雙方都指控對方攻擊平民，有五萬名難民逃離，一百三十萬人需要緊急救援。[4]

在全新的戰爭與衝突氛圍下，阿比拋棄了他的政治自由主義。記者和政敵遭逮捕，而且有消息指出國家使用酷刑。在位短短三年，阿比擔任自由價值旗手的形象就一敗塗地，強人政治的模式再度上演。不過在非洲這也是常常發生的事，許多去殖民化後被譽為解放英雄的領袖，最後都變成專制的暴君。

早在普丁、習近平、莫迪與川普崛起前，許多非洲國家就經歷過強人統治的慘痛經驗。在阿比的達沃斯演說前一年，我親眼見證辛巴威的經濟如何遭到威權統治破壞。要穿越國界踏進強人領袖全面掌控的國家是件令人緊張且繁瑣的事，二〇一八年二月的辛巴威與波札那（Botswana）邊界就是如此。當我的護照被邊境警察拿走後，我突然有相當充裕的時間可以欣賞牆上辛巴威總統姆南加瓦（Emmerson Mnangagwa）的巨幅畫像，當時從一九八〇年就開始統治辛巴威的穆加比（Robert Mugabe）總統剛卸任，姆南加瓦在短短幾個月前接任總統。

穆加比留下相當慘烈的政治與經濟景象，當時有人還希望姆南加瓦可以拯救辛巴威。但是姆南加瓦的綽號是「鱷魚」，這是他在擔任穆加比情報組織首長以及國安部長時所獲得的稱號，而這個稱號透露對他的期待可能會落空。（我曾經與一位俄羅斯異議人士討論把自己包裝為民主人士的前蘇聯共產黨成員，當時他跟我說：「一個人不可能一輩子都很惡劣，然後某一天就突然不惡劣了。」）

邊境人員終於再次出現，將護照遞給我時臉上帶著輕微蔑視的微笑。我費力地爬上我的車，請司機載我到銀行領錢。他大笑著回答：「我可以載你去銀行，但是那裡一毛錢都沒有。」穆加比統治時期的惡性通膨導致辛巴威幣遭到廢除，辛巴威人改用美金或南非幣等外幣，但是現金依然極度短缺。即使在觀光勝地維多利亞瀑布，當地銀行也拉上鐵門，附近則圍著一群人消沈地期待現金送達。唯一能使用的辛巴威幣是面額大到數十億的紙鈔，這些是穆加比時代惡性通膨留下的遺物，如今變成一文不值的古玩，被街頭小販以一美元的價格兜售給觀光客。

這場景儼然警示了強人治理的危險，一九八〇年穆加比以解放英雄之姿就任，他是前游擊隊員，也透過談判終結了羅德西亞（Rhodesia）白人的少數統治。穆加比絕頂聰明且能言善道，看似能夠帶領國家邁向更繁榮、民主且平等的未來。辛巴威具備接受良好教育的人口以及蓬勃發展的農業，看似已經準備好在全新的時代繁榮昌盛。但是可惜事實證明不然。穆加比即位後短短幾年內就向政敵和反對派支持者發動惡意攻擊，經北韓訓練且惡名昭彰的第五旅安全部隊受命前往馬塔貝里蘭（Matabeleland），在當地進行屠殺與迫害人權。往後數十年，穆加比政權成為專制、腐敗和經濟破壞的代稱。

穆加比前幕僚姆南加瓦就位後，一切依然維持原樣。一開始有些人小心翼翼地懷抱希望，期待他能替國家翻開嶄新的一頁。二〇一八年四月，這位新任辛巴威領袖受邀至倫敦出席大英國協峰會，並且跟當時擔任外務大臣的強生相談甚歡。但是短短幾個月後，辛巴威國家安全部隊就在首都哈拉雷（Harare）槍擊示威者。二〇一九年又出現血腥鎮壓，英國對姆南加瓦身邊的人進行制裁。[5]

解放英雄變成獨裁強人領袖的故事在後殖民時代的非洲屢見不鮮，其他例子包含剛果民主共和國獨裁者莫布杜（Mobutu Sese Seko of the Democratic Republic of Congo）、象牙海岸共和國開國國父博瓦尼（Felix Houphouët-Boigny of the Ivory Coast）、馬拉威共和國總統班達（Hastings Kamuzu Banda of Malawi）以及厄利垂亞總統阿夫瓦基（Isaias Afwerki of Eritrea）。[6]但是並非所有解放英雄都走上同樣令人絕望的道路，前南非總統尼爾森．曼德拉（Nelson Mandela）就是例外，他從監獄被釋放後對過去壓迫他的人展現寬容氣度，擔任總統後帶領南非結束種族隔離制度，他打破了解放領袖的既定形象，沒有像其他人一樣緊抓著權力不放並轉向獨裁。曼德拉跟辛巴威的穆加比以及剛果民主共和國的莫布杜不同，他在一九九九年時和平退休，交棒給非洲民族議會黨的前同事塔博．姆貝基（Thabo Mbeki）。終結種族隔離制度後的南非，如今成為辛巴威人躲避穆加比政權的避風港。

然而就連南非也淪陷了，二〇〇九年至二〇一八年期間，雅各布．朱瑪（Jacob Zuma）的政權涉及嚴重貪污、經濟成長遲緩，而且有人開始提及「系統性貪汙」*，甚至失能國家†。朱瑪在南非東部小鎮努坎德拉（Nkandla）擁有一座大院，他挪用公帑在這裡打造了露天劇場、游泳池、畜牧設施以及一座接待中心。[7]這座華麗擴建後的農場一曝光，朱瑪竟辯稱泳池其實是消防蓄水池，供消防人員打火使用。這件事遭到南非媒體與反對派曝光並殘酷地嘲諷。但是南非的自由媒體以及國家制度依然不足以阻止朱瑪繼續掏空國庫，朱瑪一直到二〇一八年才被迫下台。

朱瑪造成的損害難以計量，連南非國營電力公司等重要企業都宣告破產。二〇一九年時，我在倫敦的一場會議上訪問朱瑪的繼任者西里爾・拉瑪佛沙（Cyril Ramaphosa），這位新總統提到朱瑪時期的貪污金額相當於南非百分之十的國內生產毛額。他悲痛地說：「這個數字超乎人民的想像。」他提到數字「超過五千億南非幣」——相當於三百四十億美元。[8]

二〇二一年，法院終於以拒絕出庭接受貪腐調查和藐視法庭為由，判朱瑪十五個月徒刑。這顯示了南非法治依然正常運作，證明南非的國家制度還能夠抵抗強人統治。但是南非付出慘痛的代價。朱瑪的陣營鼓吹人民上街暴動和洗劫商家。當時全國失業率高達百分之三十二，人民幾乎不需要號召就會加入洗劫行動，長達一週的暴動奪走超過三百條人命。

南非的暴動顯示深陷貧窮與不平等的國家若要維持民主制度會遇到何等困難，不過雖然非洲出現像穆加比或朱瑪這樣的失敗民選領袖，普遍來說非洲人依然重視民主。二〇一九年，民調組織「非洲動態調查」（Afrobarometer）對三十四個國家進行調查，超過三分之二的受訪者表示民

---

* 譯註：state capture，意指政府或企業為了私人利益把持國家制度，導致系統性貪汙。

† 譯註：state failure，意指政府失去治理能力，無法處理國內動亂與國際關係。

主是最好的政體。不過跟西方一樣，受訪者對民主逐漸失去信心，大約半數的受訪者表示他們對民主「感到不滿」，這個結果相較二十年前上升了四分之一。[9]

解放英雄帶領國家走向專制以及民選總統洗劫國庫的現象，讓非洲人以及外界的觀察家重新審視強人制度。強人領袖在某些國家代表了重建和平以及經濟快速發展，最常聽到的兩個例子就是盧安達（Rwanda）的卡加米（Paul Kagame）以及衣索比亞的梅勒斯・澤納維（Meles Zenawi），澤納維從一九九五年開始治理衣索比亞，在阿比就任前六年都還在位，直到二〇一二年逝世才交棒。

卡加米可說是非洲的傳奇獨裁者。他擔任總統加上擔任實際掌權者總計長達近三十年，不過他累積了一大群海外仰慕者。美國前總統柯林頓曾說卡加米並列「這個時代最偉大的領袖」，英國前首相布萊爾稱他「極具遠見」，前聯合國秘書長潘基文（Bank Ki-moon）稱盧安達是其他非洲國家的典範。[10]

乍看之下很難否定卡加米政權的政績，在他的治理下經濟平均成長率為百分之八。批評卡加米的人認為這個數字遭灌水，但是其他比較容易查證的發展指數也有所提升。人民預期壽命為六十九歲，與撒哈拉以南的非洲最成功國家波札那相同。國際企業家認為盧安達是符合工作和投資效率的國家。[11]卡加米的粉絲特別欽佩國家秩序得以維持，畢竟過去曾經發生駭人的種族滅絕。一九九四年，高達一百萬名溫和派圖西族和胡圖族遭極端胡圖分子砍殺。二〇〇〇年就任的卡加米首要政治目標就是達成種族和解，雖然他的政權主要由圖西族組成，但是他公開譴責區分種族，現在盧安達的國歌寫道：「共同文化就是我們的認同，單一語言使我們團結。」卡加米曾說過他的DNA證明他流著胡圖人的血。[12]

卡加米政權下的盧安達鄉鎮都以仔細栽種的花床妝點，居民也被告知要穿鞋。疫情爆發前，盧安達的觀光產業正快速發展。卡加米也迴避那些顯得自我放縱的強人治理手段，例如他阻止過度誇大的個人崇拜，而且過去從事軍職的他如今成為技術官僚，國際社會對他認真處理國事的態度都讚譽有加。

然而這些進步卻在政治自由上打了折扣，卡加米對盧安達實施全面掌控：二〇一七年他獲得百分之九十八點七的得票率，而且目前修憲過後他可以在位直到二〇三四年。更令人害怕的是異議人士通常離奇死亡，例如盧安達前情報頭子卡瑞吉亞（Patrick Karegeya）在二〇一三年被發現遭下藥後勒斃，陳屍飯店房間。卡加米被問到卡瑞吉亞之死時，他否認是他下的指令，但是宣稱：「我其實希望是盧安達幹的。我真的希望。」[13]最近出版了一本揭露卡加米總統執政黑幕的傳記，書中直接指控卡加米就是卡瑞吉亞謀殺案的幕後主使，並且主張總統殺害了大量對政權提出批評的海內外人士。[14]

非政府組織「人權觀察」（Human Rights Watch）指出，流亡中的盧安達記者印格柏（Charles Ingabire）經歷多次威脅以及一次失敗的暗殺行動後慘遭暗殺。[15]卡加米的批評者也遭起訴，國際知名企業家保羅・魯塞薩巴吉納（Paul Rusesabagina）在大屠殺中拯救逾上千名盧安達人，他的事蹟也被改編成電影《盧安達飯店》（*Hotel Rwanda*），但他在二〇二〇年九月遭逮捕與起訴，罪名是「創立、領導、資助以及參與暴力武裝恐怖組織……活躍於海內外多處地點」。[16]

多年來，卡加米的西方支持者對此類事件視而不見。柯林頓依然因為執政期間未對盧安達事件採取行動而飽受抨擊，對於卡加米的爭議他的回應是：「我想我對於像這種能夠帶來進步的政府較為寬容。」美國確實不斷保護卡加米，例如在盧安達國際刑事法庭推動替換一名檢察官，因為他指控卡加米政權可能發動圖西人對胡圖難民進行殘暴的報復，[17]被拜登政府任命為美國國際開發總署（USAID）署長的薩曼莎・鮑爾（Samantha Power）同時也是出了名的卡加米支持者。

這位盧安達領袖並非西方世界支持「開發中國家威權主義」的單一案例，衣索比亞在阿比執政前也經歷過一樣的情況。一九九五年至二〇一二年，這個東非國家受到總理澤納維嚴格掌控。他的壓迫手段也獲得諒解，因為他在位期間交出亮眼的經濟成績，以及他以技術官僚方式治理國家，而且他在西方媒體訪談中無所不談，從電信公司民營化到商品的加工製造都能侃侃而談。大家都相信澤納維具有遠見，他提供了衣索比亞的未來藍圖，計畫扶植國內產業，效仿「亞洲四小龍」南韓與臺灣的成就。[18]

衣索比亞跟盧安達一樣，經濟成長有著亮眼的成績。二〇〇二年至二〇一二年間，國內生產毛額成長率超過百分之十，是其他撒哈拉以南非洲地區平均值的兩倍。在澤納維執政期間，赤貧人口下降了百分之十五。政府設立了一萬五千個鄉村診所，衣索比亞簡陋的道路系統也大幅改善。預期壽命據說整整增加了二十五年，從四十歲提升到六十五歲。[19]

澤納維的一大魅力就是能夠以引人入勝的方式談論政策，成功吸引西方觀察家，但他還有其他吸引力，澤納維也符合西方世界的策略目標，例如穩定衣索比亞情勢以及推動親美政策。另一方面，衣索比亞的規模、經濟成長，以及在非洲之角（Horn of Africa）的戰略位置，都吸引了中國投資與外交的關注。二〇一二年，中國投資興建了位於衣索比亞首都阿迪斯阿貝巴（Addis Ababa）的非洲聯盟新總部。但澤納維同樣與華府打好關係，允許美國在衣索比亞部署無人機，並且在索馬利亞（Somalia）進行聯合反恐演練。

澤納維跟卡加米一樣，讓自己成為可接受的強人領袖。歐巴馬的國家安全顧問萊斯（Susan Rice）在二〇一二年澤納維逝世時盛讚他擁有「世界一流的頭腦」，宣稱：「他不只絕頂聰明，他不只是態度強硬的談判專家和可敬的辯論對手，他不只是熱烈渴求知識的人。他擁有不凡的睿智。」[20]

但是盧安達付出的代價是鎮壓，澤納維逝世前兩年競選二〇一〇年的選舉，當時他的得票率高得荒謬，總計獲得百分之九十九點六得票率。二〇〇五年的選舉後，大約兩百名示威者遭安全部隊槍殺。教師工會與人權組織被迫解散，反對黨遭取締。衣索比亞的澤納維也確保只佔人口百分之六的泰格瑞人持續把持政治。雖然衣索比亞表面上仰賴種族聯邦制，但是毫無疑問泰格瑞人權力最大。[21]或許西方世界之所以熱切擁護看似自由派的阿比・阿曼德，有部分是因為終於認知到他們為澤納維的專制所作出的妥協。

就連在美國這樣富裕且強大的國家中，與身分認同相關的政治議題都足以對歷史悠久的民主體制產生威脅，或許也毫不意外衣索比亞、盧安達與辛巴威等國難以建立多數決民主政治，畢竟他們全都經歷過導致戰爭的嚴重種族分裂。如果去到北京，大家大概會跟你說只有天真的美國人和歐洲人相信自由民主體制適合普遍貧窮而且國家體制不健全的非洲。中國抱持的冷酷觀點是大部分非洲國家需要某種強人領袖來讓他們團結，他們只能希望出現的是盧安達的卡加米或衣索比亞的澤納維這種強人，而不是辛巴威的穆加比或南非的朱瑪。

從各種角度看來，非洲的民主在過去十年逐漸衰退，伯明罕大學專攻非洲政治的契斯曼（Nic Cheeseman）教授形容這是「民主困境而非民主崩解。」[22]一九九〇年代冷戰過後，許多非洲國家和領袖向民主靠攏，民主國家的數量開始提升。但隨著中國勢力提升，新的意識形態潮流從不同方向引入了非洲。二〇〇七年，中國與非洲的貿易總額高達一兆四千八百萬美金。美國與非洲的貿易總額則為三百九十億。很明顯北京無意針對民主治理進行利益交換，因此非洲領袖相對不用面對政治改革的壓力。在某些時刻中國甚至主動保護專制獨裁的朋友，例如向國際刑事法院施壓，要求停止對蘇丹前總統巴希爾（Omar al-Bashir）的起訴。[23]

中國不止幫助獨裁者，甚至提供工具讓他們加強對權力的箝制。中國共產黨過去幾年不斷邀請非洲政要參加中國的訓練課程，課程大綱有一部分看起來相當無害，例如中國傳統文化或經濟發展策略，但大部分課程看起來不懷好意。課程參與者學習如何進行有效政令宣傳、控制政敵以及監控異議人士。二〇〇八年至二〇一二年，南非非洲民族議會黨的重要黨員參與了這些課程，其中包含五十六名全國執行委員會成員；自一九九四年起，衣索比亞政府就固定派代表參與這系列課程。[24]

連像南蘇丹（South Sudan）這樣的新國家也被中國拉攏，因為中國提供數千筆獎學金給南蘇丹學生。這樣的情勢可能造成政治走向不自由。南非加札爾河大學副校長瓦薩拉（Samson Wasara）說道：「十年後，這些學生中有人可能會成為蘇丹領袖。」他也說：「當你前往中國，那裡的人可不會跟你討論民主。」[25]

中國也推動了非洲的科技發展，二〇一四年，中國電信公司中興通訊提供衣索比亞監聽人民通訊所需的基礎建設。二〇〇七年一場與中國互聯網信息辦公室共同舉辦的活動上，坦尚尼亞（Tanzania）交通部副部長恩戈亞尼（Edwin Ngonyani）宣稱：「我們中國的朋友成功阻擋這類媒體（谷歌等網頁），並且用國內自行開發、安全、有用而且受歡迎的網站取而代之。我們還做不到這點，但是我們在使用這些平台的時候必須謹慎，避免他們遭到誤用。」

中國極權主義科技的最大出口國就是辛巴威，二〇一八年，在來自廣州的雲從科技協助下，辛巴威開始規劃在大城市與大眾運輸轉運站裝設臉部辨識系統。這項計畫表面上是要改善治安，許多社運人士卻感到擔憂。辛巴威記者佐瑪（Garikai Dzoma）預測道：「非洲獨裁者⋯⋯一定會使用這項工具追蹤政敵以鞏固自己的政治地位。」辛巴威甚至可能進一步幫助中國提升他們已經相當優異的監控能力，雲從科技將幫助中國獲得非漢族的臉孔，以此擴張他們的資料庫。[26]

因為中國願意資助辛巴威，姆南加瓦更能夠抵抗西方給他的政治改革壓力。姆南加瓦執政期間，中國掏腰包資助了一億四千萬美金，讓哈拉雷的六層樓國會大廈得以動工。[27]北京的投資隨即獲得了回報，辛巴威連同其他十五個非洲國家簽署了一封給聯合國人權理事會的信，盛讚北京「在人權領域傑出的成就」，以及將中國的維吾爾拘留營重新包裝為「技職教育與訓練中心」。[28]

其他威權國家也為非洲強人領袖鋪路，美國等國家通常對盟友的不當行為視而不見，但俄羅斯是連裝都不裝。當幾內亞（Guinea）總統顧德（Alpha Conde）宣布他要違憲爭取第三任期時，駐幾內亞的俄羅斯大使表示：「憲法不是教義、聖經或古蘭經。憲法要配合現實調整，而不是現實屈就憲法。」[29]俄羅斯跟中國一樣直接扶植獨裁政權，中非共和國（Central African Republic）甚至任命一位俄羅斯公民擔任國家安全顧問。

在川普任內，美國對非洲民主的支持也急遽下滑。二〇一九年一月，剛果民主共和國的選舉出現嚴重舞弊，讓齊塞克迪（Felix Tshisekedi）順利當選總統，美國對此卻毫無譴責，反而認可選舉結果。美國戰略暨國際研究中心研究員迪佐勒（Mvemba Phezo Dizolele）將此舉形容為令人沮喪的挫敗：「美國引領剛果走到這一步，然後在最後一刻抽手。」[30]

拜登政府一開始就示意他們將重拾美國傳統的態度，拜登宣誓就職後不久，新上任的國家安全顧問蘇利文（Jake Sullivan）就對阿比・阿曼德引發的衝突表達不安，警告「衣索比亞默克萊（Mekelle）地區的攻擊可能涉及對平民的暴力行為以及潛在戰爭罪。」[31]美國的批評或泰格瑞省可能陷入飢荒的威脅都沒有阻止阿比繼續他的戰爭，二〇二一年七月，他在國會獲得壓倒性的勝利，美國則稱這次選舉有「嚴重疏漏」。然而中國依然是衣索比亞最大投資者，華府的批評已不造成威脅。不只美國人或中國人該積極掌握衣索比亞的情勢，事實上歐洲最容易受到非洲政府成敗影響。因為非洲大陸的人口即將有驚人的成長。根據聯合國以及其他組織預測，非洲人口在二〇二〇年至二〇五〇年間會翻倍，在這塊大陸上添加十二億的新人口。[32]

非洲面臨貧窮問題、氣候變遷和糟糕的政府，而歐洲又近在咫尺，這表示未來許多非洲年輕人可能會前往歐洲尋求更好的生活。二〇一五年至二〇一七年的三年期間，大約五十萬名非洲人在歐洲申請難民庇護。許多人從專制國家逃離，例如衣索比亞的鄰國厄利垂亞就因為總統阿夫瓦基推動無役期限制的徵兵制，導致年輕男子紛紛出走。

歐洲未來數十年都將面對更多這類的移民壓力，如我們所見，社會害怕移民對文化與經濟造成衝擊是歐洲民粹民族主義強人崛起的最大原因。歐洲自由派接下來最重要的任務，就是找尋方法化解這樣的社會擔憂。

第十二章 梅克爾與馬克宏——歐洲對強人的抵抗

自由派國際主義者在強人時代中不斷找尋世界各地的民主守護者，也就是能夠阻擋民粹民族主義浪潮的政治領袖。若干位領袖被譽為自由價值的守護者，例如紐西蘭總理潔辛達・阿爾登以及加拿大總理賈斯汀・杜魯道。川普執政期間特別受到關注的是兩個歐盟最強大國家的領袖——德國總理安格拉・梅克爾（Angela Merkel）以及法國總統伊曼紐爾・馬克宏（Emmanuel Macron）。

二〇一六年接連遭受英國脫歐以及美國總統大選的雙重打擊後，法國的執政當局顯得格外脆弱。時任法國總理法蘭索瓦・歐蘭德（François Hollande）極度不得人心，黯然宣布放棄爭取二〇一七年的連任。在大選前十八個月，法國遭受歷史上最嚴重的恐怖攻擊。二〇一五年十一月，巴黎同時發生多起伊斯蘭分子攻擊事件，造成一百三十一人死亡。隔年夏天的法國國慶日（又稱巴士底日），一輛貨車蓄意衝撞在尼斯（Nice）慶祝的民眾，造成八十六人死亡，此時儼然就是極端右翼獲勝的時刻。

歐蘭德放棄連任後，二〇一七年的大選由兩名反對黨的候選人競爭，極右政黨國民聯盟派出瑪琳．雷朋（Marine Le Pen）參選，與雷朋在第二輪及最後一輪投票競爭的則是年輕的馬克宏，他代表的是剛成立的前進黨（En Marche）。

二〇一五年我在倫敦的法國大使館早餐會見過馬克宏，當時他擔任法國經濟部長，是歐蘭德中間偏左政府下的經濟自由主義者。當時主辦活動的外交人員顯然非常喜愛馬克宏。他來自他們的世界：傾歐盟、傾市場、前銀行家、受過高等教育而且能夠深入談論艱澀議題，畢竟他在學生時期曾經寫過關於黑格爾（Hegel）與馬基維利（Machiavelli）的論文。馬克宏邊享用著咖啡與可頌，邊輕鬆地切換英法語進行對話。他說明開放法國經濟的規劃，承諾降低富人稅並提供創業機會。這位年輕部長給人有能力、魅力十足的印象，或許還有點自負。

選舉造勢期間，三十九歲的馬克宏憑著他的年紀以及他所帶領的新政黨，讓他在反當權政府的聲浪中獲得支持，而這波反當權的怒氣正是英國脫歐以及川普勝選的原因。馬克宏將自己打造為即將帶來重大改革的候選人，他在選前一年出版《變革的力量》（Revolution）這本書。但就各種角度來看，馬克宏都屬於法國傳統菁英下的產物，他過去就讀的都是法國最傳統且最頂尖的學校，還是主流價值觀的可靠旗手。儘管如此，當馬克宏宣布參選時，外界認為他的勝率微乎其微，但是他相當走運，二〇一七年初呼聲最高的法國右翼候選人法蘭索瓦．費雍（François

Fillon）選舉前突然爆出貪污醜聞，在第一輪遭淘汰，馬克宏立刻成為反對極端右翼選民的首要人選。

這場法國選舉對全球至關重要，雷朋威脅要帶領法國退出歐盟單一貨幣，甚至提到退出歐盟——她誓言要效法英國推出「法國脫歐」公投，此舉極有可能敲響歐盟喪鐘。歐盟或許能撐過英國脫歐，但法國脫歐又是另一回事了。一九五〇年代法國政治學家與思想家一手打造歐盟的前身「歐洲煤鋼共同體」（European Coal and Steel Community），並在一九八〇年代努力推動歐元的誕生，而一旦法國退出歐元區，歐元可能就此瓦解。雷朋一旦獲選，歐盟將陷入水深火熱之中。這將是普丁與川普樂見的結果，許多英國脫歐人士大概也會覺得他們獲得平反。

選舉前幾個月，我的許多法國友人顯然相當緊張。有些人甚至提到如果極右派勝出，他們打算直接移民。但是雷朋在辯論會上荒腔走板的表現（她後來聲稱自己當天嚴重頭痛），讓馬克宏自此在大選的路上一帆風順。事實上，他主打的反極端主義立場一直以來就是勝選關鍵。跟美國不同的是，法國的極右派跟德國一樣依然受制於二戰遺留下來的惡名。二〇一七年五月，馬克宏在第二輪以百分之六十六點一得票率輕鬆奪下勝利。

二〇一七年選舉期間馬克宏主打的政治與社會議題，讓他成為強人社會與意識形態的對照。普丁、習近平、川普、莫迪、波索納洛和厄多安全都是民族主義派，相較之下，馬克宏則是強硬的「全球主義派」。他的傳記作家蘇菲・派德（Sophie Pedder）提到馬克宏的觀點是：「新的政治分野在於害怕全球主義的人以及視全球主義為機會的人，或至少利用全球主義作為政策以推動進步造福所有人。」[1]馬克宏所屬前進黨的核心支持者都是受過教育的中產階級自由派——這類人在美國投給了希拉蕊，在英國則投給了留歐陣營。落後地區的白人勞工階級選民在美國和英國投給了川普和脫歐陣營，在法國這些地區則是雷朋的票倉。這些選民後來成為黃背心示威遊行的主力，他們因為不滿馬克宏調漲燃油稅而上街，造成法國二〇一八年與二〇一九年的動盪。

對馬克宏來說，調漲燃油稅是友善環境的政策。川普與波索納洛等西方強人領袖譏笑氣候變遷而且懷疑科學家，馬克宏卻是名技術官僚，強力支持巴黎氣候協定。馬克宏拒絕了許多新強人領袖積極擁護的懷舊民族主義，反而決心採取未來主義路線。他自信地宣布：「我們國家需要發掘對未來的喜好，而不是對不明確的過去懷抱病態迷戀。」[2]

如果說馬克宏的政治與展望是在抵抗強人政治，那麼他在歐盟的重要政治夥伴更是如此，那就是德國總理梅克爾。她審議又低調的態度，與普丁、川普、波索納洛和厄多安等人的大男人強人形象形成強烈對比，因此也被暱稱為「媽咪」（德文：Mutti，英文：Mummy）。

川普陶醉於他裝潢華麗的私人俱樂部和高塔，梅克爾卻和丈夫低調地住在柏林市中心的三層樓透天。二〇二〇年夏天，我出於好奇走到她家門前的街道上，旁邊就通往斯普雷河（Spree River）與博物館島（Museum Island），唯一透露總理居住在這棟漂亮透天的線索就是前方的一輛警車以及小小的警衛亭。

二〇一六年川普勝選後，梅克爾被某些人稱為自由世界的真正領袖。[3]她的幕僚堅稱這樣的稱號令她害臊，但這位德國首領顯然選擇擔任傳統自由派價值的發言人。當她向川普提出夥伴關係時，清楚指明必須奠基於「自由、尊重法律，以及不論一個人出身何處都必須保障他的尊嚴」。

梅克爾在東德長大，父親是路德教會牧師。她在校期間表現優異，也曾因為傑出的俄文能力獲獎，日後她跟普丁談話時這個能力相當有利（不過普丁因為在東德擔任過間諜，所以其實也會說德語）。梅克爾生於一九五四年，柏林圍牆倒塌時她三十五歲。一九八九年十一月的那一晚，她沒有像許多柏林人一樣衝往布蘭登堡門，而是跟朋友前往享受桑拿以及喝了一杯啤酒。[4]一九八六年時梅克爾在東德成功取得量子化學博士學位，成為事業有成的科學家。她也遠離東德政治，一直到共產政權瓦解她才踏入政壇，帶領德國統一的前總理柯爾（Helmut Kohl）此時開始全力栽培她作為自己的門生。梅克爾在德國基督教民主聯盟內一路爬升，二〇〇五年當上總理，成為德國第一個出身東德的領袖以及第一位女性元首。

二〇一五年歐洲遭受難民危機衝擊，此時梅克爾已經成為歐洲最具影響力的政治人物。她主導了歐盟面對歐債危機的方式，也因此在南歐被醜化為不近人情的德國保守主義代表，但是沒有人質疑她對該議題的理解，美國財政部長提莫西・蓋特納（Timothy Geithner）在全球金融危機後表示他遇過的所有世界領袖當中，只有梅克爾會「算數」。[5]

拜難民危機以及隔年川普勝選所賜，梅克爾被焦頭爛額的西方自由派視為偶像。以靜觀其變態度聞名的梅克爾，選擇讓德國邊境保持開放，迎接塞滿東歐的百萬名難民，這對她來說是相當大膽的舉動。梅克爾在關鍵時刻決定撤銷德國對《都柏林協議》提出的申請，這份協議明訂難民必須在第一個抵達的安全國家申請庇護。在總理的允許下，敘利亞及其他地區難民得以離開匈牙利進入德國。這項決定深受德國歷史以及梅克爾個人背景影響，畢竟她成長於柏林圍牆的另一側。川普依靠「蓋一道牆」的口號獲得權力，梅克爾則以另一句話成名：「我們辦得到（德文：Wir schaffen das，英文：We can do this）。」她以此回應將百萬名以穆斯林為主的難民融入德國社會的挑戰。

她的政策讓她成為自由派的女英雄，卻也讓她成為許多右翼民粹主義人士眼中的惡人。對他們來說，德國總理代表的是自以為高尚的「全球主義」，不惜破壞自己國家的穩定與未來，只為了換取自由派知識分子的肯定。二〇一五年與二〇一六年法國的恐怖攻擊事件後，美國與歐洲的右派民粹主義更堅持梅克爾當初允許大批從敘利亞戰區逃亡的穆斯林難民進入歐洲是一項過於天真且近乎犯罪的決策。與梅克爾意識形態對立的人希望看到她因為她對難民的態度付出代價，二〇一七年九月德國進行聯邦議會選舉，梅克爾造勢大會上的氛圍往往極為難堪。有一位總理幕僚難過地向我透露，造勢活動中對總理的噓聲大到常常根本聽不見總理的聲音，這個情況在德國東部格外嚴重。選舉結果對梅克爾造成極大衝擊，基督教民主聯盟得票率下降八個百分點，來到百分之三十三。為了組成聯合政府，梅克爾必須再度與中左派的社會民主黨合作，這個黨在這次選舉中遭受二戰以來最慘烈的結果。

德國政治的中間地帶逐漸縮小，德國國會最大反對黨變成極右派的德國另類選擇黨（Alternative for Germany, AfD），根據德國外交部長嘉布瑞爾（Sigmar Gabriel）的說法，這個黨根本就是新納粹。該黨背後還有許多更令人憂心的細節，德國在歐債危機中搶救希臘，卻惹惱了一群保守派經濟學家，這群人在二〇一三年建立了德國另類選擇黨。然而這個黨隨後變得像傳統上反移民以及排外的政黨，而且在難民危機後愈發明顯。德國另類選擇黨中特別極端的一支也涉及新納粹主義的議題，黨內政治明星霍克（Björn Höcke）抨擊柏林的大屠殺紀念碑，稱之為「恥辱紀念碑」，並且要求重新檢視德國看待歷史的態度。霍克也被控在致詞演講中時不時隱晦地引用希特勒與其宣傳部長戈培爾的演說內容，[6] 儘管如此，該黨在某些地區——特別是前東德地區——得票率高達四分之一。

對於表面上看起來平靜的德國政府來說，國內情勢以及國際情勢日漸對德國當權造成威脅。德國國安機構嚴密監控德國另類選擇黨，視之為民主的一大威脅。但是一位政府高層向我說道：「極右派得票率為百分之五時，我們可以要求警察注意他們。但是當他們在德國東部的得票率高達四分之一，他們就成為警察了。」

二十世紀時，沒有一座城市比柏林更了解強人領袖的致命吸引和其帶來的災難後果。希特勒終於自殺時，他周圍的首都早已成為廢墟。因此對於當今德國菁英來說，任何形式的民族主義都必須受到懷疑。擔任德國總統史坦麥爾（Frank-Walter Steinmeier）外交顧問的著名德國知識分子伯格（Thomas Bagger）曾對我說：「法國和英國都可以回到民族國家，但是對德國來說這會更加困難。」

在伯格看來，一九八九年後德國支持的是美國著名學者福山（Francis Fukuyama）提出的「歷史的終結」論點，這個論點相信自由民主以及國際主義終將勝利。伯格認為柏林圍牆倒塌後，「我們終於覺得站在歷史對的一邊，這感覺挺不賴。」有些人以高傲的姿態看待普丁這樣的民族主義強人領袖，梅克爾認為他是十九世紀遺留的產物，無法適應現代社會。德國領袖相信自己了解歷史的方向以及二十一世紀的成功公式，因此認為就像柏格說的，政治只不過是「管理必然的結果」。[7]

二〇一四年至二〇一七年間，一連串的震撼逼迫梅克爾和德國當權放下這種自滿的態度。二〇一四年烏克蘭衝突以及普丁政權併吞克里米亞的行為顯示俄羅斯再度成為軍事威脅，德國人雖然沒有像波蘭或是波羅的海國家一樣對俄羅斯抱著極度恐懼，但是他們也無法像義大利人或法國人一樣對烏克蘭視而不見，畢竟柏林也在一九四五年遭受俄羅斯軍隊的蹂躪。

震撼彈接連而來：二〇一四年克里米亞事件過後，隔年難民危機達到高峰，而二〇一六年又迎來英國脫歐和川普勝選。歐盟就是德國外交的基石，但如今卻前途茫茫。美國過去一直是德國國防安全的保證，如今美國的支持也充滿不確定性。過去的美國總統皆曾到柏林發表重要演說，包含甘迺迪（Kennedy）、雷根（Reagan）到歐巴馬，但是川普卻選擇在波蘭進行他的第一場歐洲重要演說。他對梅克爾的反感同時涉及意識形態及個人情緒，一位川普的重要幕僚曾對我說：「我曾跟他們兩個共處一室，場面很難看。她就像教授，他則是沒好好做功課的學生。」

在川普入主白宮以及英國離開歐盟之後，二〇一七年馬克宏的勝選讓德國既開心且鬆了一口氣。新任法國總統在勝選當晚作出強而有力且具象徵性的舉動，他選擇在舞台上播放歐洲聯盟的盟歌〈歡樂頌〉（Ode to Joy），而不是法國國歌〈馬賽曲〉（Marseillaise），這位法國總統藉此清楚表達他要抵抗全球捲土重來的民族主義勢力。

馬克宏的勝利對梅克爾來說是一大福音，但同時也是一項挑戰。德國樂見新任法國總統支持歐盟，但是他的提案也遭到梅克爾政府質疑。馬克宏極度希望能夠發行歐洲債券，並且成立歐元區財政部，但這兩項提案對德國來說簡直就像是一場精心的算盤，試圖讓節儉的德國資助揮霍無度的法國。*馬克宏對「歐洲主權」的熱情，以及他認為北約逐漸「腦死」的評論，都惹惱了德國政府，[8]因為對德國來說北約依然是西方安全的重要基石。二〇一九年底拜訪柏林時，我發現

* 這是歐洲北部普遍的質疑。二〇一八年我主持了一場對談，與談人是荷蘭總理馬克・呂特（Mark Rutte），以及馬克宏的財政部長勒麥爾（Bruno Le Maire）。當時荷蘭方不斷指出法國自一九七〇年代起就不斷超支。

德國官員對於法國總統講話不經大腦的行為相當憤怒。有人甚至說馬克宏愈來愈像聰明版的川普，總是在草草制定政策後，讓部下不知所措地努力解釋他們老闆的最新主張。

梅克爾與馬克宏的關係要到新冠疫情期間才熱絡起來，一開始疫情席捲南歐，特別是義大利與西班牙。北方的歐洲人起初拒絕提供大筆資金給南方，此舉再度危及歐盟內部的團結。義大利民粹主義旗手薩爾維尼（Matteo Salvini）憤恨地說自私的德國人又讓義大利人獨自受苦，有些預測甚至認為疫情可能讓歐盟四分五裂。

面臨這樣的威脅，梅克爾決定採取行動。就像二〇一五年的難民危機一樣，這位德國總理一改過去的謹慎態度，採取大膽行動。二〇二〇年三月，梅克爾支持歐盟在金融市場發行公債以資助聯合計畫，這也是馬克宏一直以來的心願。一開始是打算一次性為疫情挹注資金，但是比起計畫細節，更重要的是此舉的意義。在德國、法國與歐盟，大家都已經下定決心：透過發行公債支持共同貨幣歐元。馬克宏的長期目標是讓歐盟公債市場能夠與美國國債抗衡，成為全球投資者的安全資產。如此一來，歐元最終能夠成為美元以外的另一個世界重要外匯存底貨幣。既然美元是美國成為世界強權的主要原因，歐元國際化也將讓歐洲成為世界強權，達成馬克宏的目標。

二〇二〇年梅克爾作出這項歷史性決定的時候，她已經接近執政生涯尾聲。她自二〇〇五年掌權，但是與其他強人領袖不同的是她並不希望終身執政，她宣布即將於二〇二一年卸任。但是她是自行選擇離開，而且她公布消息時，她的支持度接近歷史新高。她與土耳其達成協議，成功止住難民潮。這項協定相當務實，或許還帶了點不公義，他們沒有明說的是協議裡面大概摻雜了一些奧班這種人會提出的遷徙自由限制。儘管如此，德國的危機感已退去，極右派開始內鬨。二〇二〇年十一月川普落選，梅克爾的任期正式超越她在華府的對手。

如果國際政治遵循寓言的模式，意氣風發的梅克爾退休時大概會看到歐洲保住了自由民主，強人政治在世界各地消亡。但現實往往不可避免地比寓言更加複雜，梅克爾卸任後短短兩個月，俄羅斯入侵烏克蘭。梅克爾支持者認為如果她持續執政，普丁沒有膽發動攻擊，因為梅克爾會負責組織歐洲應對。其他人則沒這麼寬容，直接指出梅克爾讓德國依賴俄羅斯天然氣因此陷入危機，特別是總理當初批准了德國與俄羅斯之間的北溪二號天然氣管線，現在看來這個決定過於一廂情願，後來必須得由梅克爾的接任者德國總理蕭茲（Olaf Scholz）取消這條管線，並宣布「改革」德國國防政策，其中包含大幅提升國防安全預算。

梅克爾壓制住的西方民粹主義也很可能再起，她與其他歐洲領袖深知拜登政權很可能只是美國政壇的一段插曲，二〇二四年總統大選可能再度迎來川普或是其他類似川普的人。歐洲內部則有匈牙利的奧班與波蘭的卡臣斯基建立不自由的民粹政府，他們危及了民主國家的基本要素，像是司法獨立以及媒體自由。

法國的馬克宏倒是成功壓制了極右派民粹主義，他在二〇二二年五月的總統大選再次打敗雷朋。馬克宏成功連任顯示大眾認為他就許多方面來說是成功的法國總統。他訴求更緊密的歐盟合作，終於獲得德國青睞。雖然他的國內政敵批評他冷漠又傲慢，民調顯示他的支持度一直比歐蘭德還高。

他也躲過了國內的政治與私人醜聞，但是毫不意外地他無法滿足自己在二〇一七年選舉時激起的改革期待，也無法改變法國人根深蒂固的悲觀主義。黃背心運動以及持續上演的國內恐怖攻擊事件——例如二〇二〇年教師薩繆爾・帕帝（Samuel Paty）遭極端伊斯蘭分子斬首的事件——導致國內不安全感上升。二〇二一年四月的哈里斯民意調查顯示，八成四的法國人同意「法國的暴力情形每天逐漸惡化」，七成三的人同意法國社會正在崩壞，四成五的人相信很快會發生內戰。[9]

馬克宏和他的幕僚深知加速了西方右派民粹主義崛起的社會與經濟條件同樣深植於法國社會之中，馬克宏曾經在英國國家廣播公司訪談中坦承，如果法國跟英國一樣舉辦脫歐公投，「很可能」最後脫歐陣營會獲勝。[10]法國面臨高失業率與去工業化問題，數十年來移民改變了法國人口組成，現在法國擁有歐盟最大的穆斯林人口，號稱全球主義菁英試圖讓西方充斥非白人移民的陰謀論也在法國廣傳。法國作家加繆（Renaud Camus）的著作《大取代》（Le Grand Remplacement）仔細描述了這樣的陰謀，這本書近來成為西方民族主義白人的重要讀物。反民主情懷也離法國不遠，二〇二一年，一群退休將領所寫的鼓吹軍變的信獲得雷朋公開讚賞，同時民調顯示百分之四十九的人認為需要軍隊介入才能保障法國的法律與秩序。

馬克宏為了回應極右派頑強的挑戰，他選擇往右派靠攏，支持法國打擊極端伊斯蘭。外交政策上，馬克宏治理下的法國與厄多安治理的土耳其衝突逐漸升溫，尤其針對利比亞（Libya）與東地中海議題。這位法國總統通常公開為人權發聲，但他甚至頒發法國榮譽軍團勳章給埃及強人領袖塞西（Abdel Fattah al-Sisi），這位領袖不斷與厄多安發生衝突，而且殘暴鎮壓埃及的穆斯林兄弟會。

馬克宏政府在國內推動新法打擊伊斯蘭「分離主義」並保護世俗與共和價值，新的法案包含禁止開立「處女證明」以及禁止公立游泳池分設男女獨立泳池。在國防與社會價值議題上，馬克宏的部分內閣成員的發言讓人難以與極右派區隔，態度強硬的內政部長達馬南（Gerald Darmanin）形容伊斯蘭教是「裝著分裂炸彈的特洛伊木馬，瞄準著我們社會」[11]。隨著馬克宏在二〇二二年大選前右傾，雷朋同樣選擇左傾，軟化二〇一七年嚇跑選民的政策，例如反對歐元以及提議脫歐。

不過雷朋與馬克宏之間的差異依然顯著，雖然譴責極端伊斯蘭主義，馬克宏拒絕像奧班一樣對移民與難民釋出敵意。他也依然熱切推動強化歐盟的理念，並且承諾改革而非推翻全球主義。

雷朋與馬克宏間意識形態的鴻溝，在強人時代的國際政治相當常見。雷朋自己曾說：「我們不再分左右派，而是民族主義派與全球主義派。在這樣的對峙下，我們隨時有機會掌權，因為移民控制、經濟愛國主義、理性合理的保護主義等我們所推崇的理念愈來愈強大。」[12]雷朋與製造出世界各地民族主義強人領袖的國際潮流產生共鳴，她的許多目標與川普等人相同，都是容易醜化的對象：非法移民、自負的菁英、「假新聞」媒體以及沒有根的全球主義派。

全球意識形態之戰不只在政治人物間上演，戰火同樣波及知識分子、慈善家以及他們所資助的機構。許多強人領袖有一位共同敵人，這個人代表著他們努力打擊的全球主義勢力，那就是億萬富翁金融家以及慈善家索羅斯（George Soros）。雷朋聲稱索羅斯是法國的敵人，要求「我們必須對抗這位億萬富翁，以重新奪回我們國家的自由……他犯下打擊民族國家的罪行。」[13]索羅斯成為民粹主義人士妖魔化的主要對象這點反映出強人時代的意識形態之爭，這樣的爭論在接下來的十年會持續影響法國、歐洲以及世界其他地區。

第十三章 索羅斯與巴農的理念之戰

強人領袖需要敵人，而各地的強人領袖選擇打同一個怪：猶太裔慈善家兼億萬富翁喬治・索羅斯（George Soros）因為表態支持自由價值觀而成為「全球主義」的代表，他被形容為操縱所有陰謀論跟暴行的幕後黑手，如同歐威爾（Orwell）著作《一九八四》中的高斯登（Emmanuel Goldstein）。

我在二〇一七年時查了一輪索羅斯被指控操弄的犯罪和陰謀論，經過幾小時的搜尋，我發現短短幾個月內，這位八十七歲的金融家被指控捏造敘利亞化學攻擊、資助華府反川普遊行、利用「索羅斯計畫」讓匈牙利充斥難民、逼迫馬其頓（Macedonia）替換政府、破壞以色列總理名譽，以及讓幾名重要白宮幕僚遭開除。

對此我寫了一篇專欄〈對索羅斯的仇恨是一種全球性疾病〉（Soros Hatred is a global sickness），而也因此幾週過後我竟受邀到倫敦市中心與索羅斯本人用餐。[1]這場聚會雖然有點弔詭，但整體而言是愉快的經驗。首先，接獲邀請時以及用餐時完全沒有人提到我的專欄文章。他的團隊反而跟我說索羅斯想要討論中國民主的展望，而確實我們的對話主要圍繞著這個議題。索羅斯問我認為中國共產黨什麼時候會垮台，老實說我真的不曉得，但我大膽預測三十年後，他回答道：「可惜，我本來希望能活著看到這一天。」

現實中的索羅斯當然跟極右派陰謀論中宛如〇〇七電影的壞人形象截然不同，他的聰明才智以及精力一如以往，不過他重聽且虛弱。為了克服聽力問題，索羅斯在餐桌上戴著耳機，客人則必須對著麥克風說話。即使如此，他說他隔天一早還要打網球。更令人驚訝的是，他看起來對全球四面八方湧進的詆毀和威脅毫不擔憂，甚至有點被逗樂了。

那次晚餐聚會後的幾年，索羅斯主掌一切的傳言甚囂塵上。他被川普總統指控資助非法難民進入美國，也被川普支持者指控操弄了彈劾訴訟以及二〇二〇年總統大選的「偷竊行為」。其他指控來自馬來西亞、波蘭、羅馬尼亞、土耳其和巴西，這些國家的領袖都聲稱這位億萬富翁慈善家對他們不懷好意。

一九九〇年代，索羅斯跟上了時代精神，利用他透過投資累積的財富支持共產後歐洲國家以及其他地方的民主轉型。但如今全球政治環境有所轉變，自由價值逐漸不受重視。對於新一代民族主義者來說，索羅斯已成為完美的反派。他是民族主義時代的國際主義者，支持個人權利而非集體權利。在二〇二〇年富比世雜誌（Forbes）美國富豪榜，他以八十六億美元排名第五十六位。[2]（若他沒有自一九八四年起捐出三百二十億美元，他會更加富有。）[3]索羅斯身為猶太人這點勾動了反猶太主義情緒——這讓他更容易被扣上陰暗且善於操縱的國際金融家角色，如同過去大家對羅斯柴爾德家族*的想像。

索羅斯不凡的人生經歷影響了他，讓他全力擁護自由個人主義和少數族群權利。索羅斯於一九三〇年出生於匈牙利，納粹入侵匈牙利時他十三歲。他的父親提瓦達．索羅斯（Tivador Soros）是一名律師和作家，他編輯了一份以世界語發行的文學雜誌，深受全球世界語使用者喜愛。一九四四年納粹到來，而父親的先見之明救了索羅斯一命。他為兒子準備了假證件並送到鄉下，以教子名義與一名地方官員同住。索羅斯過著雙重生活，甚至被他的監護人帶去清點沒收的猶太人財產（這件事後來被他的敵人拿來誹謗他是納粹支持者）。†

納粹政權在戰後被蘇聯取代，十七歲的索羅斯到了倫敦，先是做過服務生和零工，然後成為倫敦經濟學院的學生。他在倫敦經濟學院時深受卡爾．波普（Karl Popper）吸引，這位出生於奧地利的哲學家強力捍衛自由主義和民主，他在中歐的悲慘經歷讓他出版了影響深遠的著作《開放

---

* 譯註：始於十八世紀德國猶太裔銀行家邁爾．阿姆謝爾．羅斯柴爾德（Mayer Amschel Rothschild）的富有家族，十九世紀時建立了至今無人能敵的金融帝國，同時也是世界近代史上最富有的家族。

† 當時索羅斯是躲避中的小孩，因此這個指控荒謬且令人反感。

社會及其敵人》(The Open Society and Its Enemies)。索羅斯後來寫道，當他第一次讀到波普的書時，「這本書啟發了我……我親身體驗了波普所說的封閉社會，在這種社會中，一黨制的教條導致高壓統治和極權主義。」相較之下，波普所倡導的是一個開放社會，「試圖建立一個讓具有不同興趣和想法的人和平共處的政府」。[4]這位哲學家的寬容原則、理性懷疑主義和經驗主義對索羅斯產生了深刻影響，索羅斯開辦的「開放社會基金會」就是為了向波普致敬。

而波普堅持人類知識具有易錯性這點也幫助索羅斯摸索出生財之道，在倫敦政治經濟學院獲得學位後，索羅斯做過很多店員等零工，接著他在一九五三年受到倫敦投資銀行聘用。一九五六年，他移居美國到華爾街工作，最終於一九七〇年成立了索羅斯基金管理公司。索羅斯將波普的觀點應用於金融市場，開始質疑傳統上認為市場是理性的這個觀念。他在市場行為中尋找非理性的反應，最後證明他是極為精明的投資者，到了八〇年代他已成為億萬富翁。

五十歲生日逼近時，索羅斯開始尋找新的人生目標。他挑中了政治慈善事業，選擇用他的巨額財富推動自由主義、民主和開放社會。他早期主要贊助南非種族隔離的黑人學生，隨著共產主義世界在一九八〇年代逐漸開放，索羅斯開始透過投資教育和支持民間社會組織進入蘇聯和中國。

當柏林牆倒塌時，他具備資金、在地知識和願景，是支持全新民主制度的最佳人選。一九九一年，他創辦了中歐大學，一開始設立於布拉格，然後遷校到他的祖國匈牙利。他也像一般慈善家一樣捐了一億美元資助失業的蘇聯科學家，並贊助科學期刊以在前蘇聯地區傳遞知識。正如索羅斯後來觀察，「一開始歷史站在我們這邊，當時開放社會非常成功並取得碩大進展。」[5]

對索羅斯來說，「開放社會」一詞是「法治健全社會的簡寫，與一人統治相反，而且開放社會中國家的作用是保護人權和個人自由。我個人認為一個開放的社會應該特別關注那些遭受歧視或遭社會排除的人，以及那些無法保護自己的人。」與此同時，精明的索羅斯在市場上依然深具影響力。一九九二年，他受封為「打垮英格蘭銀行的人」，因為他的對沖基金大量作空英鎊，最終使英國不得不於九月十六日退出歐洲匯率機制，後來這一天在英國被稱為「黑色星期三」。索羅斯在對英鎊的投機中獲利超過十億美元，因此一炮而紅，英國首相梅傑（John Major）所帶領的英國政府受到羞辱，自此一蹶不振。[6]

索羅斯在黑色星期三的事蹟使他享譽國際，並建立了他的神秘形象。索羅斯的新名聲起初似乎相當有利，為他和他的開放社會基金會打開了大門。黑色星期三事件後，英國國內的批評大都針對梅傑政府，而不是與政府鬥智的金融家。事實上，索羅斯反而因為這場金融投機中展現的膽識和洞察力而備受欽佩。

但索羅斯的財富、全球勢力、政治觀點和猶太血統也開始使他受到懷疑，我第一次接觸到關於索羅斯的陰謀論是在一九九七年亞洲金融危機期間，馬來西亞總理馬哈迪．穆罕默德（Mahathir Mohamad）指責索羅斯試圖破壞馬來西亞的財政，[7]當時還看不出來這會變成全球趨勢，畢竟索羅斯是以黑色星期三事件著稱的貨幣投機家，而馬哈迪則是出了名的反猶。

然而到了二〇〇〇年代初，美國極右派開始不斷提起索羅斯。二〇〇七年，他在福斯新聞中被稱為「掌握全球左翼基金會的邪惡博士」。[8] 美國對索羅斯的敵意始於他反對伊拉克戰爭以及阻擋二〇〇四年小布希連任的作為，進一步激怒右翼共和黨的是索羅斯資助美國自由主義的行為，例如他推動了少數族裔的選民登記；另外他對聯合國等國際機構的支持也成為被仇視的原因。

當川普政府一出現，反索羅斯的宣傳成為美國主流。總統本人很樂意散播針對索羅斯的陰謀論。二〇一八年九月，國會激烈爭辯是否讓布雷特・卡瓦諾（Brett Kavanaugh）出任最高法院大法官時，川普在推特上表示反卡瓦諾的示威者是「領錢做事」，他們的標語「由索羅斯等人出資」。

對於川普政府中的民族主義人士來說，索羅斯代表著他們誓言要摧毀的「全球主義」，他們有時直接將政府內外的敵人與索羅斯扯上關係。二〇一七年至二〇一八年擔任川普國家安全顧問的麥馬斯特將軍（Herbert Raymond McMaster）遭支持美國優先政策的民族主義人士懷疑意圖驅逐他們在白宮的盟友，因此他們建立了「麥馬斯特曝光」網站並放上一張漫畫，其中標記為「索羅斯」和「羅斯柴爾德家族」的傀儡師正在操縱麥馬斯特。曾在川普國家安全委員會擔任歐洲和俄羅斯事務主任的希爾，因曾與索羅斯的開放社會基金會合作，被總統的老朋友兼幕僚羅傑・史東（Roger Stone）指責為「索羅斯派來的內奸」。二〇一九年十一月，在第一次彈劾總統的國會證詞中，希爾將對索羅斯的襲擊比作《錫安長老會紀要》（The Protocols of the Elders of Zion），這是歷史上持續最久的反猶太陰謀論之一，她認為「反對喬治．索羅斯先生的理念也是政治手段之一。」希爾認為這些攻擊是「徹頭徹尾的暴行」。[9]

可想而知，川普的支持者開始指控索羅斯策劃彈劾總統。總統律師朱利安尼曾協助逼迫烏克蘭政府調查拜登家人，他告訴《紐約》（New York）雜誌，索羅斯「控制」了拒絕與朱利安尼合作的美國駐烏克蘭大使。有人警告朱利安尼他可能涉及反猶太陰謀論時，他則控訴索羅斯反以色列，並補充說：「索羅斯稱不上猶太人，我比索羅斯更像猶太人。我可能更了解猶太會堂——他不去教堂，他不參與宗教。」[10]

在川普好友法拉吉的影響下，英國也開始將索羅斯視為顛覆國家的全球主義陰謀推手。法拉吉的政治言論開始結合對索羅斯的攻擊，並一度聲稱索羅斯「就許多方面來說都是西方世界最大的威脅」，並說他試圖「破壞民主並徹底改變整個歐洲大陸的人口結構」。[11]反索羅斯的言論從這位英國疑歐主義教父開始散播，一路蔓延到將帶領英國脫歐的保守黨。強生所屬的政黨被迫對黨內議員薩莉安．哈特（Sally-Ann Hart）展開調查，因為她分享了一段暗示索羅斯控制歐盟的影片。支持脫歐的《每日電訊報》在重要的版面刊登了一篇文章，指責索羅斯主導了「阻撓英國脫歐的秘密陰謀」[12]，指的是索羅斯在倫敦家中舉辦支持第二次公投的募資晚宴。

面對反猶指控時，英美的索羅斯陰謀論者經常採用朱利安尼的辯護，主張索羅斯已經不算猶太人，因為他既是世俗無神論者又是以色列的批評者。一些比較遲鈍的保守黨和共和黨黨員可能沒有意識到他們話語所夾帶的歷史意義，但當中歐開始使用反猶言論推動反索羅斯運動時，令人難以無視，因為這可是大屠殺的中心，同時也是索羅斯自己的出生地。二〇一七年匈牙利大選中，奧班在全國張貼印有索羅斯先生咧嘴笑的海報，並呼籲「不要讓索羅斯笑到最後」──奧班指的是所謂讓匈牙利充斥難民的索羅斯計畫。這位慈善家被妖魔化為無根的金融家，意圖毀滅匈牙利民族。

世界各地的反索羅斯運動顯然形成一個同溫層，因為極右翼團體也開始使用同樣的陰謀論。但一些強人領袖確實有理由擔心索羅斯的開放社會基金會，因為該基金會資助的是促進教育、新聞自由、少數族群權利和反貪腐倡議的民間組織。二〇〇四年喬治亞玫瑰革命中索羅斯支持親民主派，俄羅斯政府對此格外憤怒，因為莫斯科認為索羅斯試圖消滅俄羅斯在前蘇聯領土的統治。[13]二〇一五年，普丁政府迫使開放社會基金會退出俄羅斯，因為無法容忍基金會對俄國人權組織「紀念」（Memorial）等組織的支持，「紀念」組織促進了對蘇聯恐怖統治和史達林古拉格集中營（Gulag）的研究。

索羅斯的活動也使他成為以色列的攻擊目標，對納坦雅胡政府而言，世界各地反索羅斯運動中赤裸裸的反猶意識並不重要，他們在乎的是索羅斯支持巴勒斯坦人的權利、以色列自由派智庫和其他不受以色列右翼歡迎的議題。總理的兒子亞爾・納坦雅胡（Yair Netanyahu）在推特上譴責索羅斯是「反以色列和反猶太的世界最佳演員」，[14]他甚至貼了一張諷刺插畫，圖中索羅斯先生將世界吊在一隻爬蟲類面前晃來晃去——在其他情境下他父親會斥責這張圖片涉及反猶。

與索羅斯有關的陰謀論不僅提供強人領袖顯而易見的攻擊目標以及信手拈來的攻擊論述，在某些地方的獨裁統治初期，這些陰謀論還被用來迫害阻礙政權的個人和組織。奧斯曼・卡瓦拉（Osman Kavala）的入獄即是最慘烈的例子，這位自由派的土耳其商人曾是索羅斯開放社會基金會的董事會成員，他遭到厄多安政府監禁，這位土耳其總統直接指控卡瓦拉參與了索羅斯意圖破壞土耳其的陰謀。「他背後是誰？」厄多安自問自答：「大名鼎鼎的猶太裔匈牙利人，喬治・索羅斯。這個人被派來分裂並終結民族國家，他非常有錢。」[15]

在西方、俄羅斯和中東不斷樹立敵人似乎對索羅斯來說還不夠，他晚年逐漸將注意力轉向中國，並且正確地將中國視為開放社會價值觀最危險的敵人。二〇一九年一月，就在我與索羅斯在倫敦的會面後不久，索羅斯在達沃斯發表的演講中提出了他的擔憂：「中國不是世界上唯一的專制政權，但它無疑是世界上最富有、最強大和具有最先進機器學習和人工智慧的國家。」習近平因此成為支持開放社會概念的人最危險的對手。[16]

索羅斯長期以來一直對中國深感興趣，他於一九八〇年代中期首次將自己的慈善事業引入中國，合作對象是與改革派總理趙紫陽相關的經濟學家和政治人物，不過趙紫陽在一九八九年天安門廣場大屠殺前夕失去了權力。在天安門事件之後，索羅斯發現中國逐漸將他排擠在外，他的「政治慈善事業」接著在俄羅斯、匈牙利甚至美國都引發反彈。

對索羅斯的誹謗遠不止關乎他個人或極右派惡人的角色，這些毀謗是對自由主義的強烈抵制，是一九三〇年代歐洲的不安迴響。大屠殺歷史權威學者弗利德藍德爾（Saul Friedlander）認為納粹的崛起以及消滅猶太人的渴望是「歐洲大陸自由主義危機」的一環，他指出：「歐洲各地猶太人都被認為與自由主義以及改革派社會主義相關。」因此右派民族主義「將猶太人視為敵對價值觀的代表，而且常將他們視為這類價值觀的煽動者與傳遞者。」在希特勒眼中，「猶太人透過種族污染極力摧毀民族國家，破壞國家體系……（並且）使每個他居住過的民族國家核心解體。」[17]令人不安的是，這些想法與索羅斯和所謂「全球主義者」面臨的指控十分相似。

索羅斯從未認真看待這些攻擊他的反猶意識、死亡威脅以及刺殺行動，有一次他甚至在紐約住家中收到一個炸彈包裹。不過有時他也承認有些指控「傷他至深」。[18]但是他的同事麥可・維雄（Michael Vachon）或許說得對，他說索羅斯對樹敵感到驕傲，並補充：「他不因此感到欣喜，也不會在此浪費時間。」[19]

索羅斯當然絕不是聖人，有時也反覆無常或為所欲為。雖然支持市場的人相信金融預測極有價值，許多經濟學家或許不會認同此觀點，連索羅斯也曾質疑讓自己致富的全球化金融市場所帶來的社會與經濟衝擊。但索羅斯在二十世紀前半出生於歐洲，歷經民主崩解的他很幸運逃過極權主義，並且在歐洲和全球的民主以及開放社會崛起中扮演要角。但隨著索羅斯老去，民族主義威權以及強人領袖的政治怒火砲口一致地朝向他，這些是他過去長年對抗的意識形態，它們過去看似消亡或邊緣化，如今於強人時代捲土重來。

一九三〇年代至四〇年代的美國曾經是自由民主以及開放社會價值的保障，但到了二十一世紀，不自由、民族主義以及反民主的理念影響了美國右派，並且開始從美國傳回歐洲。索羅斯想方設法在全球推廣自由主義，同樣地，二〇一六年大選期間川普的重要幕僚史蒂芬·巴農也將他的意識形態之戰拉到大西洋另一端，巴農就跟索羅斯一樣，認為他所打的國際意識形態之戰不能只在美國進行，歐洲也是重要戰場。

二〇一九年五月中，我在柏林的飯店房間醒來，拿起手機漫不經心地瀏覽電子郵件。第一則訊息卻是來自令人意外的寄件人——巴農，信裡寫著：「今天這篇分析相當精彩，想認識一下並分享西方鷹派的看法。」

巴農所指的這篇《金融時報》專欄討論的是西方的中國政策，我主張美國與中國都是修正派的勢力，中國希望取代美國成為世界政治強權，但是首先必須維持現今全球經濟制度；美國決心保住自己世界政治強權的地位，而為了達到這點，川普政府中的鷹派人士決定一點一點拆解當今全球經濟制度，我想是文中對「全球主義」的隱晦批評吸引了巴農的注意。[20]

受到這位遭痛罵為種族主義者、甚至法西斯主義者的人稱讚讓我有點不自在，我也無法確定這封信真的來自巴農本人。不過我還是深感興趣。我禮貌地回覆說我目前人在德國，不過很希望下次拜訪美國時能與巴農先生會面。我收到一則回覆：顯然巴農正巧也在德國，而且正在前往柏林的火車上，他剛結束在「偏鄉」與極右派德國另類選擇黨的商討。

我們約好隔天晚上在阿德隆飯店（Hotel Adlon）碰面，我向倫敦的同事提到即將到來的會面，他不以為然地在訊息中問到：「難道你會採訪戈培爾嗎？」這個問題很適合好好在阿德隆飯店大廳思考。這家全柏林最奢華的飯店曾經接待過多位納粹高官，包含戈培爾本人。而我的回覆是：身為一名記者，我絕對想會會納粹宣傳部長，甚至希特勒本人。

幾分鐘過後，一位平頭的矮壯英國人走向我，這位巴農的安檢人員帶我至飯店三樓的套房。「邋遢的史提夫」是川普替巴農取的綽號，而他本人正穿著T恤與牛仔褲，啜飲著一杯水。他一副談生意的架勢，但是相當和藹可親。我跟他說收到他來信的早晨，我同樣收到美國經濟學家薩克斯（Jeffrey Sachs）教授的恭賀信。這位經濟學家強烈批評川普，而且極度崇拜中國。巴農大笑：「你真的掌握了所有意識形態。」

就如同巴農信裡所提，他想談中國，而不是文化戰爭或白人民族主義。他的咖啡桌上擺著當天的《金融時報》，上面做滿記號，另外還擺著喬良、王湘穗的《超限戰》，他後來也推薦我讀，[21]巴農跟索羅斯一樣擔心中國崛起所造成的政治與意識形態威脅。

或許是怕我不熟悉，巴農重頭敘述了一遍二〇一六年的選戰，並主張川普勝選所傳遞的重要訊息是「經濟民族主義以及正視中國的重要，而不是移民或白人民族主義。」

當我詢問他跟德國極右派的關係時，他聲稱他一直努力勸德國另類選擇黨不要強推反移民議題，而是將重心放在經濟民族主義。這建議相當奇怪，畢竟德國跟美國不同，擁有極大貿易順差，而且製造業蓬勃發展。但巴農堅稱德國未理解中國帶來的經濟威脅，他表示：「如果德國人什麼都不做，十年之內，『中小企業』將被摧毀。」*

不過巴農並沒有否認「文化戰爭」，巴農驕傲地說他跟白宮幕僚米勒（Stephen Miller）一同撰寫了川普最新的演說致詞稿，這場演說刻意在華沙舉行，以對川普在波蘭政府內的盟友示好。川普在演講中重新定義了西方，他不再將美國及其盟友定義為自由以及普世價值的守護者，他演講中的西方「建立在文化、信仰和傳統的連結」之上，這些連結一點都不具普世性。「我們譜出交響樂，我們追求創新，我們慶祝傳統英雄並支持悠久的傳統和習俗。」川普如此宣稱。如同當初的就職演說一樣，川普同樣在華沙提及毀滅的可能，聲稱「這個時代的重要問題就是西方是否能夠存活。」[22]對我來說川普和巴農試圖破壞歐盟的舉動將會削弱西方勢力，使西方未來無法與中國抗衡。但是巴農不同意：「我愛歐洲，只是不愛歐盟。對我來說，奧班、法拉吉和薩爾維尼都是英雄。美國需要歐洲作為盟友，而不是保護國。」

---

*「中小企業」（德文：Mittelstand）指的是德國中小型企業公司，一般認為他們在德國經濟和出口實力具有極大貢獻。

奧班、法拉吉、薩爾維尼與川普共同關注的威脅就是移民，特別是來自穆斯林世界的移民，他們被視為「對悠久傳統與習俗」的威脅。如果說中國是外在敵人，我想川普、巴農和川普的幕僚米勒（Jason Miller）一定將非白人移民視作內部敵人。否則巴農又怎麼會將英國極右派運動人士羅賓森（Tommy Robinson）視為「國家的支柱」？[23]巴農還經營了布萊巴特（Breitbart）新聞網，這個媒體擅長報導煽動人心的移民與種族議題新聞。

在柏林會面後，我密切關注巴農的海外行程和會面的人士，幾個月後，他現身巴黎，在布里斯托飯店（Hotel Bristol）裡稱讚黃背心反政府街頭示威者（民粹主義顯然無法阻擋他們入住最奢華的飯店）；拜訪東京時，我得知巴農剛來過，跟當時安倍晉三（Shinzo Abe）政府中的強硬派民族主義人士會面；拜訪巴西時我得知巴農與波索納洛的重要幕僚卡巴友（Olavo de Carvalho）相當親近；巴農在米蘭慶祝了薩爾維尼帶領的北方聯盟選舉勝利，這個政黨反對移民，而薩爾維尼本人極度崇拜普丁。

我在其他地方聽說巴農與普丁知名追隨者杜金（Alexander Dugin）在羅馬進行長時間的對談，[24]杜金似乎是另一名深受極右派思想家喜愛的人物。我在二〇一九年夏天認識的俄羅斯億萬富翁兼民族主義派馬洛費耶夫（Konstantin Malofeev）與杜金走得很近，馬洛費耶夫則與薩爾維尼以及北方聯盟相當親近。同年在上海時，我發現我熟識的中國民族主義者李世默招待杜金擔任復旦大學中國研究院訪問學者。

追蹤這些足跡十分令人著迷，並且讓我理解陰謀論如何成形。或許極右派與民族主義思想家的跨國連結令人感到擔憂，但這點當然與極右派投射出的左派「全球主義者」沒什麼兩樣。他們注意到索羅斯的資助計畫包含幾位他們厭惡的思想家，這些人可能曾經為英國的布萊爾、美國的柯林頓以及其他大型媒體工作。甲認識乙，而且甲乙都接受丙的資助——很快一個大型陰謀論就成型了。

現實生活中，從極右派與左派全球主義者的身上，我都觀察到更簡單且搖搖欲墜的運作機制。對民族主義以及反自由派想法有興趣的人想要認識彼此，他們或許會交換想法、互相介紹人脈，甚至互相資助。但是這不表示他們參與並組織一場全球運動。確實某些思想家顯然彼此想法有所衝突。巴農的首要任務是阻擋中國崛起並確保美國是唯一強國；杜金厭惡美國，並且希望建立起俄羅斯和中國間的特殊友誼；李世默顯然深受川普吸引，但是身為中國民族主義人士，他無法支持巴農的理念。

有可能這些人的影響力被高估了，畢竟巴農二〇一七年八月就被踢出川普的團隊；許多俄羅斯專家也懷疑普丁真的認真看待杜金，畢竟二〇一四年杜金就從莫斯科國立大學被開除了；李世默靠著流利的英文在美國獲得高知名度，但他顯然處在中國權力邊緣。

儘管如此，這些人過去和現在都確實相當重要，他們協助打造了強人領袖需要的知識背景，提供重要思想、論述以及口號來鞏固民粹民族主義。雖然這些思想家截然不同，他們的言談中卻有一些反覆出現的共同點，包含反自由主義及反全球主義，許多人都激烈抵制女性主義和性少數族群權益，認為這樣的「政治正確」破壞了自然。對自由主義與全球主義的仇恨也與對民族國家的崇敬息息相關，普世價值危及了特定文化與文明的獨特性而慘遭拒於門外，這樣的想法通常逐漸轉變成種族歧視，以及強調種族純正。既然保護特定的文明至關重要，民主唯一的價值就是推動這個目標。如果民主無法保護文明及其價值觀，那麼民主就不再值得擁有，甚至必須被淘汰。並非所有推崇強人政治的思想家都抱持這些理念，但是這些理念不斷出現在各大洲上。

我試圖了解全球抵抗自由主義的浪潮時接觸到另一個男人的思想，他住的地方距離我與巴農碰面的阿德隆飯店相距不遠，就在菩提樹下大街上（Unter den Linden）。卡爾・史密特（Carl Schmitt）是納粹的一員，一九三三年至一九四五年任職於柏林大學，即現在的洪堡大學。他被稱為「第三帝國的桂冠法學家」，然而納粹戰敗後的數十年間他的想法已不具影響力。但近年來全球重新燃起對史密特的興趣。中國法學者、俄羅斯民族主義者、美國與歐洲的極右派思想家都開始參考這位當初納粹德國首席法學理論大師的著作，這些極右派思想家提供了足夠的知識背景，讓習近平、普丁與川普的行為獲得正當理由。

普林斯頓教授威納・穆勒（Jan-Werner Müller）是民粹主義專家，他形容史密特是「自由主義在（二十）世紀最有才華的敵人。」[25] 雖然史密特與納粹有段淵源，近年依然再度獲得主流學界關注。穆勒提到：「我從一九九〇年代中期開始評論史密特，當時我被告知只能把他當成歷史人物，意思就是，因為他曾經是納粹，所以不能將他視為真正的思想家。」但後來，「他的思想在很多方面都正常化了」。二〇一七年牛津大學出版了《卡爾・史密特牛津手冊》（*The Oxford Handbook of Carl Schmitt*），書中推薦語寫道：「雖然史密特極端反猶……他對於代議民主與國際法的犀利批評……依然深具影響力。」史密特如今列入劍橋、哈佛與北京大學等學校的政治哲學課程。

史密特對內閣制抱有敵意，而且十分推崇由威權領袖決定法律，因此投向納粹。一九三三年「國會縱火案」*後，希特勒宣布國家進入緊急狀態藉此掌權，而史密特發表了一篇法律意見書為希特勒中止民主的行為辯護。納粹在「長刀之夜」（Night of the Long Knives）殺死上百名敵人後，史密特寫了惡名昭彰的〈元首保護了法律〉（The Führer protects the law）一文為這場行動辯護。他呼籲驅逐德國境內的猶太學者，並且舉辦會議討論如何讓德國法律擺脫過去的猶太影響。

儘管如此，現今反自由派人士依然十分推崇史密特的著作，他鄙視權力分立以及普世人權，並且強調政治中敵友之分的重要：「告訴我你的敵人是誰，我就能告訴你你是誰。」對史密特來說，自由派口中的兄弟情誼簡直是笑話。他最著名的格言就是：「喚起人性的目的就是為了欺騙。」[26]極右派思想家強調民族內部利益而非普世人權，因此他們深深著迷於史密特對自由普世

* 譯註：德國建立納粹黨一黨專政獨裁政權的關鍵事件。

主義的攻擊。

自由派在乎的是法治是否健全，史密特在乎的卻是如何透過宣布國家緊急狀態來中止法治。他寫道：「元首就是能夠破例的人。」這個論點在今日的德國特別引發迴響，德國另類選擇黨不斷要求梅克爾中止移民國際法，而不是讓百萬難民在二〇一五年至二〇一六年間湧入德國。確實川普政府也試圖推動有條件的國家緊急狀態，以應對非法移民與難民對美國南方邊境造成的威脅。當代土耳其與埃及進一步示範宣布緊急事態如何導致法律權力中止，帶來極其嚴重的後果。

但最令人驚訝的是，史密特影響力最深遠的地方是在中國。北京清華大學法學教授林來梵在二〇一六年提到：「史密特現在在中國相當知名，許多政治理論家、哲學家、法學專家……認為他的思想非常有說服力而且深奧。」[27]

北京大學法學院教授強世功被視為中國「施密特思想最著名的代表人物」[28]。強世功同時擔任中國在香港的官員，並且是習近平思想的重要擁護者和發揚者。他對史密特的敵友之分理論充滿熱忱。他寫道：「在敵人與朋友之間，不存在自由的問題，只有暴力和征服。」[29]強世功也認為在史密特模式下，「政治問題的關鍵不是對與錯的問題，而是服從與不服從。」[30]

這樣的想法支持了習近平果斷摒棄中國政治中自由傳統的行為，習近平掌權時，中國自由派不斷施壓希望中國能走向法治，採取權力分立並建立獨立司法，這段期間常引用美國自由派哲學家羅爾斯（John Rawls）。但習近平果斷拒絕這些主張。二〇一八年他明確指出：「中國決不能走西方憲政、三權鼎立、司法獨立的路子。」[31]

與復旦大學李世默的一場對談讓我警覺到史密特在中國及世界威權思想家之間引起的風潮，李世默提到他成功說服俄羅斯哲學家杜金成為復旦大學中國研究院的高級研究員。「杜金不是法西斯主義者嗎？」我試著以好奇而非逼問的口吻發問。李世默答道：「不是。但他是史密特思想專家。」我問：「這是什麼意思呢？」李世默的回覆相當神秘：「一切都是政治。」我後來才了解，他的意思是哲學為強人專制統治提出的合理解釋就是真正獨立的體制並不存在，甚至也沒有客觀事實。一切都是政治。杜金在題為〈史密特給俄羅斯的五堂課〉（**Carl Schmitt's Five Lessons for Russia**）一文中十分讚賞史密特的格言：「政治凌駕於一切」、「永遠都要有敵人」。雖然普丁對杜金的態度模稜兩可，但杜金自己卻是推動普丁個人崇拜的發揚者，他寫過：「普丁無所不在，普丁代表一切，普丁是至高無上而且不可或缺的人物。」[32]

杜金深信歐亞大陸對俄羅斯的未來至關重要，因此他也鼓吹史密特提倡的「大空間理論」以及「由靈活的政治共同體所治理的大型地緣政治實體」。諷刺的是，這個信條過去被用來合理化納粹為了找尋「生存空間」而入侵俄羅斯的行為。然而杜金在史密特的理論裡不只為擁有大片領土的帝國找到道德上的辯護，還「清楚找到歐洲、俄羅斯、亞洲所面臨的敵人，那就是美利堅合眾國以及英國」。北京的強世功也對史密特所謂「大空間理論」深感興趣，如今中國菁英渴望見到中國取代美國成為世界強國，因此史密特打造歐亞大陸帝國的想法也引起他們關注。隨著南海衝突逐漸白熱化，中國也愈來愈關注史密特如何批評英語世界海權以及他們（據稱）利己的國際法理念。

美國與歐洲極右派思想家也受到史密特思想的吸引，創造了「另類右翼」（alt-right）一詞的美國白人至上主義者斯賓塞（Richard Spencer）將史密特與尼采（Nietzsche）並列為重要靈感來源。二〇一六年十一月慶祝大選結果時，他被拍到大喊著「川普萬歲！*」他的俄羅斯前妻則曾經英譯杜金的著作。

史密特除了提出敵友之分理論，也堅持主張法院和大學等所謂「獨立」機構實際上只是政治秩序的一環，這兩項論點影響了波索納洛的重要幕僚卡巴友，而卡巴友也被巴農譽為「世界上最偉大的保守派知識分子之一」。[33]卡巴友過去是一位占星師，自學哲學並且譴責「文化馬克思主義」，他提倡連演化論都應該是政治命題而非科學命題，並且利用史密特的論述來為自己的論點辯護。[34]對卡巴友來說，政治就是一場冷酷無情、史密特式的敵友之戰。他寫道，政治鬥爭「並非試圖摧毀理念，而是摧毀他人的職涯與權力，你必須直接而且不能顧及他人尊嚴。」[35]這樣的思想讓他在二〇一九年華盛頓的巴西大使館盛宴中，得以坐在總統波索納洛旁的貴賓席，巴農則坐在波索納洛另一側。

巴農對義大利法西斯思想家埃沃拉（Julius Evola）的仰慕眾所皆知，而埃沃拉與史密特也密切來往。然而究竟川普的前任首席策士有沒有讀過史密特的著作呢？二〇一九年我與德國駐華盛頓前大使維蒂希（Peter Wittig）共進早餐時向他提出了這個問題，當時他在倫敦工作。他十分肯定地說巴農確實讀過史密特的著作：「事實上就是我拿了史密特的著作給他，我覺得他會有興趣。」大使停頓了一下，面露痛苦。「或許我不該那麼做。」

事實上巴農簡直就像一隻知識型的喜鵲，到處收集符合他個人政治利益的理念與想法。二〇一九年巴農於郭文貴（Miles Kwok）的遊艇上遭逮捕，這件事成為他私生活與政治生活交會的關鍵。郭文貴是名因強烈批評習近平而流亡於美國的中國億萬富翁，外界也發現原來他是巴農的生意夥伴兼贊助商，或許這也就是為什麼巴農負擔得起奢華的阿德隆飯店，而這樣的關係也無疑讓巴農提升反對中國的力道。巴農被捕時遭控挪用「我們來蓋牆」的資金，這個募資計畫是為了打造川普總統承諾的美墨邊境牆。這些事件讓人以為巴農推廣民粹主義的目的就是為了斂財。但是不論侵佔公款是否屬實，巴農也確實是有理念的人，而透過川普，他也確實改變了世界。

二〇二一年一月六日，川普的政權在國會大廈被攻陷時迎來了「諸神的黃昏般」毀滅性的時刻†，而當時巴農就在幕後。川普敗選後，在絕望之中他曾多次向這位前幕僚請益。巴農在自己

---

* 譯註：原文為「Hail Trump!」，近似納粹對元首的招呼語「Heil Hitler!」，意指「希特勒萬歲」。

† 譯註：德文為「Götterdämmerung」，譯自古北歐語「Ragnarök」，意指諸神的黃昏，在英語中有時會用來指代一個災難性事件的結束。

的播客以及其他媒體管道不斷聲稱選舉被偷走了，並鼓吹大家走上華府的街頭遊行。試圖推翻選舉結果並且摧毀美國民主體制的行為，同時具備巴農與史密特的精神。這呈現了一個有明確敵友之分的世界，而且唯一的政治目標就是打敗對手。作為強人領袖的川普也確實試圖使用史密特推薦的政治工具：宣布緊急狀態，停止法律的正常運作。

二〇二一年一月那天聲援川普行動的失敗，讓美國及全球自由民主支持者鬆了一口氣。但大家也開始動搖，美國社會本身極度分化，共和黨也還在川普的掌控之中。美國的全球勢力正在消退。許多其他世界強國——中國、俄羅斯、印度、土耳其與沙烏地阿拉伯——都是由強人領袖帶領，拜登政府是否能夠力挽狂瀾？

最終章　強人時代下的拜登

一九六一年一月二十日，美國史上最年輕的總統約翰·甘迺迪（John F. Kennedy）在美國國會大廈階梯上發表就職演說。六十年後，美國最年長的總統喬·拜登（Joe Biden）在同一地點宣誓就職。

甘迺迪在莊嚴的國會建築前宣誓「薪火已經傳承至新的世代」，美國準備好「付出任何代價、肩負任何重擔」，以確保全球「自由得以生存與勝出」。對於拜登來說，身後的國會大廈則透露不祥之兆，短短兩週前支持川普的暴民衝入國會大廈，試圖推翻總統大選結果。拜登所代表的年長世代幾乎見證自由的薪火在美國熄滅。「我們再次見證民主的珍貴。民主很脆弱，而在這個時刻，各位親愛的朋友，民主佔了上風。」拜登致詞中有一段特別獻給「我們國境之外的人」，他承諾：「美國通過了考驗並且變得更加茁壯。我們會修復關係，再次與世界攜手。」

美國民主的失敗將會是全球災難，最近十五年來，全球政治自由面臨一九三〇年代以來最嚴重的衰退。但是一九三〇年代時世界兩大強國——美國與英國——依然堅守自由民主，如果川普和他的支持者當初成功推翻民主選舉結果，美國就會失去「自由世界領袖」的傳統地位，現今最強大的兩個國家——美國和中國——都會陷入威權民族主義的桎梏。

二〇二〇年川普的敗選並不代表危機解除，拜登政府面臨的是強人政治的夾攻。在國內，拜登依然面臨川普主導的共和黨；在海外，拜登面對的是中國與俄羅斯日益強硬的強人領袖。拜登需要依靠印度、波蘭與菲律賓等盟友的協助以抵抗習近平與普丁，但這些國家也出現不同形式的強人政治。就如同冷戰時期一樣，美國將無法清楚劃分自由世界與非自由世界的界線。

這些海內外的挑戰互相牽動，美國若無法守護國內的民主，將無法保衛海外的自由。另一方面，如果國內的紛爭讓拜登政府筋疲力盡，美國將沒有足夠精力捍衛世界其他地方的政治自由。也沒有任何國家能夠取代美國，德國、法國以及全體歐盟缺乏足夠強大的政治結構、軍事力量或外交手段，無法代替美國成為全球政治自由的守護者，英國、澳洲、加拿大與紐西蘭等美國的「英語圈」盟友全都視美國為領袖。二〇二一年夏天拜登政府因為預期喀布爾（Kabul）政府將瓦解而決定從阿富汗撤出美軍，此舉震驚了美國在歐洲的盟友，但是他們也很快作出結論：沒有美國的支持，他們自己也無法持續待在阿富汗。這些盟友別無選擇，只能跟著美國撤退。

拜登在擔任總統後的第一場記者會中清楚定義自己的任務：「這場戰鬥關乎的是二十一世紀民主與威權的功用，我們必須證明民主能夠發揮作用。」[1]

對拜登政權來說，必須先在國內證明民主能夠發揮作用，而這是項艱難的挑戰。拜登確實贏得二〇二〇年總統大選，但並非大幅領先，而且看來共和黨並沒有要譴責川普的跡象。早在二〇二〇年總統大選前就有超過半數共和黨選民同意「傳統美式生活消失得太快，我們可能必須用強硬的方式來挽回。」[2]選舉過後，百分之七十七的共和黨選民同意川普的主張，認為選舉出現「重大舞弊」。國會大廈遭攻陷後，共和黨選民對川普的支持度只微幅下降；而同時參議院共和黨領袖麥康諾（Mitch McConnell）的支持度慘跌，因為他對拜登選舉結果投下認可票。[3]曾任小布希總統文膽的麥克．葛森（Michael Gerson）根據他的觀察作出結論，認為大部分共和黨員根本已經放棄民主，選擇保存他們深信「即將遭破壞」的「想像中的白人基督徒美國」。[4]拜登就職一個月後，百分之六十一的共和黨選民表示他們傾向投給川普站台的候選人；幾乎半數同意川普是「神派來領導」的。[5]對川普的個人崇拜甚至擴及他的家人，前川普幕僚長梅多斯（Mark Meadows）在預測二〇二四年大選共和黨的候選人名單時說：「我相信在名單最上方的人一定都姓川普。」[6]

拜登就職初期成功削弱川普主義的危險誘惑，因為國會通過了拜登提出的一兆九千萬美元紓困方案，直接向百萬名美國人提供補助。然而二〇二一年從阿富汗慌亂撤軍的決策讓總統的蜜月期迅速畫下句點，通膨再度襲來，美國南方邊境再度出現移民危機，以及民主黨內部的鬥爭讓拜登支持度進一步受創。二〇二一年十月我拜訪華盛頓時總統的支持度徘徊在百分之四十，而有六成美國人相信美國目前政策方向錯誤。令人欣慰的是川普的瘋狂執政結束後，我與白宮官員和國務院的會面也恢復正常。但是與我談話的官員已經開始擔心拜登會失敗，也擔心川普若再當選會對美國與世界帶來什麼影響。挑起川普支持者情緒的議題——移民以及美國的認同——依然備受爭議。到了下一次選舉，拜登即將高齡八十二歲，他的副總統賀錦麗（Kamala Harris）是一名黑人女性，她未來接班出任總統的可能性會激起共和黨選民的恐懼和幹勁。

全世界都關注著美國，也可以看出川普所代表的勢力在美國依然龐大。拜登任期或許只是一段四年的插曲，這些勢力可能再起。政治科學家凱許納（Jonathan Kirshner）說過：「世界無法遺忘川普政權……從這個時刻起，全球各國在思考自己國家的利益和期待時，會謹記美國政治體系也可能會產生川普這樣的政權。」[7]但陰魂不散的川普並不是拜登重新鞏固美國全球地位所面臨的唯一挑戰，世界確實有理由質疑美國這個國家是否依然有足夠的精力和手段來守護全球自由民主。

拜登團隊不斷重申他們主打的是中產階級外交政策[8]，換句話說，所有的外交工作都會受到檢視，確定符合美國大眾利益，這樣的外交政策可能會讓美國以不冒進且謹慎的方式與世界互動。

拜登的幕僚深知美國人極度厭倦海外出兵，因此對於海外軍事部署會更加謹慎。美軍撤退阿富汗加上塔利班重新奪權的場景，比總統不斷聲稱「美國回來了」還要能夠說明一切。甘迺迪「肩負任何重擔」的態度誕生於美國經濟無可匹敵的時代，但是拜登上台時中國已經是世界最大生產國以及貿易國。二〇一九年底，全球一百九十個國家中有一百二十八個國家對中貿易總額高於對美貿易總額，中國貿易與投資的吸引力在亞洲、非洲與拉丁美洲帶來強大的外交與政治實力。相反的，保護主義在美國依然持續升溫，導致民主黨不太可能簽署太多（甚至任何）新的國際貿易條約，因此他們將更難與中國經濟勢力抗衡。

這些因素都限制了拜登重建美國國際地位的政策目標，然而川普敗選以及拜登入主白宮還是改變了全球的政治局勢，所有本書提到的強人領袖都必須適應新的氣象。

對普丁來說，拜登勝選似乎是壞消息。川普執政時一直迴避直接批評這位俄羅斯領袖，對克里姆林宮來說更有利的是，川普總是公開質疑美國盟友。川普倘若連任很可能導致北約解散，對克里姆林宮來說這是莫大的地緣政治勝利。相較於川普，拜登反而致力投入北約，而且一直以來都對俄羅斯保持警戒。[9]二〇二〇年總統大選前一週他提到：「美國當前最大的威脅……就是俄羅斯。」[10]宣誓就職後，拜登立刻在電視節目上被問到他是否認為普丁是「殺人兇手」，他回答：「我認為是。」此話一出，克里姆林宮震怒，導致俄羅斯駐美大使短暫被召回。

美國重新選出一位隨時準備質疑普丁民主與人權議題的總統，與此同時俄羅斯國內鎮壓的力道也開始提升。二〇二一年二月，拜登就職後不到一個月，納瓦尼即遭到逮捕。莫斯科與其他城市出現大量示威活動，警察暴力與大規模逮捕也同時上演，許多俄羅斯分析師認為這是普丁長期執政的新篇章，卡內基莫斯科中心的俄羅斯政治分析師科列斯尼科夫（Andrei Kolesnikov）提到：「或許他一直以來都很殘暴，但是現在他決定更自由且無拘束地使出殘暴手段。」[11]

納瓦尼的反抗一開始讓許多俄羅斯自由派受到鼓舞，他在法官宣判前發表的演說傳遞了勇氣，讓自由派深受感動。他說他的監禁「並非展示（普丁的）力量，而是暴露了他的弱點」，並且嘲笑普丁，說人們永遠會記得他是「普丁，那個在內褲下毒的人」。但隨著時間過去，自由派對納瓦尼反抗態度的興奮退去，取而代之的是沮喪。現實是殘酷的，納瓦尼被送到管理嚴格的流放地服刑，而普丁依然坐擁克里姆林宮。在強人時代中，愈來愈難堅信事實、勇氣和人民的抗爭可以戰勝威權統治，從白羅斯（Belarus）到委內瑞拉，從俄羅斯到香港，眼前的證據在在顯示事實正好相反。

擺脫納瓦尼後，普丁再次將注意力放回國外的敵人。二〇二一年夏天，北約從阿富汗慌亂撤軍或許說服了普丁一件事：拜登政府極度脆弱且全心關注國內事務，如果他入侵烏克蘭，或許他們會無暇回應。普丁或許也相信了他自己政府的宣傳口徑，認為烏克蘭政府又脆弱又貪腐——以及許多烏克蘭人會將俄羅斯軍隊視為解放者，開心地迎接他們。許多西方人跟他作出同樣臆測。二月二十四日俄羅斯入侵烏克蘭前的週末，我與西方重要決策者對談，發現幾乎所有人都認為基輔（Kyiv）會迅速敗給俄羅斯武力，他們已經開始想如何援助烏克蘭游擊隊以拖緩俄羅斯進攻勢力。

然而現實中，烏克蘭戰爭對普丁造成的傷害完全出乎莫斯科或華盛頓官員預料。二〇二二年四月，俄羅斯軍隊損失嚴重，被迫從基輔外圍撤離。到了八月，根據美國政府估算，在開戰六個月後俄羅斯有高達八萬名士兵受傷或遭殺害，而當初出兵時兵力僅不到二十萬。九月，烏克蘭成功反擊，讓俄羅斯退回烏東。普丁不願意進行俄羅斯全國總動員，因此只能佔領小片烏克蘭土地，更讓俄羅斯的大量軍隊傷亡顯得毫無道理。

這場戰爭原本是要鞏固俄羅斯國際強權地位以及普丁的歷史地位，如今全變了調。普丁在烏克蘭陷入死傷慘重的消耗戰，西方制裁危及俄羅斯數十年來累積的經濟成果，俄羅斯中產階級目睹許多冷戰後出現的商品和旅遊機會一一消失。

西方顯然暗自希望逼普丁下台，但普丁不可能自動放棄權力，因為他的繼位者可能譴責他的政策甚至讓他受到審判。上街抗議的人會持續受到鎮壓與逮捕入獄，就如同二〇二〇年與二〇二一年在鄰國白羅斯上演的情形一模一樣。要組織推翻普丁的政變非常困難，所有異議人士早就被克里姆林宮肅清，普丁對自己的維安也極度謹慎，他的多位前保鑣還因此靠著自己的工作能力致富。確實許多俄羅斯人對當前局勢感到沮喪，但要將各界不滿的情緒組織成政變似乎極為困難。

拜登執政的第一年，習近平統治下的中國同時出現國內鎮壓與國外衝突。黃之鋒與黎智英等重要運動人士被捕入獄，而且幾乎民主運動中的每一位領導人物都以叛亂罪受審。二〇二一年三月，中國通過香港的選舉新法，設立親北京委員會審查所有候選人的「愛國」情操，以此進一步扼殺任何民主運動的進展可能。[12]二〇二一年一整年間中國在臺灣周圍進行的海軍與空軍演練頻率提高，也更具威脅性。

在面對中國的外交事務上，拜登延續了川普時期的對峙立場。他承諾「在我的眼皮底下」中國不會「成為領導世界的國家……最強大的國家」[13]，但川普將美中對抗的重點擺在經濟，拜登則加上了意識形態之爭。對拜登來說美中的競爭是民主對抗獨裁的重心，其結果將會定義二十一世紀。

拜登曾擔任歐巴馬的副總統，因此在許多會議直接跟習近平會面商討過，他喜歡說中國國家主席習近平「骨子裡沒有民主」。新任美國國務卿布林肯（Tony Blinken）與中國外交第一把交椅楊潔篪的首次公開會面火藥味十分濃厚，布林肯開頭即譴責中國對香港、新疆與臺灣的手段，以及對美國盟友發動的網路攻擊和「經濟脅迫」。楊潔篪則指控美國扮演帝國角色，國內還出現種族歧視問題，他還嘲諷道：「美國沒資格居高臨下同中國說話！」[14]中國對美國弱點的嘲諷並不只是說說而已，直至二〇二一年冬天，有八十萬美國人染疫死亡，相比之下，中國的官方染疫死亡人數不到五千人，北京政府不斷利用這點證明中國制度較為優異，並且指稱美國已經衰敗。

拜登政府初期的幾次交手可能也更讓習近平確定美國對中國抱有敵意，意圖讓中國替換政權。中國利用外國勢力惡意圍剿這點作為延長習近平十年任期的藉口，而最終在二〇二二年冬天中國共產黨全國代表大會正式通過延長任期。疫情也使得習近平進一步被世界孤立，歐洲、美國以及大部分亞洲地區在二〇二二年回歸正常生活，習近平政權卻堅持「清零政策」，導致上海等地持續封城，讓經濟和社會面臨極大壓力。雖然如此，習近平作為強人領袖的任期仍然依照計畫延長。

拜登政府的外交策略重新納入民主與人權，這對習近平與普丁來說相當不利。但對其他強人領袖來說卻不一定。美國重新重視人權對印度的莫迪、沙烏地阿拉伯的沙爾曼王子、土耳其的厄多安以及波索納洛等人確實不利，但在另一方面，美國目前可能與中俄陷入新冷戰，而上述國家都是美國潛在盟友，華盛頓可能因此會避免因國內政治議題與這些領袖發生衝突。即使如此，與美國結盟並非簡單的選擇。美國所有的盟友，包含強人領袖，都必須思考拜登重新建立美國領導地位的承諾是否可能落實，畢竟中國的崛起勢不可擋，俄羅斯又持續進犯。

對美國來說印度地處制衡中國的重要地理位置，莫迪因此可以期待拜登政府避開印度民主遭破壞的議題。拜登國防部部長奧斯汀（Lloyd Austin）的第一次出訪行程中有一站就是德里。二〇二一年九月拜登舉辦了第一場四方安全對話，美國、印度、日本和澳洲領袖皆親自出席，四方安全對話聚集了印太地區的四大強國，一直被視為對抗中國的非正式結盟，因此也證明了印度對美國制衡中國的重要性。

但是華盛頓對於莫迪政權走向獨裁並非不知情，二〇二一年十月，拜登外交團隊的一名重要成員向我列出他擔憂的清單時，隨口提到了印度民主的破壞，我驚訝地表示我以為印度的戰略地位會讓美國對此視而不見，對方答道：「依我的經驗，如果你選擇對某件事視而不見，最後總會因此受害。」

但是西方的批評和施壓不太可能會削弱莫迪，甚至可能鞏固他在印度教民族主義的地位。就像普丁跟習近平一樣，這位印度領袖試圖延長任期。沙烏地阿拉伯的強人領袖沙爾曼王子也可能擔心川普落選帶來的新局勢會對他不利，記者卡舒吉謀殺案、葉門戰爭造成的人道危機，以及沙爾曼王子和川普的特殊關係，這些都讓拜登團隊對這位沙國領袖抱有高度警戒。拜登就任後短短幾週內就中止美國在葉門戰爭的支援，並且同意公布中情局對卡舒吉之死的調查。沙爾曼王子和沙國政府被迫快速採取行動，沙烏地阿拉伯向葉門提出和平協議，並且取消對卡達的封鎖。

但是對沙爾曼王子的施壓並未持久，拜登政府需要在中東制衡中俄勢力，因此無法繼續跟沙國保持敵對關係。更重要的是，烏克蘭戰爭造成能源價格飆升，美國別無選擇。二〇二二年八月，拜登放低姿態出訪沙烏地阿拉伯，並且與沙爾曼王子親切合照。

二〇二一年六月，長達十二年的納坦雅胡政權畫下句點，他的執政期間歷經無數次難分難解的選舉。而當反對派政治人物終於成功組成聯合政府時，失去政權的納坦雅胡跟川普當初的反應如出一徹。他宣稱自己是「以色列歷史上最大選舉舞弊」的受害者，指涉這是以色列「深層政府」的陰謀，並且聲稱「深層政府」就是對他提出貪污起訴的背後主使。但是就跟半年前的美國一樣，以色列的國家制度並未退讓，最終納坦雅胡下台，貪污審判持續進行。

二〇二一年美國和以色列在半年內接連發生的政治危機透露出抵抗強人統治的重要關鍵，專制領袖可能出現在世界上任何一個國家，有些得以無限期延長自己的任期，有些則被迫退位或是接受法律制裁，關鍵就在於國家制度的力量，美國和以色列的國家制度通過了考驗。

取代納坦雅胡的聯合政府由不同政治立場的政黨組成，其中包含了左派到極右派。就連極端伊斯蘭主義派的「阿拉伯聯合黨」（Ra'am，又稱拉姆黨）也加入，這個政黨與埃及的「穆斯林兄弟會」有所關聯，也是第一個加入以色列這個猶太國家內閣的阿拉伯政黨。這些政黨加入聯合政府的唯一目標就是逼退納坦雅胡，不過即使如此，新的政府也必須在國會達成共識才能推動法案。納坦雅胡雖然仍接受貪污審判，但是他依然自信地說他很快會回歸總理辦公室。二〇二二年末，他的機會降臨，反納坦雅胡的聯合政府失去絕對多數，因此必須補選，讓試圖成為以色列強人的納坦雅胡有機會回歸。

以色列的經歷給受強人統治但幸運保有有效選舉制度的國家提供了一些參考，反對黨勢力是否足夠結合起來對抗強人？國家制度是否足夠健全得以確保自由選舉？強人倘若失去權力是否真的會下台？這些問題在匈牙利、菲律賓、巴西和土耳其都得到不同答案。

川普敗選後，匈牙利總統奧班甚至更受到美國右派民粹主義歡迎。二〇二一年夏天，身為知名川粉的福斯新聞主播卡爾森（Tucker Carlson）直接將他的節目搬到布達佩斯錄影長達一週，試圖將奧班刻畫為美國的典範。卡爾森在訪談奧班時盛讚他的文化與移民政策，聲稱自己認識許多因為政治因素搬到布達佩斯的美國人，「因為他們想要跟認同他們想法的人相處，也就是認同你想法的人。」[16]奧班在華府和布魯塞爾失去支持，因此他轉向莫斯科和北京尋求合作。中歐大學被迫遷出布達佩斯的同一年，中國的復旦大學在匈牙利首都設立新校區。

二〇二一年末梅克爾卸任，奧班成為歐盟執政最久的領袖。二〇二二年的選舉讓匈牙利有機會結束奧班政權，六個在野黨在初選中推派出不隸屬任何政黨的匈牙利市長馬基—札伊（Peter Marki-Zay）作為代表。就跟以色列一樣，匈牙利為了逼退強人領袖而組織了一個史無前例的聯合政府，從左翼自由派到右翼民族主義都加入，馬基—札伊接受提名，直接宣布：「我們會與同性戀站在一塊，就像我們支持猶太人或吉普賽人一樣。」*他也宣誓匈牙利人會「成為歐盟忠實的成員」[17]，但是奧班在二〇二二年四月依然成功勝選。鄰國烏克蘭爆發戰爭，讓這位強人領袖看起來比不穩定的在野黨聯合政府更令人安心。奧班承諾讓匈牙利免於戰爭，但他毫不意外地成為歐盟內親普丁陣營的主力。

二〇二二年，川普的另一位前任盟友波索納洛也在選舉中失利。法院宣判釋放他的舊敵兼前總統魯拉，因此波索納洛在總統大選中出現了強勁對手。波索納洛當選後一年，通膨率與失業率皆來到兩位數，他的不滿意度高達百分之六十五。但是這位巴西強人清楚表示如果他敗選，將會效仿川普拒絕接受選舉結果，並且試圖動搖民主。投票前，他不斷強調有人會造假。在一場造勢活動中，波索納洛告訴歡呼的群眾說：「我的未來有三種可能：入獄、死亡或是勝選。」[18]在這樣的氛圍下，巴西與國際媒體公開討論如果波索納洛拒絕接受敗選事實，可能會發動政變或民變。

土耳其二〇二三年的大選面臨同樣威脅，屆時，厄多安將在位滿二十年。但是他日漸專制的統治以及經濟治理失敗引來反彈聲浪。如同匈牙利與以色列，土耳其在野黨也組成橫跨政治光譜的聯合政府，致力將這位強人逼退。百分之八十的通膨率加上土耳其貨幣里拉的嚴重貶值，在野黨組成的聯合政府相當有機會贏得國會及總統大選，《金融時報》將這個聯合政府稱為「不可思議的聯盟——由民族主義人士、庫德族、左翼人士、右翼人士、世俗派以及虔誠的保守派組成」[19]。但是如果厄多安或是他所屬的正義與發展黨在二〇二三年敗選，無法保證這位土耳其強人會心甘情願下台，或是土耳其政府有能力逼退他。

菲律賓的情況則相反，令杜特蒂總統批評者驚訝的是，他並沒有執意修憲讓自己得以在二〇二二年五月的競選連任。這位菲律賓強人選擇讓自己的女兒薩拉出馬，但是薩拉選擇競選副總統，搭檔的對象是小馬可仕（Bongbong Marcos），也就是前菲律賓獨裁者馬可仕的兒子。小馬可仕企圖改寫歷史，讓馬可仕獨裁政權被視為穩定繁榮的黃金時期。二〇二二年小馬可仕順利當選，菲律賓兩股獨裁勢力融合，令人對菲律賓的民主感到擔憂。

雖然如此，杜特蒂的退位還是顯示並非所有強人領袖都會不計代價地眷戀權力。在某些地

---

* 譯註：馬基—札伊（Peter Marki-Zay）為基督教保守派。

方，民主體制也成功約束強人的統治，美國的川普持續面臨法律的阻撓，英國的強生被迫退位。

強生顛簸的經歷與過去十年來全球各地獲得權力的民粹民族主義者雷同，厄多安、莫迪、川普、波索納洛、強生與杜特蒂都證明自己會打選戰，但不會治理國家。他們極為擅長吸引粉絲，但是缺乏技術官僚能力以及有效治理的耐心。這些缺陷顯示強人政府或許會走向自我滅亡，因此浮現一個重要的問題：強人治理是否依然在世界崛起，抑或已經開始走下坡？

每當新政治潮流或意識形態出現，大家都不禁認為這股勢力會持續下去。俄羅斯革命後，許多共產黨相信全球資本主義勢必會瓦解。一九三〇年代，大家普遍認為全球的自由民主即將畫下句點。冷戰過後，美國學者福山提出著名的「歷史的終結」理論，主張意識形態之爭已告終，自由民主是唯一可行的體制。

事實上，歷史一直以來都是週期性而非線性。政治浪潮有起有落，過去種種先例證明強人政治有一天也會終結，但是強人政治浪潮可能維持長達三十年。

任何歷史階段劃分都帶有人為跡象，但是依然可以觀察出戰後政治分為兩個時期，各自持續了約三十年。一九四五年至一九七五年是所謂的法國黃金三十年，西方各國經歷強勁經濟成長，再加上福利國家的建立以及凱因斯主義的需求管理，這一切都隨著冷戰進行。

到了一九七〇年代中期，這個模式在英美遇到瓶頸，英國遇到「停滯性通膨」，美國總統卡特（President Jimmy Carter）也診斷出美國「萎靡不振」。新的時代（批評者常稱為新自由時代）

隨著一九七九年英國柴契爾夫人（Margaret Thatcher）當選首相後開啟了，接著是雷根在一九八〇年獲選美國總統。回頭來看，當初這也是一股全球轉型浪潮。一九七八年，鄧小平掌權，並且開啟以市場為中心的「改革開放」。一九八〇年九月波蘭成立團結工會聯盟後，歐洲的共產集團開始分崩離析，全球化資本主義經濟的基礎開始浮現。

「新自由主義」也持續了約三十年，直到二〇〇八年金融危機的爆發讓人們失去信心。自此，西方世界表現衰弱，普丁和厄多安等強人領袖更積極地挑戰西方權勢與政治準則，接著二〇一二年習近平掌權，強人時代正式拉開序幕。

值得注意的是，強人政治與前兩個週期不同，並非始於西方。確實許多西方知識分子過於自滿地認為西方對強人政治風格免疫，而二〇一六年川普勝選直截了當地證明他們錯了。同年英國脫歐陣營獲勝，顯示英國同樣陷入對民族主義與民粹主義的懷舊情懷。自由民主在英美的陣地亂了陣腳，強人政治的擁護者則在全球各地開始壯大。

過去兩段戰後政治浪潮上演同樣戲碼：新的意識形態興起，取得進展後招來新的名聲與追隨者，意識形態產生的動能讓其背後的理念得以進一步推廣，然而最後往往因為用力過猛而引發反彈聲浪，社會因此開始找尋新的方向。最好的例子就是雷根時期降稅以及減少繁文縟節的政策，最終導致金融管制過於放鬆，引發二〇〇八年的金融海嘯。從地緣政治來看，西方菁英過於崇拜全球主義，導致中國快速加入世界經濟，而如今中國的財富與勢力不斷成長，引發了對全球主義的反彈。

如果最新的浪潮也遵循這個模式，強人風格可能即將抵達效仿的階段。二〇一六年後，波索納洛、奧班、普丁，甚至納坦雅胡都開始使用川普式的語言和策略：譴責「假新聞」、質疑氣候科學以及抨擊「全球主義者」。

雖然過去的例子顯示強人時代可能維持長達三十年，但有個先決條件：強人若要壯大，必須先證明其所擁護的民粹民族主義能夠成功治國。中國完全理解這點，因此利用新冠疫情來辯稱中國的體系——在習近平思想的帶領下——比西方自由主義更傑出。但是在中國以外的其他強人領袖似乎逐漸難以勝任，川普因為防疫失敗而敗選，巴西的波索納洛、墨西哥的歐布拉多及土耳其的厄多安都同時搞砸防疫和國家經濟。

自由派或許可以期待這些失敗的治理會破壞大家對獨裁統治者的支持，但是跟民主派不同的是，強人領袖並不會在失去民心時有風度地放下權力。在美國，川普敗選的票差以及美國國家制度的力量得以阻止川普推翻二〇二〇年的選舉結果。但是在其他地方，像奧班、波索納洛、厄多安等強人領袖可能難以動搖。

一九三〇年代的自由民主危機至今依然清晰可見，政治自由和民主再度消退，保護主義再起，自由派開始失去信心。專制政權併吞鄰國或擴張領土就是一九三〇年代衝突背後的主因，如今這些野心也悄悄再現。二〇一四年俄羅斯併吞克里米亞就是危險的先例，中國試圖違反國際法，將南中國海劃為自己的領海，北京也愈來愈明目張膽地主張收復臺灣以「統一」中國。

身為民族主義者的強人領袖通常在國內情勢不穩時會開始尋找外敵，中國、俄羅斯與土耳其的鄰國出現緊張情勢，提醒了我們歷史上強人政治與戰爭息息相關。一九三〇年代，一場世界大戰終結了獨裁者時代。目前美國與中俄的軍事衝突風險愈來愈高，不過冷戰期間對核子末日的恐懼協助維持和平（雖然有幾次相當驚險），如今對核子末日的恐懼或許也可以阻止強人時代的強權開戰。

或許自由國際主義衰退對全球經濟和環境造成的影響才是更大的威脅，二〇〇八年全球金融危機爆發，世界領袖迅速集結召開第一次二十大工業國高峰會，美國、中國、歐盟、俄羅斯、日本和其他國家在面臨共同的威脅下，放下彼此不同的政治立場攜手合作。

但是在強人時代，國際合作不再盛行——支離破碎的全球防疫行動就是最佳證明。民粹主義強人興起讓世界更不可能攜手解決氣候變遷，二〇一九年聯合國安全理事會證明了這點，當時由巴西總統波索納洛進行開幕致詞，對摧毀亞馬遜的野火他完全沒有透露一丁點悔意甚至擔憂，反而開始怒斥全球主義者試圖透過國際拯救亞馬遜的行動挑戰巴西主權。

二〇二〇年時，中國二氧化碳排放已經佔全球百分之二十九，高出美國和歐盟相加的量。中國一旦缺席，全球的氣候行動將不會有成果。然而美中敵意持續升溫，因此更難在全球暖化上達到國際共識。新聞中日益嚴重的氣候變遷景象不僅無法刺激敵對國家攜手合作，反而會成為中美相互指責的素材。當強人政治謝幕時，環境可能已經遭受不可挽回的破壞。

川普的敗選在美國看似自由民主的新契機，但在中國，二〇二〇年美國大選的混亂與分裂被視為美國體制衰弱的一大證據。習近平及其追隨者已經準備好大力推廣「中國模式」，以取代過去西方竭力鼓吹的價值觀。

然而北京遇到的困難是，「中國模式」在海內外都被視為對習近平的個人崇拜。強人治理總是伴隨著個人崇拜，因為強人不可能承認自己有弱點或是會犯錯。既然領袖不能被指責犯錯，辯論與批評就必須受到鎮壓。強人治理最終必須仰賴恐懼與脅迫。這樣的執政模式不僅僅不吸引人，還是許多問題的源頭。沒有輿論空間或安全管道得以挑戰權威的話，強人很可能採取災難性的政策，並且堅持不改，但同樣情境若發生在開放的體制下則會有截然不同的結果。毛澤東的個人崇拜讓中國陷入災難，世界各地的領袖崇拜也確實往往都悲劇收場。

無法容忍異議並非強人政治唯一的缺陷。另外還有兩個彼此相關的特點，那就是繼承與健康。

在最標準的強人體制中，領袖沒有受到任何拘束，一切都仰賴最高統治者決策。而一旦需要替換領袖，甚至只是碰觸到這個話題，都會引發騷動。一旦強人不在位了，政敵會互相鬥爭以奪權，所有利益都會受到威脅，強人領袖、他們的家人以及親信都會擔心如果失去權力他們會遭到清算，這也是為什麼強人往往緊抓住權力不放。有些俄羅斯觀察家認為普丁或許希望退休，畢竟他已經治理俄羅斯長達二十多年。但一旦他放手，過去他用來騷擾政敵的法律體制就會落入克里姆林宮的下一任統治者手中，屆時目標可能會轉向他的親友。習近平與厄多安等領袖面臨同樣威脅，一旦強人失去權力，仰賴他而成的政治穩定將陷入危機。被迫持續掌權是強人時代的特色，普丁與厄多安如今都將執政達二十年，習近平正在爭取下一個十年。但強人領袖終究也會年老體衰，習近平、普丁和厄多安都接近七十歲了，土耳其常流傳厄多安罹癌的消息，習近平則肥胖而且過去有菸癮。如果這些領袖逝世或無法繼續工作，他們的國家將陷入混沌。當強人健康亮起紅燈，政府通常會試圖隱藏，行政團隊必須讓領袖在大眾面前看起來健康，並且想辦法繼續治理。

就算身體健康，數十年的治理也會導致領袖陷入狂妄或偏執，或是跟日常民生活脫節。民主系統確實有其缺點，但是透過法治可以確保權力順利交接。政治體制要永續靠的畢竟是制度，而不是個人，成功的社會奠基於法律而非充滿個人魅力的領導方式。

綜合上述原因，強人治理具有根本上的缺陷，無法成為穩定的治理方式，最終會在中國以及其他地方瓦解。但是在強人時代走入歷史之前，或將會有一波腥風血雨。

謝辭

這本書取材於我在《金融時報》多年的工作和旅遊經驗。因此我首先要感謝《金融時報》給我機會思考和書寫國際政治。

《金融時報》全球各地的同事也讓我受益良多，感謝他們的智慧及熱情接待。我特別想感謝華盛頓的愛德華・盧斯（Ed Luce），這位摯友多次提供慷慨的招待。我想感謝莫斯科的Henry Foy, Max Seddon和Kathrin Hille。Kathrin也協助我到訪北京與臺北。我也想感謝土耳其的Laura Pitel，北京和香港的Jamil Anderlini, Nicolle Liu和Tom Mitchell，德里的Amy Kazmin, Victor Mallet和Jyotsna Singh，耶路撒冷的John Reed，杜拜的Simeon Kerr，華沙的James Shotter，柏林的Guy Chazan和Tobias Buck，以及聖保羅的Andres Schipani和Joe Leahy。許多倫敦的同事也提供許多協助和想法。我想特別感謝David Pilling, Martin Wolf, Jonathan Derbyshire, Fiona Symon以及Roula Khalaf。Dan Dombey讀了本書大部分的章節，並且提供許多回饋和鼓勵。Jeremy Shapiro

和Shruti Kapila也大方地閱讀了部分草稿以及提供建言。

讀者會發現本書收錄許多過去二十年來我與世界各地的人的談話。許多人的名字都出現在文中。有些人居住在強人治理的國家，他們可能不會感激我指名道姓地感謝他們。但是我真心感謝過去這些年每一位願意向我解釋事情的人。

本書大部分完成於疫情期間，因為我無法四處旅行。不過疫情確實帶來正面的副作用：四名畢業生被迫和我關在家中長達數個月。

我的孩子Natasha, Joe, Nathaniel和Adam全都一起查找資料和提供想法。Adam和Nat特別幫了大忙，他們分別查找東南亞和非洲章節的資料。我的妻子Olivia時常加入討論，並且照顧我們每個人在封城期間的身心靈健康。

最後我要感謝Wylie Agency的編輯James Pullen和Sarah Chalfant。他們總是提供友善且有幫助的建議，而且總是以傳奇的效率回覆。很榮幸可以再次和Bodley Head出版社合作，我要特別感謝Stuart Williams以及Jörg Hensgen。感謝Other Press的Judith Gurewich引導我以及Yvonne Cardenas替我修改內容，感謝Other Press為我在美國提供美好的歸宿。

註解

序章

1 這些數據由牛津大學馬丁學院的Max Roser整理自Varieties of Democracy project。請參閱ourworldindata.org.
2 自由之家，'Freedom in the World 2021: Democracy under siege'.
3 引用自Mehdi Hasan, 'It wasn't just Trump – every US president has gotten Putin wrong', MSNBC，2021年6月16日。
4 Brian Parkin and Rainer Buergin, 'Merkel says Russia risks harm to itself with nineteenth century ways'，《彭博社》，2014年3月13日。
5 'A Turkish Success Story'，《紐約時報》，2004年1月28日。
6 Nicholas Kristof, 'Looking for a Jump-Start in China'，《紐約時報》，2013年1月5日。這篇文章因為Richard McGregor在Xi Jinping: The Backlash (Lowy Institute, 2019)，第9頁的內容而引起了我的注意。
7 湯瑪斯・費德曼，'Letter from Saudi Arabia'，《紐約時報》，2015年11月25日。
8 湯瑪斯・費德曼，'Saudi Arabia's Arab Spring At Last'，《紐約時報》，2017年11月23日。
9 Gideon Rachman, 'India needs a jolt and Modi is a risk worth taking'，《金融時報》，2014年4月28日。
10 自由之家，'Freedom in the World 2020: A Leaderless Struggle for Democracy'.
11 Rachel Frazin, 'Biden calls Boris Johnson a physical and emotional clone of Trump', *The Hill*，2019年12月13日。

12 參見Masha Gessen, 'Autocracy Rules for Survival', *New York Review of Books*，2016年11月10日。
13 'Trump Defends Putin Killing Journalists', Daily Beast，2017年4月13日。
14 Rana Mitter, 'The World China Wants'，《外交事務》，2021年1月。
15 Ramachandra Guha, 'Modi Personality Cult Runs Contrary to BJP's Own Objections to Worship of Individuals', Scroll.in，2020年8月2日。
16 Charlotte Gao, 'Xi: China Must Never Adopt Constitutionalism', *The Diplomat*，2019年2月19日。
17 路透社影片，2020年4月14日。
18 引用自'Getting off the train'，《經濟學人》，2016年2月6日。
19 Nathaniel Rachman, 'The Simpleton Manifesto', *Persuasion*，2020年10月15日。
20 John Johnston, 'Boris Johnson blasted over claims deep state is betraying Brexit', Politics Home，2019年1月14日。
21 與作者的對話，柏林，2019年10月。
22 同上。
23 希爾 *There is Nothing For You Here: Finding Opportunity in the 21st Century* (Mariner Books, 2021), 224.
24 'No Job, no house, no welfare'，《經濟學人》，1998年5月30日。
25 參見Roberto Foa, 'Why strongmen win in weak states', *Journal of Democracy*, 2021年1月。
26 'Genocide Aside'，《經濟學人》，2021年2月13日。
27 Jeffrey Goldberg, 'Why Obama Fears for our Democracy', *Atlantic*，2020年11月。
28 'Can you foil the love tonight?'，《經濟學人》，2020年11月19日。
29 大男人性格對墨索里尼、格達費、普丁等歷史上強人領袖的重要性，是Ruth Ben-Ghiat的書*Strongmen: How They Rise, Why They Succeed, How They Fall* (Profile, 2020)的重要主題。
30 與作者的對話，莫斯科，2019年8月。

31 Mark Easton, 'Coronavirus: Social media spreading virus conspiracy theories', BBC, 2020年6月18日。

第一章　普丁——強人的原型

1 代理總統普丁的新年致辭，1999年12月31日, www.en.kremlin.ru.
2 討論於Ivan Krastev和Stephen Holmes的*The Light That Failed – A Reckoning* (Allen Lane, 2019) , 108.
3 引用自Lionel Barber和Henry Foy , 'Vladimir Putin says liberalism has become obsolete'，《金融時報》，2019年6月27日。
4 參見Susan Glasser, 'Putin the Great'，《外交事務》，2019年9月/10月。
5 引用自Catherine Belton, *Putin's People – How the KGB took back Russia and then took on the West* (William Collins, 2020), 39–41.
6 希爾和蓋迪，Mr Putin: Operative in the Kremlin (Brookings Institution Press, 2013) , 76。希爾繼續領導川普白宮的俄羅斯事務部，並在彈劾川普總統的聽證會上作證。
7 貝爾頓，85.
8 希爾和蓋迪，9.
9 引用自貝爾頓，112.
10 同上，11。貝爾頓還精彩地講述了普丁在葉爾欽圈子裡最初的支持者是如何推動他前進的——然後又後悔他們的決定。
11 如Anton Troianovski所引述，'Branding Putin'，《華盛頓郵報》，2018年7月12日。
12 James Ciment, 'Life Expectancy of Russian Men Falls to 58', BMJ，1999年8月21日。
13 與作者的訪談，莫斯科，2014年9月。
14 'Putin's Russia', Podcast節目Rachman Review採訪Fyodor Lukyanov，2019年10月9日。
15 Krastev and Holmes, 82.

16 與作者的對話，莫斯科，2008年。
17 引用自Jan Matti Dollbaum, Morvan Lallouet and Ben Noble, *Navalny: Putin's Nemesis, Russia's Future* (Hurst, 2021), 152.
18 參見Max Seddon, 'Lunch with the FT: Alexei Navalny'，《金融時報》，2019年11月22日。
19 Luke Harding, 'Revealed: the $2 billion offshore trail that leads to Vladimir Putin'，《衛報》，2016年4月3日。
20 'Russian billionaire Arkady Rotenberg says 'Putin Palace is his'', BBC，2021年1月30日。
21 'Vlad's the boss: 'World's secret richest man' Vladimir Putin guards his secret billions like a mafia godfather, expert claims'，《太陽報》，2018年3月22日。
22 Chris Giles, 'Russia's role in producing the tax system of the future'，《金融時報》，2019年7月29日。
23 引用自Martin Chulov, 'Can Saudi Arabia's 'great reformer' survive the death in the consulate?'，《衛報》，2018年10月13日。
24 引用自Troianovski，《華盛頓郵報》。
25 引用自Elias Isquith, 'Rudy Giuliani', Salon，2014年3月4日。
26 原本的訪談是Alastair Campbell為2014年的ＧＱ所進行。
27 Tobias Jones, 'How Matteo Salvini Became Putin's Man in Europe'，《遠見》，2019年8月30日。
28 Anne Applebaum, 'The False Romance of Russia', *Atlantic*，2019年12月12日。
29 可參考貝爾頓，427–36.
30 Julian Borger, 'Russia is a regional power showing weakness over Ukraine'，《衛報》，2014年3月25日。

第二章　厄多安——自由改革派到獨裁強人

1 Robert Kaplan, 'At the Gates of Brussels', *Atlantic*, 2004年12月。

2 引用自《經濟學人》2004年10月9日的'To Brussels on a wing and a prayer'.

3 同上。

4 參見Gideon Rachman, *Easternisation* (Vintage, 2017), 202。

5 參見Soner Cagaptay, *The New Sultan: Erdogan and the Crisis of Modern Turkey* (IB Tauris, 2020), 4.

6 引用自Kaya Gene, 'Erdogan's Way'，《外交事務》，2019年9月，29。

7 參見Steven Cook, 'How Erdogan Made Turkey Authoritarian Again', *Atlantic*，2016年7月21日。

8 參見Aykan Erdemir和Oren Kessler, 'A Turkish TV blockbuster reveals Erdogan's conspiratorial, anti-semitic worldview'，《華盛頓郵報》，2017年5月15日。

9 參見Jenny White, 'Democracy is like a Tram', Turkey Institute，2016年7月14日。

10 Jonathan Head, 'Quiet end to Turkey's college headscarf ban', BBC，2010年12月31日。

11 Gideon Rachman, 'Don't Be Blind to Erdogan's Flaws'，《金融時報》，2011年10月10日。

12 Hannah Lucinda Smith為政變提供了生動的描述，*Erdogan Rising: The Battle for the Soul of Turkey* (William Collins, 2019), 203-21.

13 參見Laura Pitel, 'Turkey: Gulenist crackdown'，《金融時報》，2016年9月11日。

14 參見Gene，《外交事務》，33。

15 Laura Pitel, 'Europe's top human rights court orders Turkey to release jailed Turkish politician'，《金融時報》，2020年12月22日。

16 Matthew Wills, 'The Turkish Origins of the Deep State', JSTOR Daily，2017年4月10日。

17 參見波頓和希爾的證詞，128。

18 Gideon Rachman, 'Modi and Erdogan Thrive on Divisive Identity Politics'，《金融時報》，2020年8月10日。

19 Peter Spiegel, 'José Manuel Barroso: Not everything I did was right'，《金融時報》，2014年11月4日。

20 'Turkey slams EU officials in row over Netherlands campaigning', BBC，2017年3月14日。
21 引用自Laura Pitel, 'Erdogan's great game: soldiers, spies and Turkey's quest for power'，《金融時報》，2021年1月12日。
22 David Kirkpatrick和Carlotta Gall, 'Audio offers gruesome details of Jamal Khashoggi Killing'，《紐約時報》，2018年10月17日。
23 Laura Pitel, 'Turkey Senses Growing National Challenge to Erdogan'，《金融時報》，2019年6月24日。
24 @SonerCagaptay於2020年6月2日發布的推文。

第三章　習近平——中國領袖個人崇拜再起

1 Nicolas Berggruen和Nathan Gardels, 'How the world's most powerful leader thinks', WorldPost，2014年1月21日。
2 John Simpson, 'New Leader Xi Jinping Opens Door to Reform in China'，《衛報》，2013年8月10日。
3 馮客，《獨裁者養成之路》(Bloomsbury, 2019), 105.
4 引用自Chris Buckley, 'Xi Jinping opens China Party Congress, his hold tighter than ever'，《紐約時報》，2017年10月17日。
5 引用自Tom Phillips, 'Xi Jinping heralds new era of Chinese power at Communist Party Congress'，《衛報》，2017年10月18日。
6 'China's Economy in Six Charts'，《哈佛商業評論》，2013年11月。
7 參見Evan Osnos, 'Born Red'，《紐約客》，2015年3月30日。
8 Kerry Brown的*The World According to Xi* (IB Tauris, 2018)對習近平的早年生活有很好的簡述。另請參閱上面引用的Evan Osnos的優秀文章。
9 引用自François Bougon, *Inside the Mind of Xi Jinping* (Hurst, 2018), 56.
10 參見Osnos，《紐約客》。

11 Brown, *The World According to Xi*, 16.

12 McGregor, *Xi Jinping: The Backlash*, 34.

13 Edward Wong、Neil Gough和Alexandra Stevenson, 'China's Response to Stock Plunge Rattles Traders'，《紐約時報》，2015年9月9日。

14 'China's Response to Stock Plunge Rattles Traders', Radio Free Asia，2019年11月4日。

15 Victor Mallet, 'Interpol "complicit" in arrest of its chief in China'，《金融時報》，2019年7月7日。

16 'Xi Jinping Millionaire Relations Reveal Fortunes of Elite'，《彭博新聞》，2012年6月29日。

17 引用自Bougon, *Inside the Mind of Xi Jinping*, 39.

18 同上，154.

19 Yuan Yang, 'Inside China's Crackdown on Young Marxists'，《金融時報》，2019年2月14日。

20 Gideon Rachman, 'Lunch with the FT: Eric Li'，《金融時報》，2020年2月7日。

21 引用自Don Weiland, 'Inside Wuhan'，《金融時報》，2020年4月25日。

22 引用自Michael Collins, 'The WHO and China: Dereliction of Duty', Council on Foreign Relations，2020年2月27日。

23 這些數字在西方受到了一些質疑。《經濟學人》對超額死亡人數的分析得出結論,「武漢的染疫死亡人數似乎遠遠高於官方計數」，2021年5月30日。中國數據顯示,武漢首次爆發疫情的死亡人數為3, 869人，到2020年3月底，《經濟學人》將這一數字修正為13,400人。但即使這一修正是正確的，其基本觀點——中國的死亡人數遠低於西方——也是無可爭議的。

24 引用自'Xi confers medals for virus fight at ceremony in Great Hall of the People'，《彭博社》，2020年9月8日。

25 John Sudworth,'Wuhan marks its anniversary with triumph and denial', BBC，2020年1月23日。

26 'Unfavorable views of China reach historic highs in many countries'，《皮尤研究中心》，2020年10月6日。

27 Jonathan Kaiman, 'Islamist group claims responsibility for attack on China's Tiananmen Square'，《衛報》，2013年11月25日。

28 Stephanie Nebehay, 'UN says it has credible reports that China holds 1m Uighurs in secret camps'，《路透社》，2018年8月10日。

29 'China forces birth control on Uighur Muslims, other minorities: birth rates fall by 60% from 2015 to 2018 in Xinjiang'，《美聯社》，2020年6月29日。

30 James Landale, 'Uighurs: credible case China is carrying out genocide', BBC，2021年2月8日。

31 Zheping Huang, 'Xi Jinping Says China's authoritarian system can be a model for the world', Quartz，2018年3月9日。

32 'The View from Bogotá – an interview with President Iván Duque Márquez', Aspen Institute，2021年1月22日

33 胡錫進，'The more trouble Taiwan creates, the sooner the mainland will teach them a lesson'，《環球時報》，2020年10月6日。

第四章　莫迪——強人政治進入全球最大民主國家

1 與作者的對話，德里，2018年5月。

2 引用自Benjamin Parkin和Amy Kazmin, 'Narendra Modi renames cricket stadium after himself'，《金融時報》，2021年2月24日。

3 許多例子都來自Kapil Komireddi的一篇文章，'India, the world's largest democracy, is now powered by a cult of personality'，《華盛頓郵報》，2021年3月18日。

4 Debobrat Ghose, '1, 200 years of servitude: PM Modi offers food for thought', Firstpost，2014年6月13日。

5 與Subramanian Swamy的訪談，Huffington Post，2017年4月14日。

6 Ramachandra Guha, 'How the RSS detested Gandhi', *The Wire*，2020年1月30日。

7 參見'Why India's Hindu hardliners want to sideline Mahatma Gandhi', BBC，2017年1月30日。

8 Dexter Filkins的*Blood and Soil in Narendra Modi's India*概述了莫迪的早期職業生涯以及與國民志願服務團的關係，《紐約客》，2019年12月2日。

9 在我先前出版的書中描繪了辛格和他的改革，Zero-Sum World (Atlantic, 2012), 78-83.
10 Gideon Rachman, 'India needs a jolt – and Modi is a risk worth taking'，《金融時報》，2014年4月28日。
11 同上。
12 歐巴馬，'Narendra Modi'，《時代雜誌》，2015年4月15日。
13 引用自Gideon Rachman, 'How India's Narendra Modi will shape the world'，《金融時報》，2018年5月14日。
14 此談話在2019年7月9日印度高級專員公署的倫敦午餐會上進行。
15 史瓦米的訪談，Huffington Post.
16 Rachman，《金融時報》，2018年5月14日。
17 Milind Ghatwai, 'Madhya Pradesh: You vote for Lotus, you are pressing trigger to kill terrorists, says PM Modi', *Indian Express*，2019年5月18日。
18 'Outrage over right-wing Euro-MPs' Kashmir visit', BBC，2019年10月30日。
19 引用自Isaac Chotiner, 'Amartya Sen's Hopes and Fears for Indian democracy'，《紐約客》，2019年10月6日。
20 Pratap Bhanu Mehta, 'Serial Authoritarianism picks out targets one by one and tires out challenges', *Indian Express*，2019年10月10日。
21 Yogita Limaye, 'Amnesty International to halt India operations', BBC，2020年9月29日。
22 參見Filkins，《紐約客》
23 Shivshankar Menon, 'Rulers of Darkness', *India Today*，2019年10月4日。
24 參見Jo Johnson, 'Narendra Modi's culture war storms India's elite universities'，《金融時報》，2020年1月26日。
25 Shruti Kapila, 'Nehru's idea of India is under attack from the nationalist right'，《金融時報》，2020年1月12日。
26 Jason Stanley, 'For Trump and Modi, ethnic purity is the purpose of power'，《衛報》，2020年2月24日。
27 'Supreme Court judge describes Modi as "popular, vibrant and visionary leader"', *The Wire*，2021年2月6日。

28 引用自Amy Kazmin, 'Indians maintain faith in messianic Modi'，《金融時報》，2020年7月6日。

29 引用自Gideon Rachman, 'Narendra Modi and the perils of Covid hubris'，《金融時報》，2021年4月26日。

30 Amy Kazmin, 'Narendra Modi, the style king, puts on the guru look'，《金融時報》，2021年7月1日。

第五章　奧班與卡臣斯基——不自由歐洲的崛起

1 引用自Colin Woodard, 'Europe's New Dictator', *Politico*，2015年6月17日。

2 引用自Paul Lendvai, *Orbán: Europe's New* Strongman (Hurst, 2017), 195.

3 同上，192.

4 引用自克拉斯捷夫和霍爾姆斯，68.

5 引用自Lendvai, 201.

6 克拉斯捷夫和霍爾姆斯，14.

7 'Trump calls for total and complete shutdown of Muslims entering US', *Politico*，2015年12月7日。

8 引用自克拉斯捷夫和霍爾姆斯，47.

9 這些細節來自我的《金融時報》英國同事Henry Foy對卡臣斯基的簡介和訪談，'Poland's Kingmaker'，《金融時報》，2016年2月26日。

10 引用自Patrick Kingsley, 'As the West Fears the Rise of Autocrats, Hungary Shows What's Possible'，《紐約時報》，2018年2月10日。

11 奧班，國情咨文演講，2020年2月19日。Remix News的逐字稿。

12 參見Paul Lendvai, 'The Transformer: Orbán's Evolution and Hungary's Demise'，《外交事務》，2019年9月，46.

13 同上，48.

14 喬治・索羅斯，'Rebuilding the asylum system', Project Syndicate，2015年9月26日。
15 引用自Peter Conradi, 'How the billionaire George Soros became the right's favourite bogeyman', *Sunday Times*，2019年3月10日。
16 Lendvai，《外交事務》，52.
17 'How Viktor Orbán hollowed out Hungary's democracy'，《經濟學人》，2019年8月29日。
18 引用自Valerie Hopkins , 'How Orbán's decade in power changed Hungary'，《金融時報》，2020年5月21日。
19 引用自Lendvai，《外交事務》，54. 訪談取自2018年*La Repubblica.*
20 同上。
21 Tony Barber, 'Europe's patience with Viktor Orbán starts to wear thin'，《金融時報》，2021年3月8日。
22 Jan Cienski, 'Poland's constitutional crisis goes international', *Politico*，2015年12月24日。
23 Jan Cienski, 'New media law gives Polish government fuller control', *Politico*，2015年12月30日。
24 引用自Marc Santora, 'After a president's shocking death, a suspicious twin reshapes a nation'，《紐約時報》，2018年6月16日。
25 'Half of Poles believe foreign powers deliberately spreading coronavirus', *Notes from Poland*, 2020年4月20日。
26 引用自Anne Applebaum, *Twilight of Democracy* (Allen Lane, 2020), 31。
27 'Playing the Family Card'，《經濟學人》，2020年6月20日。
28 'Poland's draconian restrictions on abortion'，《金融時報》，2020年11月8日。

第六章　強生與脫歐後的英國

1 Gideon Rachman和Nick Clegg, 'Is joining the euro still too big a risk for Britain?'，《遠見》，2002年1月20日。這篇文章是與當時擔任歐洲議會議員、後來成為英國副首相的Nick Clegg進行的辯論。Clegg主張英國加入歐元區。
2 希爾，71.

3 Daniel Boffey和Toby Helm, 'Vote Leave embroiled in race row over Turkey security threat claims', *Observer*，2016年5月22日。
4 Tim Shipman, *All Out War: The Full Story of Brexit* (William Collins, 2017), 299。
5 Roger Eatwell and Matthew Goodwin, *National Populism: The Revolt Against Liberal Democracy* (Pelican, 2018), 35–6.
6 同上，17.
7 引用自Sonia Purnell, *Just Boris* (Aurum, 2012), 50.
8 Boris Johnson and Nicholas Farrell, 'Forza Berlusconi', *Spectator*，2003年9月6日。
9 Gideon Rachman, 'Boris Johnson has failed the Churchill Test'，《金融時報》，2016年2月22日。
10 Rajeev Syal, 'Cameron: Johnson said Leave campaign would lose minutes before backing it'，《衛報》，2019年9月16日。
11 Rick Noak, 'Brexit needs some of Trump's madness, Boris Johnson suggests'，《華盛頓郵報》，2018年6月8日。
12 Katie Weston, 'Brexit conspiracy: Boris Johnson warns the deep state's great conspiracy will backfire', *Daily Express*，2019年1月14日。
13 Sebastian Payne, 'Downing Street glee as gang of 21 expelled from the Tory party'，《金融時報》，2019年9月4日。
14 康明茲部落格, 'On the referendum – Actions have consequences'，2019年3月27日。
15 Peter Walker, 'UK poised to embrace authoritarianism, warns Hansard Society'，《衛報》，2019年4月8日。
16 Allison Pearson, 'We need you, Boris – your health is the health of the nation'，《每日電訊報》，2020年4月7日。
17 Jonathan Ames, 'Boris Johnson plans to let ministers throw out legal rulings'，《泰晤士報》，2021年12月6日。
18 Rush Doshi, *The Long Game: China's Grand Strategy to Displace American Order*（牛津大學出版社, 2021年），13。

第七章　美國強人川普

1 Philip Bump, 'The real story behind that viral clip of Keith Ellison predicting a Donald Trump victory'，《華盛頓郵報》，

2017年2月22日。

2 Gideon Rachman, 'We deride chances of Marine Le Pen and Donald Trump at our peril'，《金融時報》，2015年11月30日。

3 同上。

4 與作者的對話。

5 迪頓和凱思後來的研究表明，雖然美國白人和黑人的預期壽命仍然存在差距，但現在最重要的決定因素是教育程度。擁有大學學位的黑人和白人的預期壽命相近——反過來又高於沒有大學學位的黑人和白人。

6 Gina Kolata, 'Death Rates Rising For Middle-Aged White Americans, Study Finds'，《紐約時報》，2015年11月2日。

7 Willam H. Frey, 'The US will become minority white in 2045, census projects'，《布魯金斯學會》，2018年3月14日。

8 Michael Anton（筆名Publius Decius Mus），'The Flight 93 Election', *Claremont Review of Books*，2016年9月5日。

9 Alec Tyson和Shiva Maniam, 'Behind Trump's victory: Divisions by race, gender, education'，《皮尤研究中心》，2016年11月9日。

10 參見John Sides、Michael Tesler和Lynn Vavreck, Identity Crisis: The 2016 Presidential Election and The Battle for the Meaning of America（普林斯頓大學出版社，2018年）。

11 同上，71.

12 同上，88.

13 引用自Thomas Edsall, 'White Riot'，《紐約時報》，2021年1月13日。

14 引用自Larry M. Bartels, 'Ethnic Antagonism Erodes Republicans', *Proceedings of the National Academy of Sciences of the United States of America*，2020年9月15日。

15 《花花公子》對川普的訪談，1990年3月1日。

16 同上。

17 Michael Schmidt, 'In a Private Dinner, Trump Demanded Loyalty: Comey demurred'，《紐約時報》，2017年5月11日。

18 John Wagner, 'Praise for the Chief'，《華盛頓郵報》，2017年6月12日。
19 參見Jonathan Rauch, 'Trump's Firehose of Falsehood', *Persuasion*，11月18日
20 Alexander Griffing, 'Remember when Donald Trump appeared on Alex Jones', *Haaretz*，2018年8月6日。
21 Peter Baker, 'Dishonesty Has Defined the Trump Presidency. The Consequences Could Be Lasting'，《紐約時報》，2020年11月1日。
22 希爾，220.
23 同上。
24 引用自Franklin Foer, 'Viktor Orbán's War on Intellect', *Atlantic*，2019年6月。
25 Bolton, 312.
26 同上，181.
27 同上，63.
28 與作者的對話。
29 Axios，2020年9月14日。
30 Bolton, 191.
31 Gideon Rachman, 'Lunch with the FT: Chris Ruddy'，《金融時報》，2018年3月2日。
32 希爾，220–1.
33 Bolton, 297.
34 Edward Luce, 'Beware Trump's admiration for Putin, Xi and Erdogan'，《金融時報》，2020年1月16日。
35 希爾，221.
36 Aaron Blake, 'What Trump said before his supporters stormed the Capitol'，《華盛頓郵報》，2021年1月11日。
37 同上。

第八章　杜特蒂與東南亞的民主衰退

1 Louis Nelson, 'Trump praises Duterte for unbelievable job cracking down on drugs in the Philippines', *Politico*，2017年5月24日。
2 Nicola Smith, 'Trump praises Kim Jong-un as 'terrific' and pledges to hold second summit'，《每日電訊報》，2018年9月25日。
3 川普總統在新聞發布會上的談話，美國駐越南大使館和領事館，2019年2月28日。
4 Will Worley, 'Philippines president Rodrigo Duterte tells people to go ahead and kill drug addicts', *Independent*，2016年7月3日。
5 〈六個月內菲律賓有超過7,000人喪生〉，國際特赦組織，2020年5月18日。
6 同上。
7 Rambo Talabong, 'Big funds, little transparency: How Duterte's drug list works'，《拉普勒》，2020年2月16日。
8 Patrick Symmes, 'President Duterte's List'，《紐約時報》，2017年1月10日。
9 Jonathan Miller, Duterte Harry: Fire and Fury in the Philippines, Scribe，2018年，86。
10 Carlos H. Conde, 'Killings in Philippines Up 50 Percent During Pandemic'，《人權觀察》，2020年9月8日。
11 Davinci Maru, 'CHR Chief: Drug war deaths could be as high as 27, 000', ABS-CBN新聞，2018年12月5日。
12 Aurora Almendral, 'Where 518 inmates Sleep in Space for 170 and Gangs Hold It Together'，《紐約時報》，2019年1月7日。
13 〈杜特蒂訪談〉, *Esquire Philippines*，2016年8月25日。
14 'Philippines: Duterte confirms he personally killed three men', BBC，2016年12月16日。
15 'Philippine leader says once threw man from a helicopter, would do it again'，《路透社》，2016年12月29日。
16 Eleanor Ross, 'Philippines President Duterte's Drug War, One Year On', *Newsweek*，2017年6月30日。
17 Sheila Coronel, 'The Vigilante President'，《外交事務》，2019年9月
18 Richard Heydarian, 'A Revolution Betrayed: The Tragedy of Indonesia'，半島電視台，2019年11月24日。
19 'Prevalence of drug use in the general population – national data'，〈世界毒品報告〉，聯合國毒品和犯罪問題辦公室，

2018年。

20 'The Dangers of Duterte Harry'，《經濟學人》，2016年5月19日。

21 Miller, 194.

22 Coronel，《外交事務》。

23 Miller, 44.

24 Maria Cepeda, 'Arroyo thanks Duterte for helping to acquit her of plunder'，《拉普勒》，2019年7月9日。

25 Jonathan Miller的《杜特蒂要什麼？：菲律賓的烈焰與怒火，2018年》對杜特蒂的成長經歷和職業生涯有很好的描述。另見Michael Peel, *The Fabulists* (Oneworld, 2019).

26 Andrew R.C. Marshall和Manuel Mogato, 'Philippine death squads very much in business as Duterte set for presidency'，《路透社》，2016年5月25日。

27 參見Miller, 2.

28 Mike Frialde, 'Murder Rate Highest in Davao City', *Philippine Star*, 2016年4月1日。

29 Camille Elemia, 'Photo used by Duterte camp to hit critics taken in Brazil, not PH'，《拉普勒》，2016年8月26日。

30 Alexandra Stevenson, 'Soldiers in Facebook's War on Fake News Are Feeling Overrun'，《紐約時報》，2018年10月9日。

31 Dino-Ray Ramos, "A Thousands Cuts" Trailer: Ramona S. Diaz's Docu About Journalist Maria Ressa and Press Freedom in Duterte's Philippines Sets Theatrical Run', Deadline, 截止日期，2020年7月12日。

32 Rebecca Ratcliffe, Amal Clooney decries legal charade after jour- nalist Maria Ressa charged again with libel'，《衛 報》，2021年1月12日。

33 Ben Blanchard, 'Duterte Aligns Philippines with China, says US has lost'，路透社，2016年10月20日。

第九章　沙爾曼王子崛起與納坦雅胡現象

1 Ben Hubbard, MBS: The Rise to Power of Mohammed bin Salman, (William Collins, 2020), 267。

2 參見Bradley Hope和Justin Scheck, Blood and Oil: Mohammed bin Salman's Ruthless Quest for Global Power (John Murray, 2020), 54。

3 Hubbard, 110.

4 Jodi Kantor, 'For Kushner, Israel Policy May Be Personal'，《紐約時報》，2017年2月11日。

5 Rachman Review於播客採訪安謝爾・帕菲佛爾，《金融時報》，2020年9月10日。

6 Anshel Pfeffer, Bibi: The Turbulent Life and Times of Benjamin Netanyahu (Basic Books, 2018), 17.

7 同上，45.

8 Yoram Hazony, The Virtue of Nationalism (Basic Books, 2018).

9 引用自Constanze Stelzenmüller, 'America's policy on Europe takes a nationalist turn'，《金融時報》，2019年1月30日。

10 Gideon Rachman, 'Why the new nationalists love Israel'，《金融時報》，2019年4月1日。

11 'Duterte meets Netanyahu: "We share the same passion for human beings"'，《拉普勒》，2018年9月3日。

12 William Galston, 'What's Beijing Doing in Haifa?'，《華爾街日報》，2019年5月28日。

13 引用自Robert Kagan, 'Israel and the decline of the liberal order'，《華盛頓郵報》，2019年9月12日。

14 Hubbard, xv。

15 同上，10.

16 費德曼，'Letter from Saudi Arabia'，《紐約時報》，2015年11月25日。

17 費德曼，'Saudi Arabia's Arab Spring At Last'，《紐約時報》，2017年11月23日。

18 參見Hope和Scheck, 59, 64.

19 參見Hubbard, 127-9.
20 卡舒吉，'Saudi Arabia wasn't always this oppressive. Now it's unbearable'，《華盛頓郵報》，2017年9月18日。
21 Julien Barnes和David Sanger, 'Saudi Prince is held responsible for Khashoggi killing in US report'，《紐約時報》，2021年2月26日。
22 引用自Hubbard, 272.

第十章　波索納洛、歐布拉多——捲土重來的拉丁美洲獨裁者

1 Gideon Rachman, 'Brazil and the crisis of the liberal world order'，《金融時報》，2017年8月28日。
2 參見Richard Lapper, *Beef, Bible and Bullets: Brazil in the Age of Bolsonaro*（曼徹斯特大學出版社，2021年），22。
3 同上，29.
4 Vincent Bevins, 'Where conspiracy reigns', *Atlantic*，2020年9月16日。
5 Sam Cowie, 'Brazil's culture secretary fired after echoing words of Nazi Goebbels'，《衛報》，2020年1月17日。
6 要了解那個時期發生的事情，可參考Luiz Eduardo Soarses的Rio de Janeiro, Extreme City (Penguin, 2016)，特別是第2章'No Ordinary Woman'。另Jacobo Timerman的*Prisoner Without a Name, Cell Without a Number* (Knopf, 1981)對阿根廷骯髒戰爭期間監禁情況的經典描述。
7 麥克．里德，'Forgotten Continent: The Battle for Latin America's Soul'（耶魯大學出版社，2009年），123.
8 同上，12.
9 引用自艾普勒波姆，'Venezuela's Suffering is the Eerie Endgame of Modern Politics', *Atlantic*，2020年2月27日。
10 Tom Burgis, 'Livingstone secures cheap oil from Venezuela'，《金融時報》，2007年2月20日。
11 Michael Albertus, 'Chavez's Real Legacy is Disaster', *Foreign Policy*，2018年12月6日。

12 Bello, 'The surprising similarities between AMLO and Jair Bolsonaro'，《經濟學人》，2019年12月7日。
13 'It's all about him'，《經濟學人》，2019年11月30日。
14 引用自Michael Stott, 'Pandemic politics: the rebound of Latin America's populists'，《金融時報》，2020年9月23日。
15 Gideon Rachman, 'Jair Bolsonaro's populism is leading Brazil to disaster'，《金融時報》，2020年5月25日。
16 'Brazil's Bolsonaro backs Trump fraud claims after unrest', France 24，2021年1月7日。
17 Alfonso Zarate, *El País De Un Solo Hombre* (Temas de Hoy，墨西哥，2021).
18 同上。
19 Gideon Long, 'Leftist Pedro Castillo finally confirmed as Peru's next president'，《金融時報》，2021年7月20日。

第十一章 阿比・阿曼德與非洲民主幻滅

1 David Pilling, 'Why Abiy Ahmed is more popular in Norway than in Ethiopia'，《金融時報》，2020年2月29日。
2 2019年1月25日在世界經濟論壇上與衣索比亞總理阿曼德的對話。
3 米凱拉・榮，'Ethiopia, Eritrea and the Perils of Reform', Survival，2018年9月。
4 Michelle Gavin, 'Ethiopian conflict erodes Abiy's credibility'，美國外交關係協會，2020年12月30日。
5 'Will Mnangagwa go East as more sanctions come in from the West?', Africa Report，2021年2月8日。
6 其中一些領導人的故事，包括穆加比和莫布杜，在Paul Kenyon的著作Dictatorland: The Men Who Stole Africa (Head of Zeus, 2018)中有所談論。
7 'Jacob Zuma – the survivor whose nine lives ran out', BBC，2020年4月6日。
8 Tom Wilson, 'Graft under Jacob Zuma cost South Africa $34 billion says Ramaphosa'，《金融時報》，2019年10月14日。
9 'Young Africans want more democracy'，《經濟學人》，2020年3月5日。

10 Anjan Sundaram, ‘Rwanda: The Darling Tyrant’, *Politico*，2020年3月/4月。

11 William Wallis, ‘Lunch with the FT: Paul Kagame’，《金融時報》，2011年5月13日。

12 David Pilling和Lionel Barber, ‘Interview: Kagame insists “Rwandans understand the greater goal” ’，《金融時報》，2020年9月27日。

13 Aislinn Laing, ‘Rwanda’s president Paul Kagame ‘wishes’ he had ordered death of exiled spy chief’，《每日電訊報》，2014年1月24日。

14 米凱拉・榮，*Do Not Disturb* (PublicAffairs, 2021).

15 ‘Uganda/Rwanda: Investigate Journalist’s Murder’，人權觀察，2011年12月6日。

16 Jason Burke, ‘Rwandan government accused of abducting Paul Rusesabagina’，《衛報》，2020年9月1日

17 Sundaram, *Politico.*

18 William Wallis, ‘FT interview: Meles Zenawi, Ethiopian prime minister’，《金融時報》，2007年2月6日。

19 Armin Rosen, ‘A Modern Dictator: Why Ethiopia’s Zenawi Mattered’, *Atlantic*，2012年8月21日。

20 Awol Allo, ‘Ethiopia’s Meles Zenawi: Legacies, memories, histories’,倫敦政治經濟學院部落格，2014年9月18日。

21 ‘The man who tried to make dictatorship acceptable’，《經濟學人》，2012年8月25日。

22 Nic Cheeseman, Democracy in Africa（劍橋大學出版社，2015年），138-40 。

23 同上。

24 Yun Sun, ‘Political party training: China’s ideological push in Africa?’, Brookings Institution，2016年7月5日。

25 Lily Kuo, ‘Beijing is cultivating the next generation of African elites by training them in China’, Quartz，2017年12月14日。

26 Amy Hawkins, ‘Beijing’s Big Brother Tech Needs African Faces’, *Foreign Policy*，2018年7月24日；Samuel Woodhams, ‘How China Exports Repression to Africa’, *The Diplomat*，2019年2月23日。

27 Jevans Nyabiage, ‘How Zimbabwe’s new parliament symbolises China’s chequebook diplomacy approach to Africa’，《南華

早報》，2020年1月5日。

28 Abdi Latif Dahir, 'Why these African countries are defending China's mass detention of Muslims', Quartz, 2019年7月16日；'Spotlight: Ambassadors from 37 countries issue joint letter to support China on its human rights achievements'，《新華網》，2019年7月13日。

29 Judd Devermont, 'Russian Theater: How to Respond to Moscow's Return to the African Stage', Lawfare，2019年10月18日。作者是前中央情報局分析師。

30 Robbie Gramer和Jefcoate O'Donnell, 'How Washington Got on Board with Congo's Rigged Election', *Foreign Policy*，2019年2月1日。

31 @jakejsullivan，2020年11月25日。

32 'Africa's population will double by 2050'，《經濟學人》，2020年3月28日。

第十二章　梅克爾與馬克宏——歐洲對強人的抵抗

1 引用自Sophie Pedder, Revolution Française：Emmanuel Macron and the Quest to Reinvent a Nation (Bloomsbury, 2018), 73.

2 同上，129.

3 Sunny Hundal, 'Angela Merkel is now the leader of the free world, not Donald Trump', *Independent*, 2017年2月1日。

4 'What did Angela Merkel do when the Wall came down?', BBC，2013年9月19日。

5 引用自Lionel Barber, The Powerful and the Damned (WH Allen, 2020), 96.

6 Constanze Stelzenmüller, 'The AfD wolf is at the door in eastern Germany'，《金融時報》，2019年9月8日。

7 Rachman Review播客'Germany's shifting foreign policy'，《金融時報》，2019年11月20日。

8 'Emmanuel Macron warns Europe: NATO is becoming brain-dead'，《經濟學人》，2019年11月7日。

9 'Réactions des Français à la tribune des militaires dans Valeurs Actuelles', Harris Interactive, 2021年4月29日。
10 'President Macron on Trump, Brexit and Frexit', BBC，2018年1月21日。
11 引用自Victor Mallet, 'Debate on Islamist extremism law exposes deep rifts in France'，《金融時報》，2021年2月11日。
12 Victor Mallet, 'Resurgent Marine Le Pen revels in Macron's woes'，《金融時報》，2020年1月30日。
13 'Scandale Soros Marine Le Pen: "Macron ne peut plus garder le silence"', *Valeurs Actuelles*，2020年2月20日。

第十三章　索羅斯與巴農的理念之戰

1 Gideon Rachman, 'Soros hatred is a global sickness'，《金融時報》，2017年9月18日。
2 2020年全球富豪榜，Forbes.com.
3 數據引用自Emily Tamkin, The Influence of Soros (Harper, 2020), 4.
4 喬治・索羅斯在卡爾・波普《開放社會及其敵人》的前言（普林斯頓大學出版社，1994年）。
5 Roula Khalaf, 英國《金融時報》年度人物喬治・索羅斯專訪，《金融時報》，2018年12月18日。
6 參見Tamkin, 74-5.
7 Seth Mydans, 'Malaysian premier sees Jews behind nation's money crisis'，《紐約時報》，1997年10月16日。
8 參見Robert Mackey, 'The Plot against George Soros Didn't Start in Hungary, It started on Fox News', The Intercept，2018年1月23日。
9 'Fiona Hill Blasts Anti-Semitic Conspiracy Theories Against George Soros in Testimony', Huffington Post，2019年11月22日。
10 'A Conversation with Rudy Giuliani', *New York*，2019年12月23日。
11 Peter Walker, 'Farage criticised for using antisemitic themes to criticise Soros'，《衛報》，2019年5月12日。
12 'George Soros, the man who broke the Bank of England, backing secret plot to thwart Brexit'，《每日電訊報》，2018年2月

18日。

13 參見Tamkin, 172.

14 @YairNetanyahu，2019年4月28日。

15 Osman Kavala, '710 Nights in a Turkish Prison'，《紐約時報》，2019年10月11日。

16 喬治．索羅斯，'Remarks Delivered at the World Economic Forum'，2019年1月24日。

17 Saul Friedlander, The Years of Extermination: Nazi Germany and the Jews (Phoenix, 2007), xvii, xviii.

18 引用自Khalaf，《金融時報》。

19 引用自Conradi, *Sunday Times*.

20 Gideon Rachman, 'America is the revisionist power on trade'，《金融時報》，2019年5月13日。

21 喬良和王湘穗，《超限戰》(Filament Books, 2017).

22 川普在華沙的演講全文，CNN，2017年7月6日。

23 Sarah Marsh, 'Steve Bannon calls for Tommy Robinson to be released from prison'，《衛報》，2018年7月15日。

24 Benjamin R. Teitelbaum紀錄了此次會議, *War for Eternity* (Allen Lane, 2020), 153-61.

25 Jan-Werner Müller, A Dangerous Mind: Carl Schmitt in Post-War European Thought（耶魯大學出版社，2003年），11.

26 本節主要參考我自己關於史密特的文章。Gideon Rachman, 'Liberalism's most brilliant enemy is back in vogue'，《金融時報》，2019年1月11日。

27 引自Ryan Mitchell, 'Chinese Receptions of Carl Schmitt since 1929', *Journal of Law and International Affairs*, 2020年5月。

28 許紀霖，'Rethinking China's Rise: A Liberal Critique'（劍橋大學出版社，2018年），27.

29 同上。

30 同上。

31 引用自Gao, *The Diplomat.*

32 引用自Mark Galeotti, We Need to Talk About Putin (Ebury, 2019), 68。
33 Leticia Duarte, 'Meet Olavo de Carvalho', *Atlantic*, 2019年12月28日。
34 參見卡巴友'The Battle of the Monsters', *Diario de Comercio*，2004年6月26日。
35 引用自杜特蒂，*Atlantic*.

最終章　強人時代下的拜登

1 David E. Sanger, 'Biden Defines His Underlying Challenge with China: "Prove Democracy Works"'，紐約時報，2021年4月29日。
2 同上。
3 Thomas Edsall, 'Mitch McConnell Would Like Trump to Fade Away'，《紐約時報》，2021年2月24日。
4 Michael Gerson, 'Trump's rot has reached the GOP's roots'，2021年2月15日。
5 參見Edsall，《紐約時報》。
6 Eliza Relman, 'Mark Meadows says all the top 2024 GOP candidates have Trump as their last name', *Business Insider*，2021年2月27日。
7 凱許納，'Gone but not forgotten: Trump's long shadow and the end of American credibility'，《外交事務》，2021年3月/4月。
8 蘇利文等，'Making US Foreign Policy work better for the middle class'，卡內基基金會，2020年9月23日。
9 引用自Belton, 445.
10 'Kremlin accuses Joe Biden of spreading hatred'，《路透社》，2020年10月26日。
11 引用自Henry Foy, 'The Brutal Third Act of Vladimir Putin'，《金融時報》，2021年3月11日。

12 Olivier Knox, 'Russia has lost up to 80,000 troops in Ukraine. Or 75,000. Or is it 60,000?'，《華盛頓郵報》，2022年8月9日。

13 Tom Mitchell，Primrose Riordan和Nicolle Liu, 'Hong Kong will sit on China's lap'，《金融時報》，2021年3月13日。

14 引用自Sanger，《紐約時報》。

15 Demetri Sevastopulo and Tom Mitchell, 'Bitter summit shows no reset in chilly US-China relations'，《金融時報》，2021年3月20日。

16 David Smith, 'How Tucker Carlson and the far right embraced Hungary's authoritarian leader'，《衛報》，2021年8月8日。

17 Martin Donai, 'Political outsider prepares to take on Orban'，《金融時報》，2021年10月19日。

18 Bryan Harris和Michael Pooler, 'Bolsonaro tests Brazilian democracy'，《金融時報》，2021年9月28日。

19 Laura Pitel and Funja Guler, 'Turkish opposition leader helps shape unlikely alliance to challenge Erdogan'，《金融時報》，2021年12月5日。

亞當斯密24

強人時代

從獨裁專屬到滲透民主，強人領導者如何成為二十一世紀的主流與隱憂

The Age of The Strongman: How the Cult of the Leader Threatens Democracy around the World

作者　吉迪恩・拉赫曼（Gideon Rachman）
譯者　王琳茱

堡壘文化有限公司
總編輯　簡欣彥
副總編輯　簡伯儒
責任編輯　簡伯儒
行銷企劃　許凱棣、曾羽彤、游佳霓、黃怡婷
封面設計　萬勝安
內頁構成　李秀菊

讀書共和國出版集團
社長　郭重興
發行人　曾大福
業務平臺總經理　李雪麗
業務平臺副總經理　李復民

出版　堡壘文化有限公司
發行　遠足文化事業股份有限公司
地址　231新北市新店區民權路108-2號9樓
電話　02-22181417　傳真　02-22188057
Email　service@bookrep.com.tw
郵撥帳號　19504465 遠足文化事業股份有限公司
客服專線　0800-221-029
網址　http://www.bookrep.com.tw
法律顧問　華洋法律事務所　蘇文生律師
印製　韋懋實業有限公司
初版1刷　2023年5月
定價　新臺幣480元
ISBN　978-626-7240-45-8

國家圖書館出版品預行編目（CIP）資料

強人時代：從獨裁專屬到滲透民主，強人領導者如何成為二十一世紀的主流與隱憂／吉迪恩・拉赫曼（Gideon Rachman）著；王琳茱譯. -- 初版. -- 新北市：堡壘文化有限公司出版：遠足文化事業股份有限公司發行, 2023.05
面；　公分. --（亞當斯密；24）
譯自：The age of the strongman : how the cult of the leader threatens democracy around the world
ISBN 978-626-7240-45-8（平裝）
1.CST: 威權主義　2.CST: 元首　3.CST: 國際政治　4.CST: 世界傳記
571.76　112005090